古典文獻研究輯刊

二九編

潘美月・杜潔祥 主編

第21冊

劉毓崧文集校證（第四冊）

陳開林 著

國家圖書館出版品預行編目資料

劉毓崧文集校證（第四冊）／陳開林 著 — 初版 — 新北市：
花木蘭文化事業有限公司，2019〔民 108〕
目 8+222 面；19×26 公分
（古典文獻研究輯刊 二九編；第 21 冊）
ISBN 978-986-485-960-3（精裝）
1. 劉毓崧 2. 學術思想 3. 文學評論
011.08   108012006

ISBN-978-986-485-960-3

9 789864 859603

古典文獻研究輯刊
二九編　第二一冊   ISBN：978-986-485-960-3

劉毓崧文集校證（第四冊）

作　　者　陳開林
主　　編　潘美月　杜潔祥
總 編 輯　杜潔祥
副總編輯　楊嘉樂
編　　輯　許郁翎、王筑、張雅淋　美術編輯　陳逸婷
出　　版　花木蘭文化事業有限公司
發 行 人　高小娟
聯絡地址　235 新北市中和區中安街七二號十三樓
　　　　　電話：02-2923-1455 ／傳眞：02-2923-1452
網　　址　http://www.huamulan.tw 信箱 hml810518@gmail.com
印　　刷　普羅文化出版廣告事業
初　　版　2019 年 9 月
全書字數　792803 字
定　　價　二九編 29 冊（精裝）　新台幣 58,000 元　　　版權所有 · 請勿翻印

劉毓崧文集校證（第四冊）

陳開林　著

目次

〔註1〕「代」，正文作「儀徵縣志稿」。

卷十三

東谿集跋

宋高東谿先生有集十二卷〔註1〕，其本久已不傳。《直齋書錄解題》及《宋史·

〔註 1〕《四庫全書總目》卷一百五十七著錄《東溪集》二卷、《附錄》一卷，云：
宋高登撰。登字彥先，號東溪，漳浦人。宣和間爲太學生。靖康之禍，與陳東
伏闕上書，請誅蔡京、童貫等六賊而用李綱、种師道。會欽宗方擢吳敏、張邦
昌爲相，又將起用李邦彥，登又上書力爭。紹興二年舉於禮部，以廷對過於切
直，僅授富川簿，調古縣令。時胡舜陟帥靜江，欲爲秦檜父立祠，登持不可，
爲舜陟誣構逮治。適舜陟敗，得減死謫容州。案《宋史》本傳載：「登卒後二
十年，丞相梁克家及漳守何萬言諸朝，追復迪功郎。後十年，朱熹爲守，覆奏
乞襃錄，贈承務郎。」今考朱子奏狀，謂「克家始援紹興赦書以請，有司拘文，
廢格不行。近歲傅伯壽又奏如前狀，未奉進止。使登抱恨終身垂五十年，姓名
猶在罪籍」云云。以此觀之，《宋史》爲誤。又案《書錄解題》「《東溪集》」條
下，稱迪功郎高登撰，則知登之進贈，無承務郎之稱。而所謂迪功郎，非克家
時追覆蓋明甚矣。又《宋史》載登五上書不報，又因謀南歸，忽聞邦昌等各與
遠郡，一時小人相繼罷斥，與所言偶合者十七八。登喜，復爲書論吳敏未罷，
不報。據此，則五書之外當更有一書矣。今閱集中所載，則此事即五書中之第
四書。書首所敘「方圖南下」諸語，甚爲分明。此尤足證《宋史》之瞀亂失實
也。至如《紹興八年上皇帝書》，乃召赴都堂時與《時議》六篇先後同上者。
據《宋史》作《萬言疏》，而集中寥寥五百餘字。玩其詞氣，頗有不相屬者。
此則集本傳鈔所脫，非史之誤矣。登之遺集，《文獻通考》作二十卷。《書錄解
題》及《宋史·藝文志》俱云十二卷。此本爲明林希元所編，僅分上、下二卷。
書疏論議辨說等作共二十篇、詩三十一首、贊五首、箴銘二十六首、詞十二首、
啓二首。末有附錄一卷，則朱子襃錄奏狀、《祠堂記》兩篇及言行錄十條。史
稱所上《時議》六篇，僅存其序。所上五書，已亡其一。又《言行錄》載，「紹
興元年上駐蹕臨安，公以十事投時相」者，集中亦無之。蓋已全非其舊。然亡
佚者雖多，而讀其遺篇，尚想見忠義之概。即如《命子名字說》云：「痛念王

藝文志》俱云十二卷，《文獻通考》作二十卷，疑傳寫誤倒。明林氏希元、黃氏直所刊僅分上下兩卷，《曝書亭書目》所載六卷之本，今亦不可見。浙中舊鈔本雖有六卷者，然止就兩卷之本分析爲六，而篇帙無所增加也。末有附錄一卷，係朱子《乞褒錄奏狀》及《祠記》各一篇、《言行錄》十條。外有明莆田周瑛所撰《漳州志·傳》一篇，與林序、黃序並列全書之前，不在附錄之內。我朝纂《四庫全書》，即據此本著錄。先生之裔孫伯平均儒。念斯集久無刻本，爰重校授梓，以廣其傳。卷首冠以《四庫全書提要》，又增入《宋史》列傳及朱文端公所輯《歷代名臣傳》。附錄增入朱子《謁祠文》二篇、《家帖跋》一篇，及錢塘羅君以智、平湖顧君廣譽跋各一篇。勔崧獲見是書，因檢《文獻通考》所引葉水心《東谿集序略》及羅氏大經《鶴林玉露》、王氏象之《輿地紀勝》所述先生事蹟本末，頗有列傳郡志、《言行錄》等書擇焉未精、語焉未詳者。

蓋先生未第時，抱負甚高，弗求詭遇。政和中，即遊太學，前後十數載，不得志於有司。《通考》卷二百三十九引水心葉氏《序略》曰：「君高遠獨出，無拘留泥淖間意。學已成，謂當直施用，不曲步捷行，以漸巧取之。論說必窮盡，欲砭時陋，扶世壞。文不爲扶疏茂好，惟自根極而成者，無不具也。故不得志於科舉。」今按：《言行錄》云：「既冠，遊太學，集中《上淵聖皇帝第一書》云『臣念蒙被教養十年於茲』，又《第三書》云『臣坐蠹國家廩儲十有餘年於此矣』。」兩書皆上於靖康元年，上溯十年以前爲政和六年，更上溯二十年以前爲紹聖三年。然則先生之生，當在紹聖初年，或元祐末年。其入太學，必在政和間。《宋史》本傳言宣和間爲太學生者，因下文金人犯京師係宣和末年之事，故止就宣和間言之，實非宣和間始入太學也。家業由富而貧，未嘗動念。《通考》又引葉氏《序略》曰：「至轉富入貧，本業微析，終不動心。一以溪山雲月爲家宅，筆墨簡策爲情性。常覃研竟日，曰孔顏不如是也。」今按集中《乞納官贖罪歸葬親書》云：「重念臣母家貧，早喪先臣，止攜一子。績麻鬻資，給臣爲學」，與葉《序》「轉富入貧」之語不同。蓋先生所言在未成立以前，葉氏所言在既成立以後也。紹興間，對策鯁直，有司擬降文學，高宗不可。見《鶴林玉露》卷十六。《宋史》本傳但云：「紹興二年，廷對極意盡言，無所顧避。有司惡其直」，而不言「擬降文學，高宗不可」之事。今按：《言行錄》云：「紹興二年，公以十事投時相，不行。遂於廷對盡言之。初考官林叔豹得之喜，曰：『非巍科莫處之。』覆考官忌其直，例作文，理紕繆，與陳之茂等一十九人授下州文學。尋有旨，附第五甲。」朱子《乞褒錄高登狀》云：「至紹興間廷對，力陳闕失，無所顧避，覆試官忌其直，降爲下州文學。高宗皇帝嘉其忠而收之」，與

室陵遲，思扶持而一振之。左右匡拂，以守鴻業。此志未遂。命汝曰扶、曰持、曰振、曰拂，其勉效兩全之節。」蓋其忠君愛國之心，每飯不忘如此。朱子謂能使人聞風興起，良不虛云。

羅氏所言可以互證。調靜江府古縣令，時秦檜當國，檜父嘗宰是邑，守帥胡舜陟欲立祠於縣，以爲逢迎計。先生毅然弗從，舜陟大怒，文致其罪，欲以危法中之。逮繫送獄，訊掠鍛鍊，備極慘毒，幾不能堪，迄無罪狀可指。未數日，舜陟忽殂，乃獲免。見《鶴林玉露》卷八及卷十六。《宋史》本傳云：「登歸葬其母，迄事詣獄，而舜陟先以事下獄死矣，事卒昭白。」《言行錄》云：「葬母畢，詣靜江府勘所，舜陟先以事下獄死矣。事得白以聞，敕還家。」今按：《鶴林玉露》謂舜陟死於先生就獄之後，《宋史》及《言行錄》謂舜陟死於先生就獄之前。據朱子《乞襃錄高登狀》云：「舜陟欲以危法中之，召致獄官，驗問訊掠，迄無罪狀可書」；《東谿先生祠記》云：「帥守希檜意，捃其過以屬吏。會帥亦有讒，死獄中，乃得釋」；與《鶴林玉露》所言正合。朱子守漳時，有《謁高東谿祠》文兩篇。又有《跋高彥先家諸帖》，云：「窺其逸稿於家集，而識其嗣子之爲人」。則《奏狀》、《祠祭》所言，必本諸家乘所載，子姓所言，敘述當得其實。《言行錄》於逮繫訊掠之事隱而不書，其意蓋爲先生諱。不知漢之黨錮諸賢、明之東林前後六君子，其下獄時亦備受鍛鍊之慘毒，史家皆直書其事，而節概益彰。彼輯《言行錄》者，欲尊先生而未知所以尊也。

　校文潮州，所出試題有「則將焉用彼相賦」、「直言不聞深可畏論」，策問水災，檜聞之大怒，謂其陰附趙忠簡，削籍，流容州而卒。見《鶴林玉露》卷十六。《宋史》本傳云：「摘經史中要語命題，策閩浙水災所致之由。」《言行錄》云：「公憤權臣專恣，出題皆摘經史語以諷。題目出『直言不聞深可畏』。」今按：《五代史後·唐明宗紀》論引大理少卿康澄疏言「深可畏者六」，而「直言不聞深可畏」實居其末。先生用是爲論題，此摘史中要語以諷檜也。又出「則將焉用彼相賦」，此摘經中要語以諷檜也。《宋史》但言「摘經史中要語命題」，殊不明析。《言行錄》止述論題，未述賦題，則是有史語而無經語，亦未完全。《輿地紀勝》卷一百「潮州官吏」門有高登，注云：「紹興間爲潮州試官，出『則將焉用彼相賦』、『直言不聞深可畏論』，貶容州而死。」卷一百四「容州官吏」門亦有高登，注語略同，惟末句作「得罪時相，謫容州」。《紀勝》他卷載南宋諸人忤檜者甚多，惟此兩條未斥言檜名。所載試題賦與論並列，足證羅氏之說。檜沒，諸賢遭誣陷者皆昭雪。先生以遠人下士，無爲言者。乾道間，梁克家始爲之請。傅伯壽、朱文公守漳，又連爲之請，皆格不下。見《鶴林玉露》卷十六。《宋史》本傳云：「丞相梁克家疏其事以聞，何萬守漳言諸朝，追復迪功郎。朱熹爲守，奏乞襃錄，贈承務郎。」《四庫提要》云：「今考朱子奏狀，謂『克家始援紹興赦書以請，有司拘文廢格不行。近歲，傅伯壽又奏如前狀，未奉進止。使登抱恨終身垂五十年，姓名猶在罪籍』云云。以此觀之，《宋史》爲誤。又按：《書錄解題》『東谿集』條下，稱『迪功郎高登撰』，則知登之進贈，無承務郎之稱。而所謂迪功郎，非克家時追復，蓋明甚矣。」今按：《宋史》之何萬，即傅伯壽之誤，蓋「傅」訛作「何」，又脫去「壽」

字耳。《言行錄》云:「紹熙辛亥,文公復請於朝廷褒錄忠義」,即據朱子奏狀之語,然亦不言復官贈官,蓋雖爲之請,而終格不下耳。先生之品望自足千秋,固不以褒錄之有無爲輕重也。羅氏大經爲容州法曹掾兼攝校官,容之人士猶能言其風猷,傳其文墨,遂爲立祠於學宮。同時有吳元美者,三山文士,作《夏二子賦》譏切秦檜,亦削籍流容州,因並祠之。見《鶴林玉露》卷十六。今按:朱子所記之祠在漳州州學,以先生生於漳也。羅氏所立之祠在容州州學,以先生沒於容也。《言行錄》止言漳祠,未言容祠,當據此以補其闕。先生所著書,有《修學門庭》傳於世。見《鶴林玉露》卷十六。今按:《宋史・藝文志》有「高登《修學門庭》一卷」,此《言行錄》所未載者。其書必有可觀,惜乎失其傳耳。此皆進退出處之大節,學術行誼之大端,固論世者所當考訂其異同而補輯其闕略矣。

是集編次,首列上淵聖皇帝諸書,意切詞危,忠愛溢於言表。乃後之論者,或議其彈擊吳元中。而元中贊守城之謀,與李忠定、種忠憲媲美,推薦徐處仁、唐恪、馮澥,而諸人負誤國之罪,與何㮚、耿南仲同科。似乎毀譽是非未能盡協,抑知毀譽不由於附和權勢,是非不出於報復恩讐,則雖偶有參差,固無傷於賢哲之量。即以宋代而論,士大夫似此者頗不乏人。如范忠宣曾劾韓魏王,歐陽文忠曾糾包孝肅,富鄭公曾舉王安石,司馬文正曾獎蔡京,初不聞以是損其聲稱,何獨於先生而有所疑焉?此書在《四庫全書》列於陳少陽、歐陽德明兩集之後,先生當未釋褐之日,即伏闕上書,其勁直敢言,實與二子相埒。雖終其身阨窮顛沛,而百折不回,以視黃鏞、曾唯之流,逞客氣於一時,未及旋踵而遽改弦易轍者,奚啻天淵,宜其發爲詩文,皆激昂慷慨,足以廉頑立懦,振士氣而勵人心。此百世以下,所當愛護而珍藏者,豈僅爲高氏一家之寶也哉!三復之餘,敬綴跋語,掛名簡末,以誌景仰之忱云爾。

抱沖齋詩集序　代阮文達公作

嘉慶甲子,鐵冶亭師採輯長白諸公之詩爲《熙朝雅頌集》,自崇德辛巳以後,百數十年間,得書一百三十四卷,命元刊刻於浙江,並撰跋語於後〔註2〕,

〔註2〕阮元《揅經室集》二集卷八《奉敕撰熙朝雅頌集跋》,云:
我皇上御極之九年,山東巡撫臣鐵保采輯八旗詩進呈乙覽,蒙皇上錫名《熙朝雅頌集》,製序以弁其首,誠聖代之大文,藝林之盛事也。隨經鐵保奏請,命臣刊刻,並恭撰跋語於後,奉旨俞允,臣不勝欣躍榮幸之至。伏讀御製序文,仰見皇上於右文成化之中,兼肄武習勤之意,敬天法祖,垂訓諄諄,以品端心正爲先,公忠體國爲尚。凡茲臣僕獲觀宸章,無不感激奮興,竭圖自效,何敢

洵藝林之盛事矣。惟其書之卷軸雖蔚然大觀，然皆以眾作者之巨製鴻章會萃成帙，而聯篇累牘出自一手者，則亦不多覯也。少司寇斌公以名家貴胄，績學能文，而詩才更為宏偉。道光丙午冬，以所著《抱沖齋集》八帙寄示。蓋己亥歲有《棣萼聯輝》等四集，庚子歲有《寶殿延恩》等五集，辛丑歲有《鏡海波澄》等五集，壬寅歲有《覼駿籌邊》等二集，癸卯歲有《銀臺縮綬》等七集，甲辰歲有《亮工懋績》等三集。凡六年之中，得詩二十六集，集各為卷，已令閱者目不給賞。據來書所言，前乎此者，轉漕吳越則有《龍驤按部》諸集，提刑秦豫則有《柏臺秉旄》諸集。其餘之以官名集、以地名集者，雖未一一縷陳然，其詩篇之美富，必倍蓰於所見八帙可知。而乙巳以後所作者，尚不與焉。然則，匯前後諸集而計之，其卷數竟與《雅頌集》足以相埒。他日有繼冶亭師之志，而續輯《雅頌集》者焉，得不推為一大家哉！元官浙江學政時，公隨侍先尚書於撫署，屢相過從，其時早許其必為一代偉人。迄今閱五十年，公之德業勳猷久已望隆中外，猶復不忘故舊，以大集屬序，爰誌數語。以應其請焉〔註3〕。

忘勞耽逸，專束謳吟。我朝聖聖相承，勵精圖治，萬幾餘暇，間及篇章，巨製鴻編，永垂奕禩。涵濡既久，自天潢貴裔，以及勳衛文武之臣，或近侍巖廊，或宣勞行陣，或致身館閣，或敭歷封疆，皆能以忠愛之忱，發為詠歌之什。允宜搜采，勒為成書。茲鐵保所輯，自崇德辛巳後，莫不詳加甄錄，格取其正，詞取其真，百數十年間，得書一百三十四卷。自今以往，億萬斯年，景祚洪延，文明日啓，則繼斯集而作者，日益以富。是書於嘉慶九年九月開雕，四閏月而工竣。臣幸躬逢其盛，綴名簡後，祗遵聖訓，忠孝為本，詞章為末，奎文示教，日月長昭，正不獨斯集之媲美賡颺，和其聲以鳴太平之盛也已！

〔註3〕按：斌良《抱沖齋詩集》三十六卷，見《清代詩文集彙編》第544冊，乃清光緒五年（1879）湘南薇垣官署刻本。卷首所錄序文（284～285頁），與此頗有出入，迻錄於此，以備比勘：

嘉慶甲子，鐵冶亭師采輯長白諸公之詩為《熙朝雅頌集》，命元刊刻於浙江，並撰跋語於後，洵藝林之盛事矣。惟其書之卷軸雖蔚然大觀，然皆以眾作者之巨製鴻章會萃成帙，而連篇累牘出自一手者，則亦不多覯也。笠耕少寇以名家貴蔭，元嘉慶初與尊甫達齋尚書同官杭州。少司寇績學能文，而詩才更為宏偉。元幕中名士亦多交好，早許為一代偉人。道光丙午秋，以所著《抱沖齋集》八帙寄示。蓋己亥歲有《棣萼聯輝》等集，庚子歲有《寶殿延恩》等集。嘉慶間，少寇隨託文恪公出征滑臺口賊賞戴花翎。辛丑歲有《鏡海波澄》等集，甲辰歲有《亮工懋績》等集。凡六年之中，得詩二十六集，集各為卷，已令閱者目不給賞。其詩篇之美富，必倍蓰於所見八帙可知，而乙巳以後所作者，尚不與焉。然則，匯前後諸集而言之，他日有繼冶亭師之志而續輯《雅頌集》者焉，得不推為一大家哉！憶昔與達齋尚書同官，有《芙蓉路餞別詩卷》，閱今五十年。少寇之德業勳猷，久已望隆中外，猶復不忘故舊，以大集屬序。今閱其集中佳

錫谷堂詩集序 〔註4〕

乾隆初年，揚州詩人唱和者編《邗江雅集》〔註5〕，中有前後五君詠。寶應閣學劉艾堂先生〔註6〕以碩德耆年，列後五君之首〔註7〕。所著《錫谷堂詩集》未睹其全。近因先生元孫握之太守重刊是集，介高郵胡杖仙徵君屬毓崧作序。披閱再三，竊歎先生之治功學術具見於詩，所當亟為傳播者也。先生為福建觀風整俗使，其官出於創設。及引疾返里，而此職遂裁。實因在任六

句，五言如《坐先春閣》云「梅矮花飛白，鑪深火蘊紅」；《曉起筠谷散步》云「吟風蟬自逸，得食鳥還馴」；《下直聞蟬》云「翠潑簷身雨，涼傳殿角風」；《消渴》云「微吟情自適，貪讀目常昏」；《遊圓通菴》云「殿圮鐘魚寂，林深鳥雀稠」、「鍾敲沉蔓草，水涸剩空潭」；《秋涼》云「秋爽涼多味，衾香夢有情」。七言佳句，如《晚至廣慧寺贈明安長老》云「窗外高松容我傲，市頭佳釀比師醇」；《慶達泉別墅延秋閣小憩》云「逸致高於雲際鶴，宦情閒似水邊鷗」；《喜晴》云「鳳子穿花輕似燕，魚苗攢藻細於蠶」；《和曹良甫比部遣懷》云「宦情漫比溪雲淡，詩思都如塢竹深」；《秋夜頤神養壽偶題》云「明月悄窺千里夢，秋風催動五湖心」；《廈門書事》云「未見枭卿身敵愾，徒聞趙括口談兵」；《鎮海書事》云「漫猜王琇剿崇島，密構盧循犯大瀛」。詩中對偶雙聲疊韻，亦處處雅飭，可稱作家也。道光丙午秋頤性老人八十三叟揚州年世弟阮元撰。
據文末題署，可知劉毓崧之文作於道光丙午（1846）。

〔註4〕按：柯愈春《清人詩文集總目提要》卷十八（第471頁）著錄劉師恕《錫谷堂詩集》5卷，乃乾隆十四年碧梧翠竹山房刻本，卷首有沈德潛、史貽直、劉毓崧序，俟訪。《清代詩文集彙編》第240冊即收錄清乾隆碧梧翠竹山房刻本，然卷首（第521～523頁）僅有史貽直序（殘）、沈德潛序。

〔註5〕錢陳群《香樹齋詩文集續鈔》卷三《汪椒谷詩序》（《四庫未刊書輯刊》九輯19冊，第374頁）載：
余於邗上諸詩家，曾序汪君恬齋詩。恬齋澹雅才也，與馬嶰谷兄弟結邗江雅集，人方之顧氏玉山、徐氏金蘭云。
梁章鉅《浪跡叢談》卷二《小玲瓏山館》（上海古籍出版社2012年版，第15頁）載：
馬氏兩兄弟，兄名曰琯，字嶰字谷，一字秋玉；弟名曰璐，字半槎，皆薦試乾隆鴻博科。開四庫館時，馬氏藏書甲一郡，以獻書多，遂拜《圖書集成》之賜，此《叢書樓書目》所由作也，然叢書樓轉不在園。園之勝處為街南書屋，覓「句廊透風透月」、「兩明軒」、「藤花庵」諸題額。主其家者為杭大宗、屬樊榭、全謝山、陳授衣、閔蓮峰，皆名下士，有《邗江雅集》、《九日行庵文宴圖》問世。

〔註6〕劉師恕（1678～1756），字艾堂，江南寶應人。傳見《清史稿》卷二百九十一。

〔註7〕張世進《著老書堂集》卷六《後五君詠》，分詠劉侍郎艾堂、程編修洊江、馬主政嶰谷、全庶常謝山、樓上舍於湘。《邗江雅集》所錄《後五君詠》當即此詩。其中，《劉侍郎艾堂》（《四庫全書禁燬書叢刊》集部第168冊，北京出版社1997年版，第611頁）云：
侍郎早登科，洊歷華要職。三朝股肱臣，二紀林泉客。生平慕鷹鸇，擊物不暇擇。投老歛鋒鋩，遊心唯翰墨。

年，著有成效。今觀集中使閩諸作，舉閩中前哲名臣以爲士林標準，且謂邨民質樸，風俗無不可轉移，惟在誠信宣揚，而力斥猾吏酷吏之紛擾。可稱實心化導，正本清源。是即詩可以驗治功矣。

先生所師事者爲方望溪〔註8〕，所敬禮者爲朱止泉〔註9〕，所友善者爲朱宗洛〔註10〕、喬省齋〔註11〕，授受講習，具有淵源。今觀集中歸田諸作，念止泉已逝，恨不及請業於門；與宗洛、省齋酬答切磋，虛懷集益；謁望溪於致仕南還以後，其時年近七旬，而依依師弟之情，宛然童孺。可謂篤於師友風義，無愧古人。是即詩可以證學術矣。

〔註 8〕 方苞，字鳳九，號靈皋，晚年號望溪，桐城人。全祖望《鮚埼亭集》卷十七《前侍郎桐城方公神道碑銘》、錢儀吉《碑傳集》卷二十五錄雷鋐《方望溪先生苞行狀》、沈廷芳《方望溪先生傳》和《方望溪先生傳書後》。李元度《國朝先正事略》卷十四、《清史列傳》卷十九、《清史稿》卷二百九十亦有傳。另有蘇惇元輯《方望溪先生年譜》、孟醒仁《桐城派三祖年譜》。

〔註 9〕 朱澤澐，字湘陶，號止泉，寶應人。錢林《文獻徵存錄》卷四有陳宏猷所撰傳，《東林書院志》有沈錫鼎《止泉朱先生傳》，鄔鍾泉《道南淵源錄》卷十二有陸言《朱止泉先生傳》。李元度《國朝先正事略》卷三十一、《清史列傳》卷六十七亦有傳。另外，朱輅編有《朱止泉先生年譜》。

〔註10〕 阮元《淮海英靈集》丁集卷一（清嘉慶三年小琅嬛仙館刻本）載：
朱光淮，字宗洛，寶應人。澤澐子。傳父學，與同里喬省齋澲講論切劘，時學者奉之。居母喪，哀毀致死。甥王希伊輯其所作爲文集一卷、詩集一卷，又有《過庭紀聞》、《梁谿紀聞》、《讀禮偶鈔》若干卷。

〔註11〕 閔爾昌《碑傳集補》卷三十八據《揚州府志》錄《喬澲傳》（民國十二年刊本），載：
喬澲，〔□彗□□□□□□蓋□。〕字星渚，寶應人。與同里朱澤澐相友善。恪遵朱子教人讀書次第，由小學、《近思錄》，進以《大學語孟中庸章句集注》、《或問》，又以次讀諸經及歷代史、《通鑑綱目》、《大學衍義》等書。一日，閱薛文清《讀書錄》，有云「知一字，行一字。知一句，行一句」，乃瞿然若有所得，痛自刻勵。日取《朱子文集》、《語類》兩書切己體察，有所疑必質之澤澐。是時，澲年近五十，澤澐亟稱之，曰：「從吾遊者眾矣，惟喬君剛甚。」因舉《大學或問》中「不幸過時而後學」一段及《語類》中訓「石洪慶且當莊敬持養獨觀昭曠之原」一段以相規，澲聞之，益自奮。自謂向道已晚，須用人一己百之功，因題其堂曰困學。訂爲季會規條，偕同志講論其中。嘗謂我生之初，只有箇仁義禮智，後來一切嗜欲，畢竟與我何益。今日也想，明日也想，覺悟過來則心胸開闊，工夫自然勇猛精進，此是爭上流法。乾隆元年舉孝廉方正，固辭不就。病革時，苦楚萬狀，曰：「吾自頂至踵，無一處不痛，惟此心凝然不亂耳。胸中灑落，毫無繫戀，此八字差堪自信。」又曰：「吾平日於懲忿窒欲、遷善改過，無一時或忘，到此仍是做工夫片刻也。」遂卒，年六十五。著有《日省錄》、《訓子要言》、《困學堂遺稿》。
另外，《清史列傳》卷六十七亦有傳，附於《朱澤澐傳》後。

　　然則詩作於擁傳之時，非僅以華貴軿軒怡情山水；詩作於懸車之日，非僅以優游杖履適志林泉。此豈尋常詩家流連景物者，所可同日而語哉？毓崧與握之未曾接晤，而先生爲吾郡先達，夙仰盛名，重以徵君之屬，誼不獲辭，爰舉其治功學術之大凡，以告世之閱是集者。至於詩格之高，則沈歸愚宗伯之序言之詳矣，故不復云。

郭光祿日知堂遺集序

　　郭生子貞階輯其先人光祿公《日知堂詩文集》、《筆記》若干卷，乞余作序。余與公爲賓主五年，於公之行誼政績學術知之頗詳。古人作集序者，自推闡學術之外，本有兼及行誼政績之例。余嘗綜論公之生平爲人，所難能者有六事焉。

　　恒情工於趨避以取巧，便其私圖。公則坐鎮孤城，不欲先去，以爲民望。當揚州告警，不肯借河工銷籌，赴袁浦以就安。及定遠被圍，不肯借戎幕檄文，趨壽州以脫險。故授命雖在己未之夏，而立志實在戊午之秋。其就義從容，非激烈於一時可比。此人所難能者一也。

　　恒情以摸棱爲得計，偶值公事棘手，大都粉飾顢頇。公則綜覈講求，循名責實，故河工經費支絀，時時存節撙之心；鹽務銷路阻艱，事事籌疏通之法。議駁捐畝，堵河以遏寇竄，則天險控遏，大局保全。議行就場，抽稅以卹竈窮，則物產流行，小民安集。凡公家之利，知無不爲。雖獲謗遭讒，身可危而志不可奪。此人所難能者二也。

　　恒情狃於膏腴自奉，喜揮霍以逞豪華，而義舉當爲者，轉致出納之吝。公則辭受矜愼，廉介自將，屬吏暮夜之金，概行拒絕。仕宦二十載，服用儉樸，與寒素無殊。其廉俸所餘，用以敦睦嫻任恤之誼。購置田畝，多分撥於諸叔及外姻之家。兩弟或舉制科，或舉優行，而未經謁選，以及從弟從子，才可服官者，次第爲之援例，俾得及時自效，未嘗以力薄推辭。其爲人所難能者三也。

　　恒情最重權勢，每視存亡進退爲重輕。公則以直道事上官，不欲逢迎唯諾，而上官有罷職頌繫及臨陣捐軀者，無論平日相待何如，其存問甚周，賻贈從厚，較前此在位之日反有加焉。至於接待僚屬，不但優容懇拙，抑且獎勵樸誠。其爲人所難能者四也。

恒情競求速化，多以通經學古爲毋庸。既獲科名，輒束書於高閣。公則自少時，即宗仰顧亭林之學。既居詞館，於掌故沿革尤所究心。分校棘闈，補薦二三場，以甄拔實學之士。及外任以後，公事稍暇，展卷披吟，博涉群書，肆力於經史及周秦諸子，旁及三式五行占天相地之學，莫不洞徹源流。其爲人所難能者五也。

恒情致身通顯，第習臺閣所尚之官樣文章。而公牘稟函，牽用泛常通套之語。公則熟精《選》理，誦法李、杜、韓、蘇，所作駢散體文及古近體詩，鎔鑄群言，並有前賢矩矱。在史館編輯列傳，敘次精詳，即隨筆記錄之詞，亦取裁於《左》、《國》、《史》、《漢》。迨出膺監司重寄，手裁之公牘稟函，雖格式不異今人，而筆法同符曩哲。波瀾意度，純乎古文。其爲人所難能者六也。

士大夫兼此六難者，實近時所罕遇，可謂具政績行誼學術之美，而此集固卓然必傳矣。余抗心希古，不善逢時。課徒守先正法程，人多目爲迂闊。公顧深加禮待，謂其子幸遇明師，一切講授事宜，未嘗出意見以掣肘，且逢人稱道，以循循善誘相推。昔公之高祖朝議公爲子延師，尊敬備至，其邑人至今傳述以爲美談。公恒言有志步趨，曾未能仿彿萬一，其虛衷謙退，亦當世所不易逢也。附記於斯，以誌知己之感焉。

王西御先生遺集跋

杜少陵集中有陷賊時詩二十餘篇，忠憤之忱，溢於言外，其生平大節莫著於斯。蘇文忠稱其「一飯未嘗忘君」〔註12〕，李忠定稱其「忠義、氣節、羈旅、艱難、悲憤、無聊，一寓於此」〔註13〕，雖皆統論全集之詞，然專取以評陷賊時詩，似更覺其確切。

今讀王西御先生遺集〔註14〕，歎其志節足繼少陵，而篇什亦善學少陵。

〔註12〕語見蘇軾《王定國詩集敘一首》。

〔註13〕語見李綱《校定杜工部集序》。

〔註14〕劉寶楠《念樓集》卷十《清故儀徵縣學生王君墓表》（《寶應劉氏集》，第362～363頁）載：

　　君諱僧保，字西御。遠祖福二，明初官儀徵金吾衛正千戶，其後居揚州，占籍儀徵，世入學籍。國初諱復旦者，順治十八年進士，四川石泉縣知縣，是爲君六世祖。

　　君早補諸生，性伉爽，不徇流俗，善宰酒，使一坐盡歡。居郡城西隅古巷，其南水草瀁洄，鮮居民，土人呼爲「半村」。君買屋數椽，雜蒔花竹，吟嘯其中，所謂「松西書屋」也。

此七十餘首之中，往往與少陵陷賊時詩意指符合，是故憤賊黨之橫行，則鄙同草芥，集中《痛哭》詩云：「若比阿瞞猶草芥，傷心撾鼓學禰衡。」視若蠅蚊，集中《蠅》詩云：「得意塵氛未靖時，蠅頭竊附聊憑汝。」《驅蚊》詩云：「何須留待摧霜雪，早晚韓屍定伏兵。」此即少陵之借國狗喻賊黨也。《杜集‧大雲寺贊公房》詩云：「泱泱泥污人，聽聽國多狗。」朱氏鶴齡《注》云：「按：是時賊將張通儒收錄衣冠，污以偽命，不從者殺之。」期官軍之速進，則屢議縋城，集中《受侮》詩云：「王師屢攻城，今已一月後。賊勢殊倉皇，兵寡不可守。我欲縋城告，貴速毋持久。即使委溝壑，含笑念高厚。」亟思距躍，集中《麥麩》詩云：「相傳大軯國，碧麥輕身軀。我欲飽啖此，距躍登城隅。去爲秦庭哭，救民饑溺餘。」此即少陵之欲附書於官軍也。《杜集‧悲青阪》云：「焉得附書與我軍」；《悲陳陶》云：「日夜更望官軍至」。憫民力而歡欣霑足，卜天心而推測休徵，集中《紀雨》詩云：「更欣霑足知。秋熟聊補闓。」《傷望歲饒》又云：「仰觀默識皇天意，象著休徵賀聖朝。」此即少陵霑澤之吟、喜晴之詠也。《杜集‧雨過蘇端》詩云：「」況蒙霑澤垂，糧粒或自保。《喜晴》詩云：「皇天久不雨，既雨晴亦佳」；又云：「甘澤不猶愈，且耕今未賒。」憶承平以懷仁澤，集中《端午》詩云：「承平二百年，仁澤荷宗祖。」《喜聞》詩云：「只是東南凋敝極，調和培養在諸君。」望捷奏以慰宸衷，集中《述事》詩云：「命將出師勞聖慮，諸臣報國在忠貞。」《喜晴》詩云：「宸衷尤軫干戈後，其慎其難務得人。」《攻城》詩云：「直令殲絕無遺類，捷奏龍墀慰聖懷。」此即少陵佳氣之歌、聖德之頌也。《杜集‧哀王孫》詩云：「聖德北服南單于」；又云：「五陵佳氣無時無。」觀於《述懷》及《雨中兀坐》兩詩，皆惓惓於少陵。《述懷》詩云：「杜老詩篇壯雨中。」《兀坐》詩云：「身世究如何，悲吟斅杜甫。」又嘗擬少陵《洗兵馬》詩，以盼尅期收復。集中《擬杜工部洗兵馬》詩云：「未聞攻城不貴速，雷電迅掃參旗橫」；又云：「雖嗟井裏象蕭瑟，喜見妖氛此蕩平。」

咸豐三年二月二十三日，粵賊林鳳祥由江寧入揚州，降者給口糧。君闔門守死，戒家人無款賊。賊毀君書屋。歸故宅，八月間絕粒死，年六十有二。長子建和，縣學生，建和子啓厚，年十歲；積厚，年五歲。賊擄啓厚去，建和妻怒罵拒賊。賊牽其衣出，氏哭罵不肯行，中途磔殺，死屍無存，是爲九月九日事。建和覓棺斂君，蓋而不釘，令積厚臥地，而塞以絮，覆以衾悶死，遂自剄。十二月，賊退，君季弟慶保自外入城，啓棺知君尸，乃加釘。建和、積厚屍已腐敗，略辨面目，買棺而斂，以其序葬於甘泉金匱山糙石街祖塋之側。君仲弟翼鳳，縣學生，襄校浙江學幕；次子榮和，外出；三子治和，舉人，留京應禮部試；故皆不及難。君與建和並工詩詞，有集若干卷。君絕命辭云：「耿耿丹忱，堅金利鐵。憤怒未吐，髮衝皆裂。一息千秋，寸心萬劫。」嗚呼！是即君自銘也已。寶楠與君交最久，謹揭其一門死事之烈於墓石，以告來者。

據此，王僧保生於乾隆五十七年（1792），卒於咸豐三年（1853），則此文作於王僧保辭世之後。

可見先生之詩取法於少陵者，固在性情根本之際，而非僅字句體格之間矣。惟是同一陷賊，同一效忠，少陵尚能開筵盡醉，《杜集‧醉歌〔註15〕》云：「」愛客滿堂盡豪傑，開筵上日思芳草。《雨過蘇端》云：「濁醪必在眼，盡醉攄懷抱。」而先生則食乏果蔬；集中《率意哀吟》詩云：「群凶肆饕餮，苗藿靡有餘。已磬室懸罄，安敢嗟無魚。」《茶葉》詩云：「胡為萌芽消，竟使根株絕。非緣不熟鑒，罹此兵荒厄。」《食桐子》詩云：「得此如珍果，神娛意轉淒。」少陵尚能出郭眺遊，《杜集‧喜晴》詩云：「出郭眺西郊，蕭蕭春增華。」而先生則身拘城壘；集中《歎恨》詩云：「百有旬日嚴城閉，存者溝壑遺零丁。」《即景》詩云：「親交骨肉知何在，夢閉愁城不得飛。」少陵舉家先出，僑寄鄜州，《杜集‧月夜》詩云：「今夜鄜州月，閨中只獨看。遙憐小兒女，未解憶長安。」而先生則子婦偕亡，童孫並逝；哲嗣瑟雲於先生殉難後引刀自剄，其妻周孺人罵賊被殺。其次子積厚於瑟雲自剄時，亦就刃而死。少陵間道潛行，生還岐邑，《杜集‧喜達行在所》詩云：「西憶岐陽信，無人遂卻回」；又云：「生還今日事，間道暫時人。」而先生則堅金淪劫，寶劍長埋。集中《結古歡》詩為先生絕筆，其中有云：「豐城寶氣，誰人識之。利劍在袖，手不能揮」；又云：「耿耿丹誠，堅金利鐵。一息千秋，寸心萬劫。豈日天地間，古今一駒隙。」蓋其境較少陵為更艱，而其心亦更苦，已然先生雖備嘗艱苦，曾不改其曠達之懷。觀於披卷讀書，集中《悵然率成》詩云：「榛棘惟宜披卷坐，烽煙不礙繞階行。」《自況》詩云：「讀書猶有地，享帚或居奇。天意如相許，還應努力為。」作詩追挽，集中《挽王鶴汀》詩云：「作詩酬夙心，將意薦行潦。」其《序》云：「鶴汀以正月卒，其子乞輓歌。未作而遭兵禍，追憶其事，作詩哭之，俟賊平後，覓其子付焉。」不啻少陵之論文定交；《杜集‧醉歌》云：「文章有神交有道。」《晦日尋崔戢李封》詩云：「晚定崔李交，會心真罕儔。」《送率府程錄事還鄉》詩云：「程侯晚相遇，與語才傑立。」遊心寥廓，託興神仙，集中《坐月》詩云：「我欲遊心寄太虛，眼前何必悲塵土。」《述懷》詩云：「一吐胸中憤，光芒繞劍虹。振衣出塵土，舉首見蒼穹。」《結古歡》詩云：「我欲結古歡，抗志神仙趣。」不啻少陵之談禪遁跡。《杜集‧大雲寺贊公房》詩云：「艱難世事迫，隱遁佳期後。晤語契深心，那能總鉗口。近公如白雪，執熱煩何有。」良以置死生於度外，集中《四月十一夜宿羅氏宅》詩云：「六十二齡親遇亂，何如委骨付無生。」《無酒》詩云：「宋容涓滴沾脣吻，祇當長眠在九泉。」與少陵之能齊哀樂，自慰窮愁，先後有同揆耳。《杜集‧醉歌》云：「諸生頗盡新知樂，萬事終傷不自保」；又云：「如澠之酒常快意，亦知窮愁安在哉？」《晦日尋崔戢李封》詩云：「當歌欲一放，淚下恐莫收。濁醪有妙理，庶用慰沉浮。」況乎少陵之恪恭，見於詩詞之避諱；《杜集‧醉歌》云：「才兼鮑照愁絕倒。」《宋景文筆記》云：「唐人諱天后名，書

〔註15〕原題作《薛端薛復筵簡薛華醉歌》。

『照』爲『昭』耳。」〔註16〕而先生凡遇敬避之字，偏旁必缺筆謹書，且於頌揚之詞，無不空格，可謂篤於臣子之誼，不以造次顛沛而少渝矣。然則讀先生此集者，既服其篇什之善，當益欽其志節之高。詩教之有功於世道，洵在於此也夫。

書柘坡居士集後

《石柘坡居士集》十二卷，秀水萬循初光泰所作也。乾隆丙辰、丁巳間，循初應博學鴻詞科，就試京師，卷二《孌於集》作於丙辰、丁巳。有《四月二日將入都留別仲芸昆弟》二首，此丙辰孟夏也。又有《三月三日同胡稚威周元木吳予謙袁子才集徐志伊寓齋聽雨得秋字》五律一首，此丁巳季春也。在同征諸人中名望甚著，《隨園詩話》卷七云：「余自幼詩文不喜平熟。丙辰，諸徵士集京師，獨心折於山陰胡天遊。常〔註17〕言：『吾於穉威則師之矣，吾於元木、循初則友之矣』。元木者，周君大樞；循初者，萬君光泰也。」有異人之目。《隨園詩話》卷七又云：「馬觀察維翰，字墨麟，嘉興人。從部郎擢四川建昌道，忤總督某，直揭部科，被逮入都。皇上登極，授江南常鎮道。在都時，余以後輩禮見，蒙有『三異人』之稱，其二則尚君廷楓、萬君光泰也。」今按：《孌於集》有《十二月三十夜馬墨麟觀察招飲米市衚衕僧舍》七律二首，蓋作於丙辰除夕。丙辰爲乾隆元年，馬觀察復官之時，諸徵士正在都也。報罷後留京。戊午，順天鄉試中式。己未，會試。卷三《聞漁閣集上》作於戊午、己未。有《七月七日都下同文錫分詠瓜果》五律二首，此戊午作也。又有《四月三日興濟曉行》五古一首，《五月一日自儀徵渡江用六一居士初出眞州泛大江韻》七律一首，此己未作也。壬戌，會試。卷五《北郭草堂集》作於辛酉、壬戌。有《五月二日天津城東泛舟遊懷園遂至慶國寺》五古一首，《未至河西務河冰建瓴而下遂捨舟徒行》五古一首，此辛酉作也。又有《自天津抵東昌舟中雜述》五古三首，《七月七日濟寧守牐》七律一首，此壬戌作也。今按：《舟中雜述》第三首云：「渫雲起無時，大雨行滂暑」，必作於六月，蓋會試後由天津買

〔註16〕 按：此處引文有誤。檢《宋景文筆記》卷中（《筆記小說大觀》本）載：「今人多誤以鮑照爲鮑昭，李義山詩『濃烹鮑照葵』，又金陵有人得地中石刻作『鮑照』字。」而錢謙益《錢注杜詩》卷二，《薛端薛復筵簡薛華醉歌》「才兼鮑昭愁絕倒」句之「鮑昭」有注（上海古籍出版社2009年版，第48頁），云：「《宋景文筆記》：金陵人得石刻作鮑照。唐人諱天后名，書照爲昭耳。」比較《宋景文筆記》原文，「唐人諱天后名，書照爲昭耳」一句似爲錢謙益之語。另外，許巽行《文選筆記》卷二「蕪城賦」條（許逸民主編《清代文選學名著集成》第18冊，廣陵書社2013年版，第148頁），亦稱：「《宋景文筆記》：金陵人得石刻作鮑照。唐人諱天后名，書照爲昭耳。」

〔註17〕 常，《隨園詩話》作「嘗」。見王英志編纂校點《袁枚全集新編》第8冊，浙江古籍出版社2015年版，第233頁。

舟南下也。乙丑，會試。卷八《聞漁閣續集》作於乙丑。有《三月三日都下陶然亭修禊即席送天扉詹事假歸嘉定限三字》七律二首。戊辰，復會試。前後會試四次，加以一試鴻博，凡五赴禮部，故有五上春司之目。卷十一《五上春司集》作於戊辰。己巳，館於梁文莊公第〔註18〕。庚午春，卒。綜計十數年中，自留京以外，往還天津，館查氏最久〔註19〕。《湖海詩傳》卷一：「查爲仁，字心谷，宛平人。有《蔗塘未定稿》。」《蒲褐山房詩話》云：「蓮坡先生所居天津水西莊，貯書萬卷，南北往來名士如萬柘坡、厲樊榭趙飲谷等，無不攬環結佩，延主其家，相與覃研詩詞書畫。」今按：卷三《聞漁閣集上》有《同胡文錫宿水西草堂》五古一首，卷八《聞漁閣續集》有《題心谷澹宜書屋》七律一首。又按：循初館於查恂叔家尤久，詳見下文。始於丁巳，卷二《孌於集·潞河舟中簡查恂叔》七絕四首，其第一首云：「天街塵土一年多，重掛征帆入潞河。不是歸期能間阻，天教留看海門波」；第三首云：「黃蘆紫蓼繞魚菴，潞水無人繼客談。」此作於丁巳秋也。其下有《天津遊海

〔註18〕 按：梁文莊公即梁詩正（1697～1763），字養正，又字養仲，號薌林，錢塘人。生平事蹟見《清史稿》卷三百〇三、《清史列傳》卷二十、杭世駿《大學士文莊梁公墓誌銘》、王昶《梁文莊公詩正行狀》。全祖望《鮚埼亭集》卷二十《萬循初墓誌銘》（全祖望撰，朱鑄禹匯校集注《全祖望集匯校集注》，上海古籍出版社2000年版，第369頁）載：

梁少師薌林續修《通考》，延循初以董其事。少師醇謹，少所可，獨醉心於循初。其病也，爲步至秦侍郎樹峰邸，商其藥物。及歿，如失左右手。曾以扈從南下，見予於杭，語及循初，唏噓久之。

〔註19〕 按：查禮《榕巢詞話》（孫克強、楊傳慶、裴喆編著《清人詞話》，南開大學出版社2012年版，第845頁）載：

秀水萬循初徵君光泰，才大學深，年二十餘，應乾隆丙辰鴻博不第。丁巳，館於余家，長和兩任及兒淳均從其學，貌陋且不修衣履，日近視，更拙於言語，坐臥書齋中如處子，竟日不聞其聲息。善屬文，長於詩，著有《柘坡集》，對客揮毫，千言頃刻。猶究心韻學、算法，工長短句，直入宋人之室。乙丑早秋雨後，余招循初過苔花館，烹天泉試顧渚茶，循初以《茶瓶兒》一詞見示。（下略）

王昶《蒲褐山房詩話》卷上（周維德輯校《蒲褐山房詩話新編》，齊魯書社1988年版，第4頁）載：

蓮坡先生早賦《鹿鳴》，被訐得罪，數年而後得釋。因發憤讀書，博通典故。所居天津水西莊，貯書萬卷。南北往來名士，如萬柘坡、厲樊榭、趙飲谷等，無不攬環結佩，延主其家，相與覃研詩詞書畫。

另外，李元度《國朝先正事略》卷四十一《文苑》有其傳（嶽麓書社2008年版，第1204頁），稱：

光泰，字循初，號柘坡。乾隆丙辰舉人。穿穴六藝，排比百家，而尤精於周髀之學，上自注疏，旁及諸史，以至明之三曆，呵龐喝利，布算了了，時稱絕才。梁薌林少師續修《通考》，延循初董其事。詞科報罷，客津門查氏。著《轉注緒言》、《漢音存正》、《遂初堂類音》諸書。其詩文曰《柘坡居士集》。

光寺》五古一首，《閏月九日集恂叔秋白書堂看洋菊分賦得九言》一首，嗣此則戊午、己未。
卷三《聞漁閣集上·枕溪廊看桃花》七絕二首，其第一首云：「叢竹初開金錯刀」，自注：「天
津地寒，冬月竹皆以葦席封之，二月始開。」此作於戊午春也。《重至天津送查貢木歸嘉興》
七絕一首，次於《九月九日滄州州宅留別敬懷兄》七律一首之後，此作於己未秋也。庚申、
辛酉、壬戌、卷四《聞漁閣集下》作於庚申，有《歸天津移書室於聞漁閣南小屋文錫戲名曰
繭屋同賦》七律一首，《天津城西散步》七絕三首。辛酉、壬戌，詳見上文。乙丑、丙寅、
丁卯、戊辰，卷八《聞漁閣續集》作於乙丑。《楊村題壁》五律一首，有「海國三春暮，津
門一宿遙」之語，蓋即赴天津時所作。又有《銷夏第四集·分賦津郡古蹟得滄州蘆池》五古一
首。卷九《瓠屋集》作於丙寅，有《正月十日恂叔海光寺放魚用東坡西湖秋涸放魚韻》七古一
首，又有《十月十五日集恂權涪華館作畫會用少陵奉先劉少府新畫山水障歌韻》七古一首。卷
十《江船續集》作於丁卯，有《正月二十五日復離天津堯卿有詩贈別是夜宿陳官屯次韻卻寄》
五古一首。卷十一五《上春司集》有《重寓聞漁閣呈恂叔即次病中見寄原韻》七律一首。皆有
詩語可證。其間又曾兩至廣東連山，省視其兄敬懷於縣署。初至在癸亥甲子，
再至在丁卯。卷六《江船集上》作於癸亥，有《將之陽山連宿小方壺留別》七律二首，《將
至陽山適敬懷兄遣吏來迎》七律二首，《陽山縣齋夜觀牧民山火》七古一首。《江船集下》作於
甲子，有《陽山雜詠》六言絕句八首，《九月一日復離陽山次日遂出三峽》七絕一首。卷六《續
江船集》作於丁卯。有《陽山雨中寄懷枚士丈南海》五律一首，又有《出白廟峽》五古一首，
有「四月到英州，英州山雨多。八月出英州，水退江不波」之語。蓋自入都以還，居鄉之
時，甚少同里相契者，以汪康古為最厚。《湖海詩傳》卷三十一：「汪孟鋗，字康古，
秀水人。有《厚石齋集》。」《蒲褐山房詩話》云：「康古又與萬孝廉光泰、王西曹又曾、錢少
宗伯載相劘切，大抵叢書稗說，考核精詳，翹然自異於眾。」今按：集中與康古贈答酬唱者，
如《江船集上·贈汪康古兄弟》等題，未易悉數。沒後六年，歲在丙子，汪康古序其
詩而刊之，汪氏《序》云：「余友萬君循初，計偕北上，館尚書錢塘梁公第，以病卒。方病
中，薈自定詩十二卷，一緘寄余，刻既成，取循初別字，題曰《柘坡居士集》。時乾隆丙子十
二月八日，同里汪孟鋗康古。」今按：卷十二《青乳軒集》作於己巳歲，青乳軒即梁文莊齋名。
其詩題有《十一月十六日雪後復飯啓人先生齋四次前韻》五古一首，又有《春近用黃山谷韻》
七絕四首，其第三首有「畢竟多春誰管領」之語，第四首有「惜春閒事要先春」之語，蓋作於
己巳歲杪，其時尚未有疾。而庚午年無一詩，故知其卒在庚午春也。收入《四庫全書存目》
〔註20〕。《提要》卷一百八十五別集類存目十二：「《柘坡居士集》十二卷，國朝萬光泰撰。

〔註20〕 按：《柘坡居士集》十二卷，見錄《四庫全書存目叢書》集部第 281 冊，據南
　　　　京圖書館藏清乾隆二十一年汪孟鋗刻本影印。

光泰，字循初，乾隆庚午舉人。是集其所自定。」今按：汪氏《序》云：「初，余嘗與循初論天下士，循初屈指今古文手，推寧波全謝山先生第一，心識之。庚午秋，遇謝山於杭州，為亡友再拜，懇謝山，諾從。〔註21〕」據此則循初沒於庚午秋前。《提要》言「庚午舉人」者，「庚」字原本當作「戊」，此傳寫之訛耳。**程魚門極服其工**〔註22〕。《隨園詩話》卷一云：「同徵友萬柘坡光泰精於五七古，程魚門讀之五體投地。近體學宋人，有晦澀之病。陳古漁專工近體，宗七子，故聞魚門贊萬詩，大相牴牾。余為作跋，釋兩家之憾，且摘柘坡近體之佳者，以曉古漁。其《題開元寺》云：『古樹鳥巢密，疏僚客到稀』、『鈴空隨瓦墜，碑斷入牆堙』。《方鏡》云：『自笑相逢同柄鑿，封侯誰有面如田？』《金鼇玉蝀橋》云：『曉來濃翠東西映，也算蛾眉對仗班。』陳乃折服。」〔註23〕**蓋生平所作甚多，而所存較少。**《提要》云：「蓋光泰

〔註21〕 全祖望《萬循初墓誌銘》（全祖望撰，朱鑄禹匯校集注《全祖望集匯校集注》，上海古籍出版社 2000 年版，第 368～369 頁）載：
循初以乾隆改元之歲，入京膺詞科之薦，年甫冠，時人盛稱其詩，然予不過以詞章之士目之。又十年，遇齊次風於淮上，次風為予言循初學精進，近人未見其比，予始心重之，然終未知其底裏也。今年，循初卒，惋歎累日。已而汪生孟鋗來，出其彌留所寄柬，言病已不可為，以遺書為託，平生所辦香者雙韮之文，而雙韮知我未深，幸為圖之。予瞿然曰：『向來誠不甚知循初，然予安足以重循初，而循初以身後之文望予，亦何可負之。』乃取其遺書觀之，歎曰：（下略）蓋予而後知循初也，詞章之士云乎哉。
〔註22〕 程晉芳有《書柘坡集後》二首（魏世民校點《勉行堂詩文集》，黃山書社 2012 年版，第 347～348 頁），題下注云：「萬孝廉光泰，字循初，秀水人。《柘坡居士集》，其遺詩也。」
其一：
昔聞京邸隕才人，（原注：庚午夏，余客京師，聞孝廉已卒於蒓林梁尚書家。）忽忽經過二十春。戞玉冰函欣始覯，披蘿山鬼怳相親。嘔心長吉原妨命，援筆文通定有神。寒瘦從茲笑郊島，錚錚清骨古無鄰。
其二：
下拜憑拈一瓣虔，敢論盧後較王前？徑思發簏排群稿，（原注：君有雜著十六種未刻。）深恨同時失比肩。剝盡蕉心清見雪，尋來石脈暗生泉。詩才絕世名灰冷，修到梅花亦枉然。
〔註23〕 袁枚《小倉山房文集》卷十一《萬柘坡詩集跋》（王英志編纂校點《袁枚全集新編》第 5 冊，浙江古籍出版社 2015 年版，第 229 頁）
亡友萬柘坡，遺集若干，程魚門昵之，陳古漁非之。二人皆深於詩者也，訟而質於余。余欲通兩家之意，特加點按。集中五七古，沉摯之思，如窮淵泉而縋出之，真古豪矣。近體索索，殊少真氣，說者謂為宋人所累。余按宋名家絕無此種。考厥濫觴，始於吾鄉輊材諷說之徒，專屏彩色聲音，鉤考隱僻，以震燿流俗，號為浙派。一時賢者，亦附下風。不知明七子貌襲盛唐，而若輩乃皮傅殘宋，棄魚菽而啖豬苓，尤無謂也。
孫伯符誚公路云：「恨不及其生時與其共辯論。」柘坡與余總角之交，九原有知，必喜聞過。而余亦深悔當年不早進規語，致留才人未竟之憾。逝者已矣，

才思富贍，篇什頗多，後乃悔其少作，所存止此也。」今按：卷一《南邨草堂集》自乙巳至乙卯，首尾十一年，僅存七十五首，知少作刪去多矣。集中未存之聯句見於他集者，筆力亦挺拔可傳。《湖海詩傳》卷三十一採汪康古《厚石齋集》詩，有《雪後聯句用昌黎雨中寄孟刑部幾道聯句韻》五古一首，其聯者即循初也。就中循初有云「冬春乍遷嬗，里巷紛謁拜」，康古有云「謂言久周旋，其奈遠行邁」，自注云：「時柘坡將北上。」今按：卷七《江船集下》作於甲子，有《臘八粥聯句》五古一首，聯者三人：一爲循初，一爲康古，一爲康古之弟仲鈖，字豐玉。就中康古有云「維時風雪交，宜此餰飦簇」，疑雪後聯句，即作於是時，在冬末春初之際也。前此循初入都，皆不在春初。後此戊辰入都，雖在春初，然卷十《江船續集》作於丁卯，有《將理北行裝忽感寒疾康古書來邀往山茶花漾不能行也六次前韻》七律二首，其第二首云：「天末佳人世外鴻，墓田招我共窮冬。遠追輞水溫經興，略比䣪臺避債蹤。瘦膊成山推不去，破衾如鐵夢無惊。書回一笑簹冰墜，此日眞慚邴曼容。」玩其語意，是年歲暮，未曾與康古聚晤，《雪後聯句》未必作於彼時矣。其文集詞集全行刪棄，雜著十六種亦未刊行。汪氏序云：「其古文詩餘極黟，聞手自燬去。外雜著十六種，則皆其自定緘寄者，俟他日續刻。」今按：十六種之名，序中未經臚列，俟考。余家舊藏《說文凝錦錄》鈔本〔註24〕，蓋即十六種中之一。紹古齋主人借錄付梓，復購得是集印本，出以示余。其詩有辨析形聲、考訂確鑿者，非學有根柢不辦。卷十《江船續集·洭水詩》云：「匯木東南流，長波勢澎湃。盧溪即湟溪，名異非異沇。試考洭浦關，洸口即名硆。」其序云：「」

來者未已。爲抉其瑕以見其平生之所誤者止於是也，而大美乃以益彰。且以嚴詩之防，而謹其所趨。否則，文章公器，目論者謂竟可以好尚異也，其不然矣。

〔註24〕　《說文凝錦錄》有錦澤堂刻本，一卷。楊鍾義撰提要（中國科學院圖書館整理《續修四庫全書總目提要（經部）》，中華書局1993年版，第1063頁），稱：清萬光泰撰。光泰字循初，一字柘坡，秀水人。乾隆丙辰舉博學鴻詞，試罷，旋中是年舉人。昔相如作《凡將篇》，子雲撰《倉頡訓纂》，諧聲會意，細入毫髮，故能巧構形似之言，深探窈冥之域。許書十四篇，理群類，解謬誤，辭簡意奧，古藻紛披。光泰撮其單詞，儷爲耦語，分天地動植宮室器衣食形體氣象事言等門。因文表質，隨手付刊，謂於《說文》爲創體，於小學爲支流。讀者沿波溯源，可弗視爲詞章之學，而爲達神旨之一助。至於主階始廟，叔鮪楚烏，麥一來二縫，丁左行曲波，聚削櫝勘經之字，成抽黃對白之工。非徒如說文錦字之類，餰飦典故，襲績舊聞者矣。

另有二卷本，黃裳（《前塵夢影新錄》，齊魯書社1989年版，第85頁）稱：《說文凝錦錄》二卷。嘉慶刻。秀水萬光泰撰。鎸刻極工雅。傳本甚稀，偶於舊肆案頭揀得，大得意也。《柘坡集》余亦有之，尚不如此本之罕傳也。此固舊時文士篋中秘本，摛詞選藻，必取資焉。明人有《文選錦字錄》，即此類，然不若此之猶存許學家數。是雖小書短冊，亦非村學究可辦者。有徐康手跋。

總而按之，洭水即潢水也，亦即湟水也。因地名而異，則曰盧谿、曰洭、曰桂；因同聲而訛，則曰洭、曰湟、曰潢；因字形相近而謬，則曰匯、曰洭、曰潅、曰汧；其實止一水耳。洭水今名連州江，含洭縣，在陽山東南，縣已廢，其地猶名洤洸，屬英德。且《論篆》詩中涉及《說文》，據《水經注》以推古本。卷十一《五上春司集》有《論篆》八首，其第三首云：「《說文》一亥序無儳，《唐韻》分編亂發凡。昨讀《水經》鹽郡訓，始知今注有訛芟。」與《說文凝錦錄》宗指相同，洵所謂小學詞章，同條共貫者矣。爰就其科名蹤跡，加以推覈而復之焉。

書陳節婦楊孺人徵詩啟後

《公》、《穀》之說「莒人滅鄫」，謂以異姓為後，雖事實不符，未合春秋之旨。然與《左氏》「神不歆非類，民不祀非族」，義實相通。古訓昭然，永垂法戒。後世宗法不講，婦順罕修，每有斥逐妾媵所生而抱養他姓為子者，是名為有後而實則祀已斬也。今陳節婦、楊孺人不棄外婦之子，而亟求以歸，不覓異族之螟蛉，而撫庶子如已出，可謂深知禮教、達於大義者矣。視《風俗通》所記太守之夫人，奚啻霄壤之隔，非賢媛而能若是歟？

重刊吳夢窗詞稿序

觀察杜公，博極群書，深於詞律，重編吳夢窗詞稿既成，以定本見示，屬為作序。其校正之精，刪移之善，輯補之密，評論之公，具見《自序》及《凡例》之中，本無待於揚搉。惟是夢窗之詞品，諸書言之甚詳，而夢窗之人品，諸書言之甚略。故聲律之淵源可溯，而行事之本末罕知。汲古閣毛氏跋語〔註 25〕，言其絕筆於淳祐十一年辛亥，今以詞中所述推之，知其壽不止於此。蓋夢窗嘗為榮王府中上客，《丙稿》內《宴清都》一闋，題為《餞嗣榮王仲享還京》，有「翠羽飛梁苑」之語；《掃花遊》一闋，題為《賦瑤圃萬象皆春堂》，有「正梁園未雪」之語。據周草窗《癸辛雜識》言「榮邸瑤圃」，

〔註25〕 毛晉《夢窗四稿跋》（《汲古閣書跋》，上海古典文學出版社 1958 年版，第 90～91 頁），云：

或云夢窗詞一卷，或云凡四卷，以甲、乙、丙、丁釐目。或又云四明吳君特從吳履齋諸公遊，晚年好填詞，謝世後，同遊集其丙、丁兩年稿若干篇，釐為二卷，末有《鶯啼序》，遺缺正多，蓋絕筆也，與余家藏本合符。既閱《花庵》諸刻，又得逸篇九闋，附存卷尾。山陰尹煥序略云：「求詞於吾宋，前有清真，後有夢窗。」此非煥之言，四海之公言也。

則瑤圃即榮王府中園名，故以梁王比榮王，而以鄒、枚自比也。榮王爲理宗之母弟，度宗之本生父，夢窗詞中有壽榮王及壽榮王夫人之作，雖未注明年月，然必在景定元年六月以後。蓋理宗命度宗爲皇子，係寶祐元年正月之事；立度宗爲皇太子，係景定元年六月之事。寶祐元年干支係癸丑，後於辛亥二年。景定元年干支係庚申，後於辛亥九年。今按夢窗《乙稿》內《燭影搖紅》一闋，題爲《壽嗣榮王》；其詞云：「掌上龍珠照眼」；又云：「映蘿圖星暉海潤」。〔註26〕《丙稿》內《水龍吟》一闋，題亦爲《壽嗣榮王》；其詞云：「望中璿海波新」。《甲稿》內《晏清都》一闋，題爲《壽榮王夫人》；其詞云：「長虹夢入仙懷，便洗日銅華翠渚」；又云：「東周寶鼎，千秋鞏固，何時地拂龍衣，待迎入玉京闐圖」。《齊天樂》一闋題亦爲《壽榮王夫人》；其詞云：「鶴胎曾夢電繞」；又云：「少海波新」。所用詞藻皆係皇太子故實。不但未命度宗爲皇子之時萬不敢用，即已命爲皇子之後、未立爲皇太子之前亦萬不宜用。然則此四闋之作，斷不在景定元年五月以前，足證度宗冊立之時，夢窗固得躬逢其盛矣。據壽詞所言時令節候，榮王生辰當在八月初旬，《水龍吟》詞云：「金風細裏」；又云：「牛涼生」。《燭影搖紅》詞云：「寶月將弦」；又云：「未須十日便中秋」。榮王夫人生辰當亦在於秋月。《晏清都》詞云：「蟠桃正飽風露」。《齊天樂》詞云：「萬象澄秋」；又云：「涼入堂階彩戲」。《水龍吟》詞言「璿海波新」，《齊天樂》詞言「少海波新」，必在甫經冊立之際，則此兩闋當即作於庚申秋間。若《燭影搖紅》、《晏清都》兩闋之作，至早亦在辛酉秋間，是時夢窗尚無恙也。況周草窗詞內《拜星月慢》一闋，題爲《春暮寄夢窗》，《蘋洲漁笛譜》此詞有序，謂作於癸亥春間，是時夢窗仍無恙也。安得謂辛亥之作爲絕筆乎？

夢窗曳裾王門，而老於韋布，足見襟懷恬澹，不肯藉藩邸以攀援，其品概之高，固已超乎流俗。若夫與賈似道往還酬答之作，皆在似道未握重權之前。至似道聲勢薰灼之時，則並無一闋投贈〔註27〕。試檢《丙稿》內《木蘭

〔註26〕吳蓓《夢窗詞彙校箋釋集評》附錄一《序跋》載錄此序，然序中注文均無。（吳文英著，吳蓓箋校《夢窗詞彙校箋釋集評》，浙江古籍出版社 2014 年版，第809～812 頁。）

〔註27〕夏承燾《夢窗晚年與賈似道絕交辨》（《唐宋詞人年譜》，商務印書館 2013 年版，第443～446 頁），云：
劉毓崧敘夢窗詞，謂夢窗「與賈似道往還酬答之作，皆在似道未握重權之前；至似道聲勢薰灼之時，則並無一闋投贈」；「不獨灼見似道專擅之跡日彰，是以早自疏遠；亦以疇昔受知於吳履齋，是時履齋已爲似道誣譖罷相，將有嶺表之行；夢窗義不肯負履齋，故特顯絕似道耳。」（參一二四八年譜）前人考

夢窗遺事者，蓋未嘗及此；然細稽史實，此說有可商者數事。一、《浩然齋雅談》卷下，記「翁孟寅賓暘嘗遊維揚，時賈師憲〔似道字〕開淮閫，甚前席之，其歸，舉席間飲器凡數十萬悉以贈之，云云。」夢窗有《沁園春・送翁賓暘遊鄂渚》云「幕府英雄今幾人」，乃送翁入賈幕者。考《理宗紀》：「開慶元年（一二五九）以似道軍漢陽援鄂，即軍中拜右相。」次年四月即入朝。夢窗此詞有「賈傅才高，岳家軍壯」、「關河秋近」句，當作於此年夏秋間。時吳潛履齋爲左相，以元兵渡江劾丁大全、沈炎，（炎即次年劾吳潛而舉似道正位鼎軸者。）蓋潛與似道是時已有矛盾。檢《宋季三朝政要》〔三〕「吳潛卒」條：「先是，詔似道移司黃州。黃州在鄂上流，（當作下流）中間乃北騎往來之衝要。似道聞命，以足頓地曰：『吳潛殺我矣。』疑移司出潛意，故深恨之。」檢同卷「詔似道移司黃州」在開慶元年十一月，乃似道拜右相之後一月。送翁賓暘詞稱似道爲「賈傅才高」，結句云：「松江上，念故人老矣，甘臥閒雲。」且有望賓暘代爲推挽之意，夢窗此時未與似道絕，固顯然也。又劉序謂「夢窗乙稿《金瑓子・賦秋壑西湖小築》，丙稿《水龍吟・過秋壑湖上舊居》，均作於似道制置京湖之日：蓋《水龍吟》言『黃鶴樓頭月午』，固京湖之確證；《金瑓子》言『小隊登臨』亦制置之明徵。」案《水龍吟》作於似道在京湖時，劉說誠是；《金瑓子・賦西湖小築》，則疑與《水龍吟》非同時之作。〔「舊居」在西湖南山之南屏，「小築」則在西湖之北山，劉合兩處爲一，非是，說在一二四九年譜。〕《金瑓子》詞有云：「來往載清吟。〔節。〕笑攜雨色晴光，入春明朝市。」當是似道入朝以後之作；明人《西湖夢尋》記似道乘湖船入朝之情形，彷彿似之。詞又云：「石橋鎖煙霞，五百名仙，第一人是」，擬以仙佛，似指似道獨攬朝綱。又云：「臨酒論深意，流光轉，鶯花任亂委」；結云：「待西風起」；必作於夏間。又云：「泠然九秋肺觀，應多夢岩扃、冷雲空翠。」雖爲切「秋壑」二字，或京暗用傅岩故實。檢《宋史》賈傳，景定元年，「帝以其有再造功，以少傅右丞相召入朝，百官郊勞，如文彥博故事。」《理宗紀》：景定元年四月，侍御史沈炎劾吳潛，「請速召賈似道正位鼎軸。」似道入朝蓋即在四月。據此互推，《金瑓子》或即作於此時。（劉氏據「小隊登臨」句，謂指似道制置京湖時，以其用杜詩「元戎小隊出郊坰」；然執宰遊山，何嘗必不可用；以此說文太泥，以作證太弱。）其年四月，吳潛去官提舉洞霄宮，六月謫建昌軍，十一月竄潮州。正似道聲勢日益薰灼之時也。

又夢窗於一二四八年客吳潛越幕，逾年潛離越，夢窗乃客嗣榮王與芮邸。劉氏考定壽與芮夫婦各詞，必在與芮子〔度宗。〕立爲皇太子之後，此確切無疑者。然度宗之立，即潛與似道衝突之一關鍵。《南宋書》〔五十三。〕《吳潛傳》：「屬將立度宗爲太子，潛密奏曰：『臣無彌遠之才，忠王〔度宗。〕無陛下之福。』帝怒。」同書〔五十六。〕《似道傳》：「似道以潛欲殺己，銜之，且聞潛事急時每事先發後奏，帝欲立榮王子孟啓〔度宗。〕爲太子，潛又不可，帝已積怒，似道遂陳建儲之策，令沈炎劾潛措置無方。」《宋史・理宗紀》：景定元年四月，侍御史沈炎劾潛，謂「忠王之立，人心所屬，潛獨不然，請速詔賈似道正位鼎軸。」是年六月，立忠王爲皇太子，同月潛謫建昌軍。蓋度宗之立，反對者潛，建議者似道，由此潛去而似道進。當夢窗年年獻壽與芮之時，正吳潛一再遠貶之日。若謂夢窗以不忍背潛而絕似道，將何以解於

花慢》一闋，題爲《壽秋壑》；其詞云：「想漢影千年，荊江萬頃」；又云：「訪武昌舊壘」；又云：「倚樓黃鶴聲中」。《晏清都》一闋，題亦爲《壽秋壑》，其詞云：「翠匝西門柳，荊州昔，未來時正春瘦」；又云：「對小絃月掛南樓」。就其中所用地名古蹟推之，必作於似道制置京湖之日。《乙稿》內《金盞子》一闋，題爲《秋壑西湖小築》；其詞云：「轉城處，他山小隊登臨，待西風起」。《丙稿》內《水龍吟》一闋，題爲《過秋壑湖上舊居寄贈》，其詞云：「黃鶴樓頭月午，奏玉龍，江梅解舞」，亦均作於似道制置京湖之日。蓋《水龍吟》詞言「黃鶴樓頭」，固京湖之確證。《金盞子》詞言「登臨小隊」，亦制置之明證。《金盞子》詞題言「西湖小築」，必作於落成之初；《水龍吟》詞題言「湖上舊居」，必作於既居之後。其次第固顯然也。似

出潛幕而人榮邸耶？（後來與芮極恨似道，募死士殺似道，則此後十餘年之事。）

總之，窗夢以詞章曳裾侯門，本當時江湖遊士風氣，固不必誚爲無行，亦不能以獨行責之。其人品或賢於孫惟信、宋謙父，然亦不能擬爲陳師道。此平情之論也。

至於《齊東野語》錄時人賀似道生日各詞，而無夢窗一語，則由夢窗或即卒於景定三年之前；後樂園之落成，吳潛之死，皆在夢窗身後。（後樂園造於景定三年正月，潛卒於同年六月。）似道專擅誤國之罪，亦皆夢窗所不及見，而非由「早自疏遠」。劉氏信草窗詞《拜星月》寫「寄夢窗」，定夢窗景定四年尚健在；若然，則夢窗晚年有稠疊壽與芮之詞，無一語弔吳潛之謫死，反足貽夢窗涼薄之誚矣。（夢窗集中有《西平樂》西湖先賢堂詞，作於潛卒之前二十年；楊鐵夫謂是弔潛之詞，非是，參一二四三年譜。）

夢窗才秀人微，取湮當代，《宋史》固未爲立傳，《乾隆鄞縣志》亦僅於《陳允平傳》附見一語，曰「能詩，與同里吳文英齊名」。宋人野記夥頤，而除《浩然齋雅談》一條外，亦無及夢窗者。劉序洋洋二千言，爲考夢窗行實一名著，而考與似道交誼一節又夢窗平生一大事，故不憚辭費，辨之如此。王鵬運爲史梅溪詞跋，據《書錄解題》有「不詳何人」一語，謂梅溪非即韓侂胄堂吏之史達祖。亦欲爲梅溪出脫。愛才篤厚之心，與劉氏此序同。後見《浩然齋雅談》，乃自知其誤。予文未必有當，然知人論世之學，貴求眞求是，則不敢不自勉也。

一九五四年十一月五日。

另外，孫虹、冉丹《吳夢窗晚年與賈似道交遊補辨》一文（《詞學》，（2015年）第33輯，第160～180頁。後收入孫虹、譚學純《吳夢窗研究》附錄二，上海古籍出版社2015年版，第567～586頁）亦可參看。茲錄《摘要》於下：文章通過對吳夢窗贈賈似道四首詞作《水龍吟·過秋壑湖上舊居寄贈》、《晏清都·壽秋壑》、《木蘭花慢·壽秋壑》、《金盞子·賦秋壑西湖小築》的詞意疏解與相關史實考辨，考證出《水龍吟》寫於開慶元年，《晏清都》、《木蘭花慢》寫於開慶、景定之際，《金盞子》寫於咸淳年間。結論是夢窗與賈似道的交遊皆在晚年，雖非獨行赴淵之高士，亦未必攀俯權貴之俗徒。

道官京湖制置使在淳祐六年九月，其進京湖制置大使在淳祐九年三月。迨十年三月，改兩淮制置大使，始去京湖。夢窗此四闋之作，當不出此數年之中。或疑開慶元年正月，似道爲京湖南北、四川宣撫大使，次年四月還朝，此一年有餘亦在京湖，夢窗之詞安見其非作於此際？不知似道生辰係八月初八日，周草窗《齊東野語》言之甚詳。開慶元年正月以後，元兵分攻荊湖、四川，七八月間正羽檄飛馳之際，似道膺專閫之任，身在軍中，而夢窗此四闋之詞皆係承平之語，無一字及於用兵，《木蘭花慢》詞云：「歲晚玉關，長不閉，靜邊鴻」。《晏清都》詞云：「正虎落馬靜晨嘶，連營夜沈刁斗」。《金盞子》詞云：「應多夢，岩扃冷，雲空翠」。《水龍吟》詞云：「錦颿一箭攜，將春去，籌歸期未卜」。豈得謂其作於此際乎？似道晚節誤國之罪固不容誅，而早年任事之才，實有可取。觀於元世祖攻鄂之時，似道作木柵環城，一夕而就，世祖顧扈從諸臣曰：「吾安得如似道者用之？」其後，廉希憲對世祖亦嘗稱述此言〔註28〕，是似道在彼時固曾見重於敵國君相，故周草窗雖深惡似道之擅權，而於前此措置合宜者，未嘗不加節取。王魯齋爲講學名儒，生平不肯依附似道，而其致書似道，亦嘗稱其援鄂之功〔註29〕。則夢窗於似道未肆驕橫之時，贈以數詞，固不足以爲累。況淳祐十年，歲在庚戌，下距景定庚申，已及十年。此十年之中，似道之權勢日隆，而夢窗未嘗續有投贈。且庚申、辛酉正似道入居揆席之初，而夢窗但有壽榮邸之詞，更無壽似道之詞，不獨灼見似道專擅之跡日彰，是以早自疏遠，亦以疇昔受知於吳履齋，詞稿中有追陪遊讌之作，最相親善。《丁稿》內《浣溪紗》一闋，題爲《出迓履翁舟中即興》。《補遺》內《金縷歌》一闋，題爲《陪履齋先生滄浪看

〔註28〕 《元史》卷一百二十六《廉希憲傳》（中華書局 1976 年版，第 3090 頁）載：一日夜半，召希憲入禁中，從容道藩邸時事，因及趙璧所言。希憲曰：「昔攻鄂時，賈似道作木柵環城，一夕而成，陛下顧扈從諸臣曰『吾安得如似道者用之』。劉秉忠、張易進曰『山東王文統，才智士也。今爲李壇幕僚』。詔問臣，臣對『亦聞之，實未嘗識其人也』。」帝曰：「朕亦記此。」

〔註29〕 王柏《魯齋集》卷一《壽秋壑》（《續金華叢書》本），云：皇天分四序，春生而秋成。春風煥九野，秋氣呈清明。萬物一以實，物物含生生。我公秉元化，全體涵金晶。義概抱宇宙，智略吞群英。五行互相制，自昔誰去兵。狂酋干帝紀，赤烏司專征。神謀運玉帳，靈旗繞氈營。鞞韔鞘韢鞾備，廣距甄角精。殘醜肝膽破，束手祈受盟。肅肅荊楚淨，湯湯江漢清。東西互萬里，齊民競春耕。歸來輔皇極，一稔舒群情。翼翼周鼎重，疊疊宸慮輕。前星耀垣象，德星萃神京。旂常偉實紀，前史辭虛聲。當此秋正中，角元迎長庚。於赫袞繡瑞，綿綿絲綬榮。玉露滴鵁鶄，珥貂宣寶觥。陛下千萬歲，與公同太平。

梅》。是時履齋已爲似道誣譖罷相，將有嶺表之行，夢窗義不肯負履齋，故特顯絕似道耳。否則似道當國之日，「每歲生辰，四方獻頌者以數千計，悉俾翹館謄考，以第甲乙」。就中曾膺首選者，如陳惟善、廖瑩中等人，其詞備載於《齊東野語》〔註30〕，夢窗詞筆超越諸人，假令彼時果肯作詞，非第一人無

〔註30〕 周密《齊東野語》卷十二《賈相壽詞》（上海古籍出版社 2012 年版，第 124～125 頁），載：

賈師憲當國日，臥治湖山，作堂曰半閒，又治圃曰養樂，然後爲就養，其實怙權固位，欲罷不能也。每歲八月八日生辰，四方善頌者以數千計。悉俾翹館謄考，以第甲乙，一時傳頌，爲之紙貴，然皆諂詞讛語也。偶得首選者數闋，戲書於此。

陳合惟善《寶鼎現》詞云：「神龜誰斷，幾千年再、乾坤初造。算當日，枰棋如許，爭一著吾其祗左。談笑頃，又十年生聚，處處《邠風》葵棗。江如鏡，楚氛餘幾，猛聽甘泉捷報。　　天衣細意從頭補，爛山龍、華蟲黼藻。宮漏永、千門角鑰，截斷紅塵飛不到。街九軌，看千貂避路，庭院五侯深鎖。好一部、太平六典，一一周公手做。　　赤舄繡裳，消得道斑爛衣好。盡龐眉鶴髮，天上千秋難老。甲子平頭才一過，未說汾陽考。看金盤、露滴瑤池，龍尾放班回早。」

廖瑩中群玉《木蘭花慢》云：「請諸君著眼，來看我，福華編。記江上秋風，鯨鬐漲雪，雁徼迷煙。一時幾多人物，只我公，隻手護山川。爭睹階符瑞象，又扶紅日中天。　　因懷，下走奉轡鞭，磨盾夜無眠。知重開宇宙，活人萬萬，合壽千千。凫鷖太平世也，要東還還上是何年。消得清時鐘鼓，不妨平地神仙。」

陸景思《甘州》云：「滿清平世界，慶秋成，看看斗三錢。論從來活國，論功第一，無過豐年。辦得閭民一飽，餘事笑談間。若問平戎策，微妙難傳。　　玉帝要留公住，把西湖一曲，分入林園。有茶爐丹灶，更有釣魚船。覺秋風、未曾吹著，但砌蘭、長倚北堂萱。千千歲，上天將相，平地神仙。」

奚㵣倬然《齊天樂》云：「金飆吹淨人間暑，連朝弄涼新雨。萬寶功成，無人解得，秋入天機深處。閒中自數，幾心酌乾坤，手斟霜露。護了山河，共看元影在銀兔。　　而今神仙正好，向青空覓個，沖澹襟宇。帝念群生，如何便肯，從我乘風歸去。夷遊洞府，把月杼雲機，教他兒女。水逸山明，此情天付與。」

從橐《陂塘柳》云：「指庭前、翠雲金雨，霏霏香滿仙宇。一清透徹渾無底，秋水也無流處。君試數，此樣襟懷，頓得乾坤住。閒情半許，聽萬物氤氳，從來形色，每向靜中覷。　　琪花路。相接西池壽母，年年弦月時序。荷衣菊佩尋常事，分付兩山容與。天證取，此老平生，可向青天語。瑤卮緩舉，要見我何心，西湖萬頃，來去自鷗鷺。」

郭應酉居安《聲聲慢》云：「捷書連畫，甘瀾通宵，新來喜沁堯眉。許大擔當，人間佛力須彌。年年八月八日，長記他三月三時，平生事，想只和天語，不遣人知。　　一片閒心鶴外，被乾坤繫定，虹玉腰圍。閶闔雲邊，西風萬籟吹齊。歸舟更歸何處是，天教家在蘇堤。千千歲，比周公，多個彩衣。」

且侑以儷語云：「彩衣宰輔，古無一品之曾參；袞服湖山，今有半閒之姬旦。」

以位置，勢必眾口喧傳，一時紙貴，焉有不在草窗所錄之內者乎？縱使草窗欲爲故人曲諱，又豈能以一人之手掩天下之目，而禁使弗傳乎？然則夢窗始與似道曾相贈答，繼則惡其驕盈而漸相疏遠，較之薛西原始與嚴嵩曾相酬唱，繼則嫉其邪佞而不相往來，先後洵屬同揆。西原之集爲生前自定，故和嵩之作，一字不存。夢窗之稿爲後人所編，故贈似道之詞，四闋具在。然刪存雖異，而志趣無殊。夢窗之視西原，初無軒輊，則存此四闋，豈但不足爲夢窗人品之玷，且適足見夢窗人品之高，此知人論世者所當識也。故詳爲推闡，以見詞品之潔，實由人品之高。觀察尚友古人，爲之刊布，不特其詞藉以傳播，即某人亦藉以表章，此實扶輪大雅之盛意也夫。〔註31〕

重刊吳夢窗詞稾自序　代秀水杜小舫觀察作

南宋端平、淳祐之間，工於倚聲者，以吳夢窗爲最著。夢窗名文英，字君特。據《蘋洲漁笛譜》末附錄夢窗所題《踏莎行》，自稱覺翁，蓋晚年之號。家於四明，高尚不仕，久客杭都及浙西、淮南諸郡，與吳履齋諸公遊。尹惟曉、沈義甫、張叔夏皆稱之，與周草窗爲忘年之交。草窗詞有《玲瓏四犯》一闋，題爲「戲調夢窗」；《拜星月慢》一闋，題爲「春暮寄夢窗」；《朝中措》一闋，題爲「擬夢窗」；而《玉漏遲》一闋，即題「夢窗《霜花腴詞集》」，傾倒尤至。夢窗詞以綿麗爲尚，筆意幽邃，與周美成、姜堯章並爲詞學之正宗。顧《片玉詞》、《白石歌曲》均行於世，而夢窗手定《霜花腴詞集》爲周草窗所題者，散軼不傳，後人補輯之甲乙丙丁四稾，僅附刻於《汲古閣六十家詞集》中，無單行本，因摘出校勘付梓，以廣其傳焉。〔註32〕

所謂三月三者，蓋頌其庚申蘋草坪之捷，而歸舟乃舫齋名也。賈大喜，自仁和宰除官告院。既而語客曰：「此詞固佳，然失之太俳，安得有著彩衣周公乎？」

〔註31〕《曼陀羅華閣叢書》第35～36冊爲《夢窗詞》四卷補遺一卷，卷首載此序，文末有「咸豐庚申儀徵劉毓崧」，知作於咸豐庚申（咸豐十年，1860）。吳蓓《夢窗詞彙校箋釋集評》附錄一《序跋》載錄此序，同。

〔註32〕《曼陀羅華閣叢書》第35～36冊爲《夢窗詞》四卷補遺一卷，卷首載此序，文末有「秀水杜文瀾敍」。吳蓓《夢窗詞彙校箋釋集評》附錄一《序跋》載錄此序，同。（吳文英著，吳蓓箋校《夢窗詞彙校箋釋集評》，浙江古籍出版社2014年版，第808～809頁。）

重刊周草窗詞稿序

觀察杜公重編《吳夢窗詞稿》付梓，余既爲之作序。頃復以校刊《周草窗詞稿》定本見示，余謂草窗爲宋代完人，而《宋史》不爲立傳，今就其《詞稿》及所作《齊東野語》、《癸辛雜識》、《武林舊事》，參以他書考證。知其先世本居濟南歷城，建炎南渡時，僑居湖州。《齊東野語》云：「余家濟南歷城，遭靖康狄難，皆奔竄四出。及抵杭，則一家不期而集，不失一人。」《癸辛雜識》云：「南渡之初，中原士大夫之落南者眾，高宗愍之。昉有西北士大夫許占寺宇之命，曾大父少師亦居湖之鐵觀音寺，後遷天聖寺焉」；又云：「大父少傅素廉儉，僑居吳興」。

曾祖祕，官至中丞，贈少師。祖某，官至侍郎，贈少傅。外祖章良能，官至參政，諡文莊。戴表元《齊東野語序》述草窗之言，曰：「我家中丞公實自齊遷吳，而又大父侍郎公踐敭六曹，外大父參預文莊章公，出入兩制」。《十駕齋養新錄》卷十四云：「以《湖州府志》考之，章文莊者，良能也。中丞名祕，公謹之曾祖。至所謂大父侍郎者，《志》亦未之及也。」父晉，字叔明，見《絕妙好詞選》。歷任州郡，嘗守汀州，《齊東野語》云：「時先君需清湘次。未幾，易守臨江。又嘗知慶元府。」《癸辛雜識》云：「乙卯歲，先子守鄞江。」今按：鄞江即慶元府，今之寧波府也。乙卯係寶祐三年。理宗紹定五年，叔明方官富春令，草窗生於縣署，是年歲在壬辰。《癸辛雜識》云：「先君子於紹定四年辛卯，出宰富春。壬辰歲，余實生於縣齋。」齠齔時，即隨叔明寓杭都。《癸辛雜識》云：「余垂齠時，隨先君子故都。又嘗侍先子觀潮。」嘉熙四年庚子，隨叔明赴福建漕幕運幹之任。《癸辛雜識》云：「嘉熙庚子歲，先子爲閩漕幹官」；又云：「方公曰：『汝可以周運幹所擬，白之於神』」；又云：「皆余侍邊之所目擊也。」淳祐元年辛丑，侍親自閩還。年甫幼學，已能留心記事。《齊東野語》云：「庚子、辛丑歲，先君子佐閩漕幕」；又云：「辛丑歲，余侍親自福建還。」五年丙午，六年丁未，叔明官衢州通判，草窗亦隨侍。年甫成童，即飫聆諸名流緒論。《蘋洲漁笛譜》卷二《長亭怨慢序》云：「歲丙午、丁未，先君子監州太末，一時名流星聚。余時甚少，執杖屨，供灑埽，諸老緒論殷殷，金石聲猶在耳。」《癸辛雜識》云：「先子爲衢倅，余時在侍旁。」今按：太末即衢州舊名。稍長，以門蔭出仕，銓試第十三人。《癸辛雜識》云：「余試吏部銓第十三人。外舅楊冰齋遺書賀先君，云：『第十三傳衣鉢，已兆前聞』，蓋外舅向亦以十三名中選故耳。」淳祐末年，嘗官義烏令，《武陵舊事提要》所言如此。今考淳祐之號，首尾十二年。其末年干支系壬子。草窗之令義烏，即使果在是年，亦甫二十一歲，蓋其出仕甚早也。又嘗監當局務。《齊東野語》云：「余爲國局嘗祠禋，充奉禮郎，兼太祝。」今按：宋時在京諸局並設監，當其品位各有不同，奉禮、太祝皆恩蔭初任之官，草窗攝此二職，必在作令以前。景定初，爲浙西帥

司幕官。《癸辛雜識》云：「馬裕齋光祖之再尹京也，余時爲帥幕。」今按：南宋時爲臨安尹者，例兼浙西安撫司軍帥之職，其僚屬有京府幕官，亦有帥司幕官。馬裕齋以景定二年十月自建康召入，再爲京尹，五年三月復爲建康留守，草窗之官帥幕當在此數年中。**四年癸亥，奉檄至荊谿。**《蘋洲漁笛譜·拜星月慢》一闋，《序》云：「癸亥春，沿檄荊谿。朱墨日賓送。」今按：癸亥係景定四年。**咸淳十年甲戌，監杭都豐儲倉。**《齊東野語》云：「咸淳甲戌秋，余爲豐儲倉。」《癸辛雜識》云：「咸淳甲戌之春，余爲豐儲倉。」今按：甲戌係咸淳十年。據《夢梁錄》卷九，豐儲倉在仁和縣側倉橋東，豐儲西倉在餘杭門外。**其在仕途，受知於馬碧梧。**《癸辛雜識》云：「咸淳甲戌之夏，丞相番陽馬公廷鸞乞去甚苦，遂出寓於六和塔。余受公知，間日必出問之。」**而不肯附賈似道。**自景定初至咸淳末，似道當國十餘年，草窗無一闋投贈。**入元以後，隱居不仕。元成宗元貞三年，以星變，改元大德。是年歲在丁酉，草窗曾記其事。**《癸辛雜識》云：「丁酉二月，忽有傳夜後西北角有星光芒曳尾者。及三月十七日，詔書到杭，改元大德。有云：『星芒示變，天象儆予。』」《十駕齋養新錄》據此謂草窗「六十六歲尙無恙」〔註33〕，其說信有明徵。余更考草窗錄高炳如七十七歲所書，《癸辛雜識》云：「高疏僚父炳如，親書與其妾銀花一紙」云；「慶元庚申，時余六十七歲矣」云云；「余謂服事七十七歲老人，凡十一年」云云；「嘉定庚午八月丙申押。」而跋其末云「余年及炳如之歲」，是大德十一年歲在丁未，草窗年七十七仍無恙矣。**其中年寄寓杭都最久，**《癸辛雜識自序》云：「癸辛，蓋余所居里云」。《七修類稿》云：「公謹居杭癸辛街，晚年往來於杭湖之間。」《癸辛雜識》云：「乙未歲，余還雪省墓杼山。」**自稱四水潛夫，**見《武林舊事自序》。《西湖志》云：「按：《湖錄》：『四水者，湖城以苕水、餘不水、前溪水、北流水，合而入於雪溪。唐人詩〔註34〕：四水交流雪霅聲。』」據此，則四水乃吳興之名。**或稱弁陽老人，**《齊東野語》、《癸辛雜識》、《武林舊事》並同。《西湖志》云：「公謹中年遷杭，晚仍還弁，自號弁陽老人。」**或稱弁陽嘯翁。**《武林舊事》各卷屢言弁陽嘯翁，《草窗詞》署弁陽嘯翁。

　　藝林推爲領袖，生平撰述宏富，尤邃於詞，蓋淵源既得自家傳，兼有外家之授受。《齊東野語》云：「外大父文莊章公有《嘉林集》百卷，間作小詞，極有思致。先妣能口誦數闋。今舊集已不復存，暇日追憶書之。」**又得楊守齋爲之酌定，故早年即負盛名。**《草窗詞》卷上《徵招》一闋，題爲《九日有懷楊守齋》，有「腸斷紫霞深知音遠」之語。《蘋洲漁笛譜》卷一《減字木蘭花》十闋，《序》云：「西湖十景，余時年少氣銳，冥搜六

〔註33〕　語見《十駕齋養新錄》卷十四《癸辛雜識》。
〔註34〕　王象之《輿地紀勝》卷四、陶元藻《全浙詩話》卷二十一《宋》、翟灝《通俗編》卷三十五等均指出此句詩作者爲徐仲謀。今已收入《全宋詩》（第7冊，北京大學出版社1992年版，第4904頁）。

日而詞成。霞翁見之，曰：『語麗矣，如律未協何？』遂相與訂正，閱數月而後定。」王櫵跋《漁笛譜》云：「昔登霞翁之門，翁爲予言草窗樂府妙天下。近觀《徵招》、《酹月》之作，猶宋玉之悼屈平也歟？」其與吳夢窗唱酬，在癸亥春暮，《草窗詞》卷上《拜星月慢》一闋，題爲《春暮寄夢窗》。據《蘋洲漁笛譜》，此闋序在癸亥春。年甫三十有二。夢窗之年齒，諸書雖無明文。然其《甲稿》內有《惜紅衣》一闋，序云：「余從姜石帚遊苕雪間，三十五年矣。重來傷今感昔，所以詠懷。」今考石帚所著有《續書譜》，身後爲謝采伯所刊，事在嘉定戊辰。《提要》云：「《續書譜》一卷，宋姜夔撰。前有嘉定戊辰天台謝采伯序，稱『略識夔於一友人處，不知其能書也。近閱其手墨數紙，筆力遒勁。又得其所著《續書譜》一卷，識論精到，因爲鋟木』。蓋夔撰是書，至采伯始刊行也。」又有《絳帖平》，其自序作於嘉泰癸亥。戊辰距癸亥僅有五年，夢窗與石帚同遊即使至遲，亦不過癸亥前後。其時夢窗之年即使尚幼，亦當在弱冠上下。自嘉泰癸亥至景定癸亥凡六十年，其與草窗唱和之時，必已八十上下。是長於草窗將五十歲，眞可謂忘年之交。石帚之年齒，書傳亦無明文。其早年隱居箸坑之丁山，屢經奏薦，因秦檜富國，謝病不起。今按：檜歿於紹興二十五年，歲在乙亥，是時石帚之年即使尚幼，亦當在二十以上。自紹興乙亥至嘉泰癸亥凡四十八年，其作《絳帖平自序》時，必已七十之外。而夢窗是時春秋正富，然則石帚與夢窗亦忘年之交矣。蓋所重在道義文字之切磋，故不妨折行輩而與爲友也，亦足徵草窗之詞筆久爲耆宿所推矣。至於義不仕元，而所著書中拳拳於景炎、祥興君相，實與王伯厚、謝皋羽諸賢媲美，足增文苑之光。雖詞稿之中署年月者不多，其次第後先未易揣度，然其寄託遙深，比興精切，志趣所在尚可推測而知。故詳考其出處始終，俾善讀者以意逆志，獲知微指所存，用副觀察闡揚前哲、嘉惠來學之心焉。

重刊周草窗詞稿自序　代秀水杜小舫觀察作

周草窗之詞，以姜白石爲模範，與吳夢窗同志友善，並驅爭先。自來選家採錄雖多，而專集流傳甚少。汲古閣毛氏舊藏《草窗詞稿》二卷，復就崑山葉氏借錄《蘋洲漁笛譜》二卷，毛斧季曾作兩跋〔註35〕，惜未曾刊入《六

〔註35〕毛扆《蘋洲漁笛譜跋》（蔣哲倫、楊萬里編纂《唐宋詞書錄》，嶽麓書社 2007
年版，第 554 頁）云：
甲子仲夏，借崑山葉氏舊錄本影寫，用家藏《草窗詞》參校。
《西湖十景》詞，向缺末二首，偶閱《錢塘志》中載公謹詞三首，所缺者恰
有之，亟命兒鈔補。其餘脫落處，未識今生得見全本否也。己巳端午前一日，
扆又識。

十家詞集》之中。故《四庫全書》詞曲類止收草窗所選《絕妙好詞》，而其自作之詞未經著錄。阮文達公始從知不足齋鮑氏傳抄《蘋洲漁笛譜》，繕錄進呈內府。《揅經室外集‧提要》云：「《詞綜》以爲《草窗詞》一名《蘋洲漁笛譜》，今考《草窗詞》比斯譜實增多數闋，則知《笛譜》是其當日原定，《草窗詞》或後人掇拾所成。」其說甚核。其後鮑氏刻《笛譜》於叢書第八集，又得《草窗詞》善本，刻入第二十三集，並以《笛譜》及《絕妙好詞》、《蓉塘詩話》之異同注於《草窗詞》逐句之下。其《絕妙好詞》及《笛譜》所有而《草窗詞》內逸去者，復補輯二卷。於是讀《草窗詞》者始獲見其全帙。然自叢書以外，未有單行之本，購求甚艱。余既重編《夢窗詞稿》付刊，因取鮑本《草窗詞》重爲校正。凡各家選本之異同，鮑本未經涉及者，分注各闋之末，亦授諸梓人，俾與《夢窗詞稿》同時流播焉。〔註36〕

李太白溫飛卿精於詞律說

唐之詞人倡始者，以李太白爲最著，繼起者以溫飛卿爲最高。自歐陽炯作《花間集序》推重二家〔註37〕，後此論詞者莫不首舉青蓮，次及《金荃〔註38〕》，奉若準繩，毫無異議。誠以二家之詞，不獨天才超卓，抑且格律精嚴。

太白開口成文，揮翰霧散，見樂史《李翰林別集序》。詞句妍麗，與古人爭長。見魏顥《李翰林集序》。方其夙醒未解，立奏《清平樂》曲之時，調笛倚歌者，玄〔註39〕宗也。持盞領歌者，楊太眞也。執板高歌者，李龜年也。玄〔註40〕宗洞曉音律，由於天縱，製作調曲，隨意即成。見《羯鼓錄》。太眞多藝，最善新聲。見《開天傳信記》。龜年以歌擅一時，所領樂工十六人，皆選梨園弟子之尤者。

〔註36〕《曼陀羅華閣叢書》第 37 冊爲《草窗詞》二卷補遺二卷。卷首有此序，文末有「秀水杜文瀾敍」。

〔註37〕歐陽炯《花間集序》（趙崇祚編、楊景龍校注《花間集校注》，中華書局 2014年版，第 1 頁）：
有唐已降，率土之濱。家家之香徑春風，寧尋越豔；處處之紅樓夜月，自鎖嫦娥。在明皇朝，則有李太白應制《清平樂》詞四首。近代溫飛卿復有《金荃集》。

〔註38〕荃，原作「荃」。前舉《花間集序》稱「溫飛卿復有《金荃集》」，《新唐書》卷六十〈藝文志〉著錄「溫庭筠《握蘭集》三卷，又《金荃集》十卷、詩集五卷、《漢南眞稿》十卷。」

〔註39〕玄，原作「元」。

〔註40〕玄，原作「元」。

向使太白於詞律稍有未諧，不獨玄〔註41〕宗必識其誤，太眞能指其訛，即龜年與眾工亦將從而議其失矣。何以玄〔註42〕宗於曲遍將換，每遲笛聲，太眞復笑領歌辭，斂巾以謝？即眾工調撫絲竹，亦各極其能。龜年且自謂生平得意之歌，無出於此。見《松窗錄》。豈非太白之於詞律眞能精義入神，雖專門名家者莫能移易一字也哉？

飛卿善鼓琴吹笛，有弦即彈，有孔即吹。見《北夢瑣言》。所作詞曲，當時歌筵競唱。見《雲溪友議》。宣宗愛唱《菩薩蠻》詞，宰相令狐綯假其新撰密進之，戒令勿泄，而遽言於人，由是疏之。見《北夢瑣言》。夫宣宗素曉音律，能製新曲，以教伶人，見《新唐書·禮樂志》。固非不諳樂部之主也。當大中之世，《菩薩蠻》之調盛行，文人好塡此詞，優伶爭進此曲，而樂工李可及所作隊舞尤叶新聲，見《杜陽雜編》、《南部新書》。亦未嘗無深明詞曲之人也。令狐綯當國有年，最承恩遇，朝臣競相趨附，門下賓客甚多，見新、舊《唐書》及《通鑑》。更不乏捉刀之士也。然其假手進呈以供宣索者，顧出自一未第之儒生。而上下翕然，迭相唱和，不啻誦王褒之賦、歌元相之詩〔註43〕，以視旗亭畫壁決勝負於諸伶者，更覺專擅其美。豈非飛卿之於詞律洞達精微，故能獨步一時，無與爭席者哉？

且太白在盛唐與少陵齊名，飛卿在晚唐與義山媲美。顧少陵、義山並有詩無詞，而太白、飛卿則詩詞並作。然則溯詞家之宗派，豈容不數太白、飛卿？譬之於賦，太白可謂詞家屈、宋，固開天之手也；飛卿可謂詞家荀、賈，亦百世之師也。西漢之司馬長卿，允推賦家聖手，未聞有薄視屈、宋、荀、賈之言。南宋之姜白石，雖集詞學大成，亦未聞有薄視太白、飛卿之語。足證學問之道，當知先河後海，飲水思源。宋人詞調祖述唐人，豈能越其範圍之外？夫詞家推白石爲詞伯，猶詩家尊少陵爲詩王。少陵尚且願奉李陵、蘇武爲師，白石安能恥與太白、飛卿爲伍？即謂白石深於音樂，可稱三代以下之后夔，而后夔之上猶有伶倫。言樂律者未嘗置伶倫而但述后夔，言詞律者獨可置太白、飛卿而但稱白石乎？

〔註41〕 玄，原作「元」。

〔註42〕 玄，原作「元」。

〔註43〕 《舊唐書》卷一百六十六《元稹傳》（中華書局 1975 年版，第 4333 頁）：「穆宗皇帝在東宮，有妃嬪左右嘗誦稹歌詩以爲樂曲者，知稹所爲，嘗稱其善，宮中呼爲『元才子』。」王柏心《百柱堂全集》卷四十九《蔡衛蓀詩詞集序》（崇文書局 2016 年版，第 926 頁）：「若使九重讀長卿之賦。生喜同時；六宮傳元相之詩，呼爲才子。」

　　試思唐人詞調之譜，至宋時已多失傳，見《碧雞〔註44〕漫志》。則太白、飛卿
所熟知者，白石且無由盡習，安能更摘其瑕？此伍舉所謂「禮，吾所未見者六，
又何以規」〔註45〕也。若夫好事者造作語言，何代蔑有？故以白石之妙解律呂，
而其時誣善者流，方詆其不識錦瑟之形，侈言正樂。見《白獺髓》。然則太白、
飛卿之詞律，縱使前此曾有率加筌點者，亦萬不足憑，況自來未有訾議者乎？
昔薛能好自矜誇，其論詩有「李白終無取」之句，又云「我生若在開元日，不
遣名爲李翰林」〔註46〕，識者咸斥能爲狂誕。然亦只論詩，而非論詞也。令狐
綯憾飛卿以《南華》非僻書，形其無學，遂加排擠，故飛卿詩有「悔讀《南華》
第二篇」之語。論者皆謂綯爲忌才，然亦止毀其人，而不毀其詞也。若就綯與
能所未嘗言及者必欲言之，以爲彼分謗，則非吾之所知己。

文選古字通疏證序　代涇縣翟君惟善作〔註47〕

　　隋江都曹憲始以《文選》授諸生，而同郡魏模、公孫羅相繼傳授，於是
其學大興江都。李善亦嘗受業於憲，集眾說爲《文選注》，又命其子邕補益之，
與善書並行。新、舊《唐書》皆詳載其事。然則廣陵《選》學之盛，其師承
良有自矣。

　　某以嘉慶中，遊揚州，與甘泉薛君子韻〔註48〕同肄業於梅花書院，以文

〔註44〕　《碧雞漫志》五卷，係南宋王灼所著詞曲評論筆記。雞，原作「谿」，據改。

〔註45〕　《左傳・昭公四年》：「王使椒舉侍於後以規過，卒事不規。王問其故，對曰：
　　　　『禮，吾所未見者有六焉，又何以規？』」

〔註46〕　《太平廣記》卷二百六十五《輕薄一・薛能》（中華書局1961年版，第2079
　　　　頁）載：
　　　　薛能，會昌間進士，自負過高，從事西川日，每短諸葛功業，爲詩曰：「陣圖
　　　　誰許可，廟貌我揶揄。」又云：「焚卻蜀書宜不讀，武侯無可律吾身。」譏李
　　　　白曰：「我生若在開元日，爭遣名爲李翰林。」又曰：「李白終無取，陶潛固
　　　　不刊。」自題其集云：「詩源何代失澄清，處處狂波污後生。常感道孤吟有淚，
　　　　卻緣風壞語無情。難甘惡少欺韓信，枉被諸侯殺禰衡。縱到緱山也無益，四
　　　　方聯絡盡蛙聲。」放誕如此。後軍亂被害。

〔註47〕　翟惟善，字楚珍，安徽涇縣人。道光十三年（1833）癸巳科進士。
　　　　另，王小婷《清代〈文選〉學研究》之《餘論：清代〈昭明文選〉學的特點
　　　　與不足》章中第一節題爲《清代〈昭明文選〉學的特點》（上海古籍出版社2014
　　　　年版，第272頁），指出「翟惟善在《文選古文字通疏證・序》曾指出薛傳均
　　　　該書是『以小學釋選學』，這是極其具有時代特徵的名言。」即以道光二十
　　　　年（1840）刻本《文選古字通疏證》立論，而不知此係代筆之作。

〔註48〕　《清史稿》四百八十二《儒林三》（中華書局1977年版，第13265～13266頁）
　　　　載：

行相砥礪者且二十年。子韻博極群書，詞藻鴻茂，尤精於小學，著《說文答問疏證》六卷〔註49〕。又以《文選》多古字，思爲《文選古字通疏證》一書，草創有年，尚未卒業。道光戊子冬，新城陳碩士師〔註50〕督學福建，延子韻往襄校。己丑秋，按臨汀州，子韻猝得疾，卒於行館。碩士師遣使護其喪歸，而出貲屬閩士爲刻《說文答問疏證》。校讎者未能精密，往往參以臆見，碩士師深以爲憾。某時官江西，寄金至揚州，屬友人寶應劉君楚楨、甘泉楊君季子、儀徵劉君孟瞻，詳加審定，重梓行之。而諸君已先期約同人釀金，另爲刊板。因就《文選古字通疏證》內擇其首尾完具者，錄出六卷〔註51〕，即以某所寄金付諸梓人，而問序於某。

　　某竊謂文莫盛於秦漢，而《史記》、《漢書》列傳有儒林、無文苑者，其時善屬文者必邃於學，經術詞章未嘗歧而爲二。即昭明所選沉博絕麗之文，非深於小學者不能作，亦非深於小學者不能疏通證明之也。儀徵阮相國師云：「古人古文小學與詞賦同源共流，故曹憲既精雅訓，又精《選》學。」〔註52〕又云：「《文選》一書，必明乎《倉》、《雅》、《凡將》、《訓纂》、許、鄭之學，而後能及其門。」〔註53〕某生平服膺此言，以爲不易之定論。有志於《選》

薛傳均，字子韻，甘泉人。諸生。博覽群籍，強記精識。就福建學政陳用光聘，用光見所著書，恨相見晚。旋以疾卒於汀州試院，年四十一。傳均於《十三經注疏》功力最深，大端尤在小學，於許君原書，鉤稽貫串，洞其義而熟其辭，嘉定錢大昕文集內有《說文答問》一卷，深明通轉假借之義，傳均博引經史以證之，成《說文答問疏證》六卷。又以《文選》中多古字，條舉件繫，疏通證明，爲《文選古字通》十二卷。

〔註49〕按：李慈銘於人少所許可，然《越縵堂讀書記》著錄《說文答問疏證》，稱「其人於小學甚爲精覈」（李慈銘撰、由雲龍輯《越縵堂讀書記》，中華書局1963年版，第521頁），足證薛傳均小學造詣之深。

〔註50〕《清史稿》卷四百八十五《文苑二》（中華書局1977年版，第13396～13397頁）載：
用光，字碩士。嘉慶六年進士，由編修累官禮部侍郎。篤於師友誼，嘗爲姚、魯兩師置祭田，以學行重一時。著有《太乙舟文集》。
另外，梅曾亮《柏梘山房文集》卷十二有《資政大夫禮部侍郎陳公墓誌銘》。

〔註51〕按：《玲瓏山館叢書》（又名《益雅堂叢書》）本《文選古字通疏證》爲六卷本。然《清史稿》卷四百八十二《儒林三·薛傳均傳》稱：「又以《文選》中多古字，條舉件繫，疏通證明，爲《文選古字通疏證》十二卷」，所言卷數不同。
另，《玲瓏山館叢書》本卷首有薛壽道光辛丑（1841）《後序》；《叢書集成初編》本卷首有李璋煜戊戌（1838）序、陳用光道光十一年（1831）序、阮元道光十九年（1839）序、薛傳均重光大荒落（辛巳，1821）自序。

〔註52〕語出《揚州隋文選樓記》，見阮元《揅經室集》二集卷二。

〔註53〕語出《文選旁證序》，見梁章鉅《文選旁證》卷首。

學之士，所當奉爲矩矱者也。今子韻是書，引《說文》以釋《文選》，於字之假借、音之轉移、義之引申者，必析其同異，斷其是非，皆實事求是，不爲鑿空之談。蓋其疏證昭明之書，即以疏證許君之書，眞可謂能以小學釋《選》學，而兼有儒林文苑之長者矣。焦里堂先生云：「揚州文學，如曹、李之於《文選》，二徐之於《說文》，此二書爲萬古之精華，而揚州泄之，爲天下學者之性命。」〔註54〕夫子韻之發明《說文》，既能爲徐氏弟兄之諍友；而考訂《文選》，復能爲李氏父子之功臣。是天下之學廣陵，以一郡兼之；而廣陵之學子韻，復以一人兼之也。雖年止強仕，著述未克告成，然門徑既開，體例具備，後之好學者就《文選》所載之古字，子韻未及疏證者，一一補而輯之〔註55〕，以成子韻未竟之志，是則斯文之厚幸，而亦某所深望也夫。〔註56〕

〔註54〕 語出《復姚秋農先生書》，見焦循《雕菰集》卷十三。

〔註55〕 按：其後，薛壽撰《續文選古字通》二十卷、杜宗預撰《文選古字通疏證續編》六卷。

〔註56〕 按：劉師培《左盦集》卷八《文選古字通疏證書後》（萬仕國點校《儀徵劉申叔遺書》第9冊，廣陵書社2014年版，第3961頁）對此書持論較爲中肯，稱：
薛子韻先生作《文選古字通疏證》，明於古字通假之義。吾觀《選》注，通假之義，厥有四端：一則正文與注本係一字而有古今體之殊，則曰某古某字，或曰某與某古今字。一則當時別本異字，義或相同，則曰某或爲某字，某本作某。此二端皆繫於形。一則聲義俱同，則曰某與某音義同。一則字之本義不同，因同一諧聲，遂假其義，則曰某與某古字通。此二端皆繫於聲，均六書中假借通例也。蓋李氏受業曹憲，當時小學未衰，於轉注、假借二例，身通其蘊，且《蒼》、《雅》諸書，並傳於世，故凡云通假，其說均確有所承，惟間有一字而通者數處，亦有僅載某某兩字古通，而牽連同類數字者，非比而觀之，則假借之例不著。薛氏之書，間有漏缺，本係未成之帙，然古字同聲通用之例證，以此書而益明，足與王氏《廣雅疏證》媲美矣。
薛壽《學詁齋文集》卷上《文選古字通疏證後序》（《清代詩文集彙編》第649冊，第497～498頁），稱：
粵自姬宗典學六書，載於《周官》，漢律試童八體，諷於太史。而語宗宣聖，正以雅言；詩美樊侯，式於古訓。形聲既著，訓詁滋多。夫創字之原，音先而義後；解字之用，音近則義統。儀厥兩途，實爲一貫。若夫昔賢論韻，止爲譬況之談；漢字傳經，已別重輕之語。填塵栗裂，詩箋述古字之同；志識聯連，體注列故書之異。讀如讀若，擬其音均；古文今文，半由通轉。至若相如撰《凡將》於前，子雲述《訓纂》於後。《上林》之作，易逍遙爲消搖；《長楊》之篇，以括隔代戛繫。闕翰亦通鎧鞨，紛紜或假汾沄。詞賦之家，每多古字；昭明所選，具載原文。良以先民字簡，本無者立叚借之端；後代義明，同音者得旁通之證。昔蕭該、曹憲著有《選音》，道淹、國安亦傳達詁。然隋、唐《志》雖臚其目，而《經籍考》已佚其書。注《選》之家，斷推李

黃菊人風雨泛家圖序

廣陵《文選》之學，興於曹、李。《舊唐書・李邕傳》云：「廣陵江都人，父善嘗受《文選》於同郡人曹憲。」曹氏之弟子自外郡至者，莫著於句容許淹。《舊唐書・曹憲傳》云：「江淮間爲《文選》學者，本之於憲。又有許淹、李善、公孫羅復相繼以《文選》教授。」《許淹傳》云；「潤州句容人也。」阮太傅《揚州隋文選樓記》云：「及曹君門人句容處士許淹，皆世傳其學。」李氏之弟子自外郡至者，莫著於丹徒馬懷素。《舊唐書・李善傳》云：「嘗注解《文選》，以教授爲業，諸生多自遠方而至。」《馬懷素傳》云：「潤州丹徒人也，寓居江都，少師事李善。」《嘉慶揚州府志》「流寓」門中不列許氏之名，而馬氏則特據《唐書》補列。《康熙雍正府志》「流寓」門皆未列馬氏，《江都縣志》亦然，《嘉慶府志》乃特筆補入。蓋兩人淵源相近，先後負笈於揚。而僑寄之期，其久暫各別。故國史既有載有不載，郡志亦或收或不收耳。

吾友黃君菊人，家本上元，而僑寄揚郡，所師事者爲江都梅蘊生先生。即往來交遊，大抵皆吾鄉之士。毓崧得聆教益十有五年，頃蒙示以《風雨泛家圖》，並述遷移歲月相告〔註57〕。竊謂其與馬氏之蹤跡相同者有四端焉。馬

氏。況乎善《注》由於再世，選學盛於揚州，文而又儒，斯爲兼備。但學雖淹雅，音少疏通。杭、余二家，未遑闡發。若不廣加詮釋，奚由辨厥指歸？吾鄉薛子韻先生，熟精《選》理，研究許書，明六藝之源流，統眾經而條貫。通乎部分，則一字兼數字之音；究其異同，則數字歸一字之義。間有善《注》異體，不載古通，亦必參考折衷，實事求是，成《文選古字通疏證》若干卷。證贊綴於《春官》，釋叉蚤於《喪禮》。揚揮之正字爲㣇，條梓之古本作杍。制折或體，申、魯論折獄之言；槷臬原通，取《說文》臬凖之義。飛循肥遁，異文與同部相參；婆娑便姍，疊韻與雙聲互見。論方音之轉，則瀾漣薄魄之必詳；校形似之訛，則台臺芟芟之必辨。而且偏旁可以例推，部尻不相離越。詞約義博，件繫條分。信足以索隱鉤沈，旁推曲暢。惜乎注文雖錄長編，疏語未能卒業。偉長雲逝，空傳中論之書；高密告終，誰定禮堂之學。則有涇邑翟楚珍先生，暨吾師儀徵劉孟瞻先生，誼篤交遊，商付剞劂。委命比校，用竭蠡愚。乃與同門句容陳立、儀徵劉毓崧，對共討論，拾遺授梓。本有缺略，未敢增加。補《陔》、《夏》之亡篇，願以俟諸異日；睹《漢書》之原本，不妨待續將來。何期彥輔之短才，勉效興公之後序。綴名末簡，待質通人。

按：《文選古字通疏證》卷首所載此序，文末另有「道光辛丑五月江都後學薛壽撰」。

〔註57〕 薛壽《學詁齋文集》卷上《風雨泛家圖記》（《清代詩文集彙編》第 649 冊，第 492 頁），稱：

黃君菊人世居江寧之龍潭太子洲，有田有廬，自其尊人靜夫先生懋遷於揚，令菊人於揚郡受學，遂工詩文。每歲於課租，一再至，鄉里率以爲常。庚子

氏籍著丹徒，今日丹徒屬鎮江，唐時鎮江則名潤州。《舊唐書·地理志》云：「武德七年，又置潤州，領丹徒縣。」菊人籍著上元，今日上元屬江寧，唐時上元亦隸潤州。《舊唐書·地理志》云：「武德九年，改金陵爲白下，縣屬潤州。貞觀七年改爲江寧縣。上元二年，復爲上元縣。」其同一也。馬氏之先德尋陽府君，精於《易》書占法。棄官後，寓居廣陵。《全唐文》九百九十五載闕名《馬公墓誌》，云：「公諱懷素，父文超，精意《易》道及《洪範》，頗曉氣候。檢校江州尋陽丞，棄官從好，遂寓居廣陵。與學士孟文意、魏令謨專爲討論，具有撰著。」菊人之尊人靜夫先生，樂善好道，貿遷於揚州亦數十載。蘊生先生《嵇庵集》云：「靜夫黃丈，有道人也。其子國華從余遊，具聞其品概。」其同二也。馬氏親炙於李氏，私淑於曹氏，故熟精《選》理，發而爲文。《馬公誌》云：「十五遍誦《詩》、《禮》、《騷》，雅能屬文。」菊人受業於蘊生先生，以上溯曹、李之傳，其恪守師承，亦奉《選》學爲本。黃春谷先生《梅文學塾中祀曹憲徐鉉諸公記》云：「《說文》、《文選》二書，爲世間必不可無之模範。吾友梅子設帳於家，恒以二書教授，期於克紹前修，自勉而勉其弟子，乃於塾設二栗主：一以奉曹氏、公孫氏及魏氏、李氏父子，一以奉徐氏兄弟，朔望瓣香祀之。」其同三也。馬氏同門之友，如魏氏景倩

而後，江漲泛溢，田舍漂沒，乃盡室移居揚郡，作圖記事。壬寅夏，英夷入江揚，民驚恐，菊人又攜家返里焉。案：《景定建康志》，龍潭洲在城西南九十五里，沿江圩岸一百三十五處，連阡達陌，倚山帶江，昔所稱爲沃壤，固可恃矣。乃江日淺而圩日崇，風雨暴至，圩外之水高於圩中之田。雖有堤防，一時潰決，天事之不可測，人事所無如何也。然江水內溢，秦淮不能外泄，此固不可經見之事。故近亦屢獲豐歲云。昔人論金陵形勢，以長江爲統紀。瀨江之地，洲渚限隔，如馬昂、白鷺、舟子等洲，皆昔日稱兵防備之所。觀音門西對瓜步渡，太子洲對青山頭，下流至圖山關，天塹扼要，歷代各設駐箚官員，其所以相地勢、戒不虞者至矣。菊人恃以無恐，而返於先人之舊廬，不可謂非計之善也。揚州無高山深池之固，遇有微警，遷徙靡定，誠不若山鄉互爲保衛，兼有地勢之雄也。癸卯冬月，出圖屬題，屢未報命。今又以回裹敦迫，爰即所述先後情事而爲之記。

另外，《學詁齋文集》卷下《續方言疏證書後》（第 505 頁），稱：

吾鄉近年刊刻古籍甚尠，又有寒士著述而歿後友朋代刻者，如（下略）先師《嵇庵詩》、《續集》、《文集》，同門黃君菊人刊之。

同卷《嵇庵詩文集後序》（第 498 頁），稱：

《嵇庵詩集》八卷《文集》二卷，先師梅蘊生先生所作也。（下略）先是，《詩集》六卷師所手定，前已付梓。續集七、八二卷，同門上元黃菊人〔國華〕刻於癸卯六月。

又楊鍾羲《雪橋詩話》餘集卷七（民國求恕齋叢書本）載：

從梅蘊生學詩者，上元黃菊人國華、江都任漢卿雲臺、田季華溥光、沈羨門榮、甘泉王竹溪桃、儀徵黃聖臺春熙、句容陳卓人立、吾鄉裕伯孚、李菊秋亦先後受業蘊生。

及李氏邕，皆以《選》學名家，志同道合。《新唐書・曹憲傳》後，公孫羅、李善之外，尚有同郡魏模，其傳云：「模，武后時為左拾遺。子景倩，亦世其學。」又《李邕傳》云：「父善注《文選》，邕附事見義，故兩書並行。」今案：魏、李皆曹氏弟子，其子與馬氏均為曹氏再傳弟子，年輩相若，而所學又同，其為執友無疑。菊人為蘊生先生高弟，與同學諸君亦以文字之交，夙聯硯席。薛君介伯《嵇菴集後序》云：「先師梅蘊生先生及門中傳詩學者，菊人為最，餘如江都任漢卿、田季華、沈羨門、甘泉王竹溪、儀徵黃聖、臺句容陳卓人等，皆各有所得。」其同四也。

況乎馬氏族望，出自扶風，唐以前與廣陵無涉。《馬公誌》云：「本原扶風，十一代祖機扈元帝渡江，家南徐州丹徒，故今為郡人也。」菊人之上世舊居江都，為大橋鎮顧家沙人。康熙初，因避海氛，乃移於上元帶子洲畔。是蜀岡、邗水，固其桑梓之鄉也。菊人雖轉徙泛家，仍屬復還故土，其敦崇鄉誼，較馬氏為更切矣。若夫馬氏之出處行藏合乎道義，而以經術致身通顯，極儒生稽古之榮。在菊人必謙讓未遑，自以為不能企及。然其春秋方壯，天賦清才，由是而日進無疆，所至正未可量。《嵇菴集・題菊人詩冊》云：「新詩字字見清才」。又《菊人遊泮喜賦》云：「讀書通人情，頗具老成幹。相期更無涯，勗哉成大觀。從來儒者事，學行本一貫。書生名匪輕，莫自等閒看。」安見昔之人竟能專美於前哉？毓崧家本金陵，國初由溧水遷於揚郡，以僑寓而成土，著於今已二百年。因念菊人前後三遷，皆因避水，而今歲戊申〔註 58〕之水更甚於辛卯、辛丑兩年，此時舉室偕來，未必更歸田里。如其以廣陵為樂土而卜宅安居，吾知更歷百餘年，續纂郡乘者，既列蘊生先生於儒林、文苑，與曹、李並稱，亦必列菊人於流寓、寄公，與馬氏媲美。疇昔讀菊人大集，其中曾有句云：「天遣斯人作寓公」，真不啻為之兆矣。然則今日畫圖之後跋，焉知非異日修志之左券也哉？

潘彬卿〔註 59〕《卓犖觀群書圖》序

〔註 58〕 可知此文作於戊申年，即道光二十八年（1848）。
〔註 59〕 《清史稿》卷三百八十三《潘錫恩傳》（中華書局 1977 年版，第 11661 頁）載：子駿文，入貲為刑部郎中，改山東知府。咸豐末，撚匪犯省城，駿文率兵圍迎擊於段家店，卻之。署青州，平淄川鳳皇山土匪，擢道員。同治中，巡撫閻敬銘、丁寶楨皆倚之。從寶楨會剿撚匪，塞河侯家林，功尤多，授兗沂曹道。光緒中，遷按察使。坐事降調，以諳習河事，仍留山東。歷治上下游要工，調河南鄭工，專任西壩，以合龍愆期，革職留工，工竣，復原官。授山西按察使，護理巡撫，遷福建布政使。十九年，卒於官。山東士民以其治河功，請建專祠。

　　左太沖《詠史》詩，首篇有「卓犖觀群書」〔註60〕之語。李《注》云：「孔融《薦禰衡表》曰：『英才卓躒』，『躒』與『犖』同。」毓崧案：《說文》云：「卓，高也。」《廣雅》云：「卓，明也。」《史記・天官書》云：「此其犖犖大者。」《索隱》云：「犖犖，大事分明也。」據此則卓犖即高明之謂矣。李氏《薦禰衡表》注云：「《西都賦》曰：『卓躒諸夏』。卓躒，絕異也。」今考《西都賦》，此句載於《文選》者作「逴躒」，李氏彼注云：「逴躒，猶超絕也。逴音卓。」載於《後漢書》者作「逴犖」，章懷注亦以「超絕」訓之，蓋逴由卓得聲，本可通用。躒字樂聲，而犖字則勞省聲。樂聲、勞聲之字，古音同部，故逴躒與卓犖皆以疊韻爲聯文。而絕異、超絕之稱，更與高明之解相近。《洪範》云：「沉潛剛克，高明柔克。」《左氏》文五年傳所引「潛」作「漸」，亦因聲近假借。而寧嬴述《書》之指，則以剛柔之德不可專於一偏，天性高明者尤當以沉漸相濟。後世儒者之勸學，僉謂高明必本於沉潛，其端固發於此矣。今觀《詠史》第四篇云「寂寂揚子宅」，又云「所講在玄〔註61〕虛」，蓋太沖資稟高明，而立志以沉潛爲主，其所尚友在深湛之子雲。《法言・吾子篇》云：「多見則守之以卓，寡見則無卓也」，正「卓犖觀群書」之說。此篇下文云「作賦擬《子虛》」，第四篇亦云「辭賦擬相如」，皆用子雲之事。則太沖生平所趨向，即此可知。故其《三都賦・自序》云：「美物者貴依其本，贊事者宜本其實。匪本匪實，覽者奚信。」皇甫士安《序》云：「其物土所出，可得披圖而校。體國經野，可得按記而驗。」蓋西晉初年，去漢時未遠，習詞章者尚知誇飾之非。太沖爲文苑中人，而謹嚴不誣，有經師淳篤之意。雖自少博覽文史，識力已極高明，而欲賦《三都》猶必構思十稔，其沉潛之念迥異乎尋常。所謂卓犖觀書者，乃實事求是之深心，而非僅以涉獵爲事也。

李嘉樂《仿潛齋詩鈔》卷十五《備克集・潘彬卿廉訪奉使再至山東謁後賦呈》（《續修四庫全書》第1560冊，上海古籍出版社1996年版，第68～69頁），云：

經濟宏深未竟施，柏臺教化懍無私。南河趨侍承家學，〔公隨任南河，即留心水學。〕北闕朝參結主知。〔公於早年入覲。〕治水忙無留獄候，〔公督桃園河工，仍辦本署公事。〕祭山暇有捕蝗詩。〔樂呈捕蝗圖求題詩，公詣泰山途中作之。〕青沂到處循聲著，愧繼蕭何畫一時。〔公昔權青州府，攝兗沂曹濟道，樂均忝爲後任一遵成法。〕

風塵微波宦海驚，無求容易掛冠行。安知失馬非奇福，不信聞雞是惡聲。帝果任才期奏績，公方拜命即登程。祇今屬吏歡迎日，豈止西郊慰別情。

〔註60〕　《文選》卷二十一左思《詠史》八首，其一：「弱冠弄柔翰，卓犖觀群書。」
〔註61〕　玄，原作「元」。左思詩作「玄」，據改。

　　潘君彬卿生於華閥高門，而持躬不啻寒素，詩才文筆，具兼人之能，而績學孜孜，晨夕不倦，信乎其爲高明而沉潛者已。頃以《觀書圖》屬題其名，即取諸太沖詩句。毓崧竊見《三都賦・自序》終以「歸諸詁訓」一言，爰就「卓犖」二字之音加以申釋，比附於高明沉潛之義，以質於潘君焉。

卷十四

杜觀察《古謠諺》序 〔註1〕

　　《虞書》曰「詩言志」〔註2〕，《禮記》申其說，曰「志之所至，詩亦至焉」〔註3〕。《詩大序》復釋其義，曰：「詩也者，志之所之也。在心爲志，發言爲詩。」觀於此，則千古詩教之源，未有先於言志者矣。

　　乃近世論詩之士，語及言志，多視爲迂闊而遠於事情。由是風雅漸漓，詩教不振，抑知言志之道無待遠求。風雅固其大宗，謠諺尤其顯證。欲探風雅之奧者，不妨先問謠諺之塗。誠以言爲心聲，而謠諺皆天籟自鳴，直抒己志，如風行水上，自然成文，言有盡而意無窮，可以達下情而宣上德。其關係寄託，與風雅表裏相符。蓋風雅之述志，著於文字；而謠諺之述志，發於語言。語言在文字之先，故點畫不先於聲音，簡札不先於應對。自來講點畫者，兼溯聲音之始；工簡札者，兼求應對之宜。然則談風雅者，兼誦謠諺之詞，豈非言語文學之科實有相因而相濟者乎？

　　顧前人裒錄謠諺者，如郭氏茂倩之《古樂府解題》、左氏克明之《古樂府》、劉氏履之《風雅翼》、唐氏汝諤之《古詩解》，則有謠無諺。臧氏懋循之《詩所》、郭氏子章之《六語》，則謠諺並收，然皆以謠、諺各列一門，而非以謠諺特編一集。至若周氏守忠之《古今諺》，則有諺無謠；楊氏愼之《古今諺》、

〔註1〕按：《古謠諺》有咸豐十一年（1861）曼陀羅華閣叢書本、光緒十八年（1892）掃葉山房本。卷首所載劉毓崧序，文末有「咸豐辛酉孟秋儀徵劉毓崧序」，可知作於1861年。

〔註2〕語見《尚書·舜典》。

〔註3〕語見《禮記·孔子閒居》。

《古今風謠》，則謠、諺分載。然其去取界限不甚謹嚴，故古籍每有闕遺，而今語尤多蕪雜，閱者未能滿其志焉。

頃讀觀察杜公手輯《古謠諺》一書，採摭期於至詳，裁鑒期於至審，體例期於至密，訂正期於至精，集諸家之長，而無諸家之失。其包羅宏富，共識爲藝苑之巨觀矣。而余所以推重此書者，則更在公之聽輿誦而酌民言，深有得乎詩教之本。蓋謠諺之興，由於輿誦，爲政者酌民言而同其好惡，則芻蕘葑菲均可備詢訪於輶軒，故昔之觀民風者，既陳詩，亦陳謠諺。考之《左氏正義》以「逍遙」訓「謠」〔註 4〕，許氏《說文》以「傳言」訓「諺」。夫「謠」與「遙」同部，凡發於近地者，即可行於遠方。「諺」從「彥」得聲，凡播於時賢者，即可傳之來哲。然則謠諺之語，在今日以爲古，在昔時則以爲今，所謂「後之視今，猶今之視昔也」〔註 5〕。

此書有鑒於周、楊兩書之氾濫，故但紀古而不紀今。然公於里諺民謠，最能體察，雖久司鹽筴，未握臺綱，而遇閭閻有控訴於前者，必善爲綏撫。故事不越職，而道濟於生人。加以前此兩攝東亭，輿情愛戴，士民之獻祝者，咸擬諸古循吏焉。此以知古人謠諺，本不啻言志之詩，而編次成書，即不啻公之言志。信足以闡揚詩教，而主持風雅之盟矣。惟祝自今以往，此志愈堅，將見班秩彌高而政績彌顯，撰著益富而聲望益隆。其即以此書爲左券也夫！

古謠諺凡例　代秀水杜小舫觀察作

一、謠諺二字之本義，各有專屬主名。蓋謠訓徒歌，今本《說文》無「謠」字，有「䚻」字，訓爲「徒歌」也。戴侗《六書故》引唐本曰：「䚻，從也。謠，徒歌也。」桂氏馥《說文義證》據此補「謠」字於部末，且據《玉篇》、《廣韻》及《一切經音義》卷十五引《說文》「謠，獨歌也」以證其說。歌者，永言之謂。《說文》云：「歌，詠也。」《漢書·藝文志》：「詠其聲，謂之歌」。詠言即永言，永言即長言也。《尚書·舜典》：「歌永言」，鄭《注》云：「永，長也。」《詩·關雎》，《正義》云：「長言曰永。」《廣雅·釋樂》云：「詠，

〔註 4〕《左傳·僖公五年》云：

八月甲午，晉侯圍上陽。問於卜偃曰：「吾其濟乎？」對曰：「克之。」公曰：「何時？」對曰：「童謠云：『丙之晨，龍尾伏辰，均服振振，取虢之旂。鶉之賁賁，天策焞焞，火中成軍，虢公其奔。』其九月、十月之交乎？丙子旦，日在尾，月在策，鶉火中，必是時也。」

《正義》曰：「《釋樂》云：『徒歌謂之謠，言無樂而空歌，其聲逍遙然也。』」

〔註 5〕語見《漢書》卷七十五《京房傳》。

歌也。」王氏念孫《疏證》云：「《樂記》云：『歌之爲言也，長言之也。』詠之言永也，所謂歌永言也。」諺訓傳言，《廣雅·釋詁》云：「諺，傳也。」《說文》云：「諺，傳言也。」言者，直言之謂。《大雅·公劉》，毛《傳》及《說文》並云「直言曰言」。《文心雕龍·書記篇》云：「諺，直言也。」直言即徑言，《莊子·秋水篇》，《釋文》引崔《注》云：「直度曰徑。」徑言即捷言也。《荀子·修身篇》，楊《注》云：「徑，捷速也。」長言主於詠歎，故曲折而紆徐；捷言欲其顯明，故平易而疾速。此謠諺所由判也。然二者皆係韻語，體格不甚懸殊，故對文則異，散文則通，可以彼此互訓。《國語·越語下》：「諺有之曰」，韋《注》云：「諺，俗之善謠也。」《孟子·梁惠王篇》，趙《注》云：「晏子道夏禹之世，民之諺語也。」焦氏循《正義》云：「俗所傳聞，故云民之諺語，而其辭如歌詩，則謠之類也。」楊升庵採錄古今謠諺各爲一編，茲則加以變通合，謠諺爲一集。升菴之失，在於不審限案斷〔註6〕。謹按：《四庫全書總目》載《古今諺》二卷、《古今風謠》二卷，《提要》云：「是書成於嘉靖癸卯，即載正德、嘉靖時諺。然則慎自造數語，亦可以入之矣。」此書深鑒前轍，故但紀古而不紀今，升菴當日所謂今，至此時已爲古，故明代謠諺仍須編輯。即以《古謠諺》爲名焉。

　　一、謠之名目甚多，就大綱言之，約有數端。是故或稱堯時謠、周時謠，如《列子》載堯時謠，《國語》載周宣王時謠。或稱秦時謠、漢時謠，如《述異記》載秦始皇時謠及漢末謠。此以時爲標題者也。或稱長安謠、京師謠、王府中謠，如《漢書·石顯傳》載長安謠，《後漢書·黃琬傳》載京師謠，《南史·徐緄傳》載湘東王府中謠。或稱鄰郡謠、二郡謠、天下謠，如《魏書·李孝伯傳》載趙郡鄰郡謠，《後漢書·黨錮傳·序》載汝南、南陽二郡謠，《續漢書·五行志》載桓帝初天下童謠。此以地爲標題者也。或稱軍中謠、諸軍謠，如《舊唐書·竇建德傳》載軍中謠，《明史·猛如虎傳》載諸軍謠。或稱民謠、百姓謠，如《晉書·五行志》載民謠，《南史·蕭正德傳》載百姓謠。或稱童謠、兒謠、女謠、小兒謠、嬰兒謠，如《左傳》載童謠，《史記·晉世家》載晉國兒謠，《魏書·高車國傳》載北方女謠，《舊唐書·五行志》載元和小兒謠，《戰國策》載齊嬰兒謠。此以人爲標題者也。今遇凡稱謠者，悉行採錄。若夫謠字有或作謌字者，今定從謠字；如《風俗通·皇霸篇》載趙王遷時童謠，《史記·趙世家》「童謠」作「民謌言」，今從《風俗通》。謠字有誤作訛字者，今亦改謠字。如《宋書·符瑞志》載永光初謠言，《前廢帝紀》「謠」作「訛」，而其詞用韻，實係歌謠之體。與他處訛言無韻者不同，今從《符瑞志》。《南史·茹法珍傳》載東昏侯時宮中訛言，「劇」、「調」二字爲韻，與彼同例。故改「訛」爲「謠」。他處仿此。俾閱者無疑。

〔註6〕按：在於不審限案斷，《古謠諺》所載序作「在於不審限斷」。

一、諺字從言，彥聲。古人文字本於聲音，凡字之由某字得聲者，必兼取其義。彥訓美士有文，爲人所言。《爾雅・釋訓》云：「美士爲彥。」舍人注云：「國有美士，爲人所言道也。」《說文》「彥」字下云：「美士有文，人所言也。」諺既從言，又取義於彥，蓋本係彥士之文言，故又能爲傳世之常言。《一切經音義》卷十二引《說文》云：「諺，傳言也，謂傳世常言也。」惟其本係文言，故或稱古諺，或稱先聖諺，如《韓非子・六反篇》引古者有諺，又引先聖有諺。或稱夏諺、周諺、漢諺，如《孟子》引夏諺，《左傳》引周諺，《述異記》引漢時諺。或稱秦諺、楚諺、鄒魯諺、越諺，如《史記・樗里子傳》引秦人諺，《季布傳》載曹邱生引楚人諺，《漢書・韋賢傳》引鄒魯諺，《述異記》引越人諺。或稱京師諺、三府諺，如《後漢書・胡廣傳》引京師諺，《陳蕃傳》引三府諺。皆彥士典雅之詞也。惟其又爲常言，故或稱里諺、鄉諺、鄉里諺，如《漢書・王嘉傳》載其封事引里諺，《後漢書・仇覽傳》引蒲亭鄉諺，《三國志・馬良傳》引襄陽鄉里諺。或稱民諺、父老諺、舟人諺，如《三國志・諸葛亮傳》，《注》引渭濱民諺；《宋史・王巖叟傳》載其上疏引父老諺；《明史・眞臘傳》引舟人諺。或稱野諺、鄙諺、俗諺，如《史記・秦始皇本紀・贊》載賈生引野諺，《韓非子・說林篇下》載魯哀公引鄙諺，《南齊書・顧憲之傳》載其奏議引俗諺。皆傳世通行之說也。諺之體主於典雅，故深奧者必收；諺之用主於流行，故淺近者亦載。陸氏德明訓「諺」爲「俗言」，見《左氏》隱十一年傳釋文。又訓「諺」爲「俗語」，見《禮記・大學》釋文。乃專指其淺近通行者，而反遺其深奧典雅者矣。今則一例編輯，以符文言傳言之義。至於「諺」字有作「嗲」者，如《宋書・顏延之傳》載其庭誥引嗲。蓋兩字聲同，可以假借，《論語》：「由也嗲，」，《尙書・無逸》，《疏》所引「嗲」作「諺」。今則仍存原文。「諺」字有或作「語」者，雖兩字義近，可以通融，今則定從善本。如《國策》載燕王書引諺二則，各本後一則「諺」作「語」。按《新序・雜事篇》載燕王此書，正作「諺」字，今據以改正。

一、謠與歌相對，則有徒歌合樂之分，而「歌」字究係總名，凡單言之，則徒歌亦爲歌。《詩・魏風・園有桃》云：「我歌且謠。」毛《傳》云：「曲合樂曰歌，徒歌曰謠。」《正義》云：「謠既徒歌，則歌不徒矣。故曰曲合樂曰歌。」樂即琴瑟。《行葦》，《傳》曰：「歌者，合於琴瑟也。」歌謠對文如此，散則歌爲總名。《論語》云：「子與人歌。」《檀弓》稱孔子歌曰「泰山其頹乎」之類，未必合樂也。故謠可聯歌以言之，如《史記・秦始皇本紀》，《集解》引嘉平謠歌，《晉書・五行志》載建興中江南謠歌。亦可借歌以稱之，如《孟子》述孔子聞孺子歌，《左氏・昭十二年傳》載南蒯鄉人歌，《史記・灌夫傳》載潁川兒歌，《漢書・董宣傳》載京師歌，《晉書・山簡傳》載襄陽童兒歌，《祖逖傳》載豫州耆老歌，《舊唐書・

薛仁貴傳》載軍中歌。則歌固有當收者矣。「謳」有「徒歌」之訓，《楚詞·大招》，王《注》云：「徒歌曰謳。」亦可訓「謠」。《莊子·大宗師篇》，《釋文》云：「謳，歌謠也。」「吟」本訓「歌」，《戰國·秦策》，注云：「吟，歌吟也。」與「謳」、「謠」之義相近。《文選·陳孔璋〈答東阿王牋〉》：「以爲吟頌」，《注》云：「吟頌，謂謳吟歌頌。」「唱」可訓「歌」，《禮記·樂記》：「壹倡而三歎」，《注》云：「倡，發歌句也。唱與倡同。」「誦」亦可訓「歌」。《禮記·文王世子》「春誦夏弦」，鄭注云：「誦，謂樂歌也。」「譟」有「讙呼」之訓，《國語》韋注云：「譟，讙呼也。」「呼」亦歌之聲。《尚書大傳》云「其歌之呼也」，鄭注云：「呼，出聲也。」並與「謳」、「謠」之義相近，故「謠」可借「謳」以稱之，如《左氏》宣二年傳載宋城者謳。又可借「吟」、「唱」、「誦」、「譟」以稱之，如《晉書·石虎載記》引佛圖澄吟，《北齊後主紀》載童戲唱，《左氏》僖二十八年傳載晉輿人誦，哀十七年傳載衛侯夢渾良夫噪。則「謳」、「吟」等類亦有當收者矣。詞有歌義，《孟子·萬章篇》：「不以文害辭」，趙《注》云：「辭，詩人所歌詠之辭。」「詞」與「辭」同。賦亦有歌義，《左氏·僖五年傳》載士蒍退而賦，《史記·晉世家》「賦」作「歌」。《漢書·藝文志》云：「傳曰：『不歌而誦謂之賦。』」然賦詩、歌詩可以通用，亦猶韋氏《晉語》注謂「不歌曰誦」，而「誦」字未嘗不可訓歌也。故泛稱詞者，不與謠同類；如《儀禮·士冠禮》載筮詞、祝詞、醮詞、醴詞、字詞，《士昏禮》載醮詞、戒詞，《大射禮》載命射詞，《少牢饋食禮》載嘏詞。泛稱賦者，亦不與謠同類。如《三國志·朱異傳》，《注》引《文士傳》載張儼賦犬，張純賦席，朱異賦弩，各成四字句兩韻。然謠固可藉詞以稱之，如《吳越春秋》卷六載軍士離別詞。亦可借賦以稱之，如《左氏》隱元年傳云公入而賦、姜出而賦。則詞與賦復有當收者矣。至於合樂之歌與徒歌之謠，有異於例，本不應收，然其中亦略有區別。凡工歌合樂者，概不必收；如《史記·樂書》載樂府《太乙歌》、《蒲稍歌》。自歌合樂者，間亦可收。如《史記·高祖紀》擊筑爲《大風歌》。蓋一則本意出於合樂，非欲徒歌；一則本意在於徒歌，偶然合樂也。故琴操、琴曲、琴引之類，從容而成，已著翰墨者，固與徒歌迴殊；如《後漢書·蔡邕傳》載其所作《釋誨》，末附琴歌。倉猝而作，立付弦徽者，仍與徒歌相仿。如《琴操》卷上載《公無渡河》、《箜篌引》。故《樂府解題》「謠詞」門內，未嘗無琴瑟之歌、箜篌之謠，今亦酌加收採，以備謠之體焉。

一、諺本有韻之言語，故語字可訓諺言。《穀梁·僖二年傳》：「語曰：『脣亡則齒寒』」，范《注》云：「語，諺言也。」按：《傳》但引語，而《注》知爲諺言者，據《左傳》知此語爲諺也。諺亦可稱言稱語，然同一言語，而是諺非諺，不可不分。蓋有泛舉人言者，如《詩·大雅·蕩篇》「人亦有言」，《論語》「人之言曰」，《孟子》「人有恆言」。

有泛舉人語者，如《孟子·萬章篇》：「咸邱蒙問曰：語云：『盛德之士，君不得而臣，父不得而子』」云云。趙《注》云：「語者，諺語也。」按：咸邱蒙但稱語，而趙氏指為諺語者，蓋因下文有齊東野人之語。然此數句中，並無韻語，實非諺語之體。大都無韻之詞，與諺無涉。有泛舉古語者，如蔡邕《獨斷》引古語。有泛舉古人言者，如《尚書·牧誓》：「古人有言曰。」就中半係有韻，如《國策》、《史》、《漢》等書所引語曰及稱臣聞者，多係韻語。然古人著書，多有韻之文，未可定指為諺。更有雖稱俗語，而非用韻體格者；如《詩·終風》，《箋》云：「今俗人嚏，云人道我。」《碩人》，《箋》云：「衣服曰襫。」今俗語然。雖稱人為之語，而非用韻體格者。如《新五代史·楊光遠傳》：「人為之語曰：『自古豈有禿瘡天子、跛腳皇后耶？』」亦不得目之以諺，此不必登載者也。其有體格本係用韻，名雖為言而實為諺者，如《孟子》引齊人言，《左氏·昭二十七年傳》吳公子光引上國言，《晉書·羅尚傳》載蜀人為羅尚言，《北齊書·唐邕傳》載時人為唐邕、白建言。名雖為語而實為諺者。如《戰國·楚策》載莊辛引鄙語，《漢書·貢禹傳》載其引俗語，《劉輔傳》載其引里語，《後漢書·單超傳》載天下為四侯語，《三國志·典韋傳》載軍中為韋語，《晉書·五行志》載義熙初小兒語，《新唐書·宋之問傳》載學者為蘇、李、沈、宋語，《莊子·刻意篇》引野語，《風俗通·正失篇》引俚語，《四民月令》引農語。今皆逐條登載。若夫言有號令之訓，《國語·周語》：「有不祀則修言」，韋《注》云：「言，號令也。」引申之則為稱號，《周禮》：「大祝辨六號」，鄭《注》云：「號，謂尊其名，更為美稱焉。」又有盟辭之訓，《禮記·曲禮》：「士載言」，鄭《注》云：「言，謂會同盟要之辭。」推廣之則為詛辭。《周禮》：「詛祝掌盟詛」，鄭《注》云：「大事曰盟，小事曰詛。」凡時人稱號不用韻者，如《魏書·衛王儀傳》：「時人稱『衛王弓，桓王矟』」；《無暉傳》：「時人號曰餓虎將軍，饑鷹侍中。」世俗詛辭別為體者，如《金史·謝里忽傳》載女真國俗，巫覡詛辭。自不必登載。其有名雖為號，而實為韻語之諺者。如《漢書·樓護傳》載長安為谷永、樓護號曰「谷子云筆札，樓君卿脣舌」。名雖為詛，而實為諺語之體者，如《新唐書·王旭傳》載京師里閭詛云：「若違教，值三豹。」今亦酌加登載，以備諺之格焉。

　　一、謠諺之興，其始止發乎語言，未著於文字。其去取界限，總以初作之時，是否著於文字為斷。凡有韻之詞，業已形諸紙筆，付諸鑴刻者，即不止發乎語言。衡以體裁，無庸編載。是故鑄金者不錄，如《續漢書·輿服志》載剛卯印文。鏤玉者不錄，如《竹書紀年》卷下，沈約《注》引太公釣磻溪得玉璜文。刻石者不錄，如《明史·五行志》載張獻忠拆塔得古碑。書岩者不錄，如《晉書·五行志》載孫皓使者丹書石印山岩。榜門者不錄，如《史記·汲鄭傳·贊》載翟公書門語。題壁者不錄，如《隋書·五行志》載陸法和題壁語。署版者不錄，如《舊唐書·肅宗紀》逸文載夢見素書

丹版。贊帶者不錄，如《宋史·文天祥傳》載其衣帶贊。頌德歌已刊者不錄，如《魏書·呂羅漢傳》載鉅鹿民頌，曰：「時惟府君」云云。玩其詞意，必係頌德碑文。諷諫歌已寫者不錄，如《遼史·天祚文妃傳》載妃作歌諷諫，天祚見而銜之。蓋已形諸紙筆。謗書若歌者不錄，如《三國志·曹爽傳》注引《魏略》所載臺中謗書。狂書如歌者不錄，如《晉書·五行志》載溫縣人狂書。寄札有歌者不錄，如《南史·謝靈運傳》載何長瑜《與何勗書》，中有韻語。撰文附歌者不錄，如《晉書·夏侯湛傳》載所撰兄弟誥，其末有歌。讖緯稱歌者不錄，如《南齊書·祥瑞志》載王子年歌，即王嘉所作讖語。僧偈成歌者不錄，如《梁書·侯景傳》載釋寶誌韻語二則。乩語作歌者不錄，如《三國志·張裔傳》載雍闓假鬼教，即假託扶乩。占繇用歌者不錄，如《晉書·郭璞傳》載七字句筮詞，必係宣諸紙墨，留爲異日占驗之徵。傳記似乎歌者不錄，如《後漢書·荀爽傳》載其引傳，《張敏傳》載其引記。訓誡近於歌者不錄，如《後漢書·曹世叔妻傳》載其引女憲。撰述新歌者不錄，如《三國志·阮籍傳》，《注》引《魏氏春秋》，載其所作《蘇門先生歌》。摹擬古歌者不錄，如《宋書·樂志》所載《讀曲歌》，當錄後人摹擬者，不錄。此皆已著於文字，不得爲謠諺者也。若夫未著於文字，而於例亦不當錄者，則又有說。蓋詩必有韻，然與謠諺異體，故口授詩歌不錄，如《宋書·沈慶之傳》載其口授五言詩。戲吟詩歌不錄，如《舊唐書·韋澳傳》載其戲吟七言詩。自歌其詩不錄，如《金史·樂志》載世宗自歌四言長篇。歌前人詩不錄，如《隋書·五行志》載陳時《江南歌》、王獻之《桃葉詞》。回波歌詩不錄，如《舊唐書·李景伯傳》載其《回波詞》，即六言詩之體。爾汝歌詩不錄，如《世說新語·排調篇》載孫皓《爾汝歌》，即五言詩之體。聯句歌詩不錄，如北魏高祖與侍臣竹堂續歌可載者，以其多用兮字，猶仿載歌、虞歌之體也。漢武帝與群臣柏梁聯句不載者，以其無一兮字，已成七言古詩之體也，亦猶古書所言歌詩賦詩。其言不限於四言詩體者，未嘗不可載。若純乎四言詩體者，則不必載耳。瑣語或有韻，然亦與謠諺異體，故諧語不錄，如《史記·淳于髡傳》載其對齊王諧語。嘲語不錄，如《後漢書·邊韶傳》載其師弟相嘲之語。隱語不錄，如《漢書·東方朔傳》載其與郭舍人迭爲隱語。射覆語不錄，如《三國志·管輅傳》載其射覆三則。了語、危語不錄，如《晉書·顧愷之傳》載其與桓元〔註 7〕、殷仲堪共爲了語、危語。反切語、雙聲語、千字文語不錄，如《南齊書·五行志》所載顛倒反切語，《北齊書·魏收傳》載其雙聲語，《太平廣記》引《啓顏錄》載時人以千字文爲語。酒令語曲語優伶戲語不錄，如《五代史補》卷三載李昇與宋齊邱等爲酒令，《五國故事》卷上載王衍《甘州曲》，《舊唐書·李實傳》載優人成端輔戲語。鳥語、犬語、鈴語不錄，如皇侃《論語義疏》載公冶長所聞鳥語，《述異記》卷下載朱休之家犬語，

〔註 7〕按：當爲桓玄。

《晉書‧佛圖澄傳》載其聞相輪鈴語。此則雖發乎語言，而究非謠諺者也。至於本有謠名，而止係時俗譌傳之流言者不錄，如《新五代史‧吳越世家》：「曩時謠言，有羅平鳥，主越人禍福。民間多圖其形，禱祠之。」本有諺名，而止係今世稱呼之泛語者不錄，如《南齊書‧樂志》：「宣烈舞爲武舞，今世諺呼爲武王伐紂。」《明史‧刑法志》：「所以被訪之家，諺稱爲剗毒。」疑是謠諺而未有明文者不錄，如《晉書‧符堅載記》：「王嘉曰：『椎蘆作蓬蓈，不成文章，會天大雨，不得殺羊。』」疑是謠而無明文。《論語》：「」王孫賈問曰：『與其媚於奧，寧媚於竈。』」疑是諺而無明文。確係謠諺而不能成句者不錄，如《梁書‧侯景傳》：「初，童謠有正平之言，故立號以應之」，此謠之不能成句者也。《舊唐書‧文宗紀》逸文：「時諺謂杜甫、李白輩爲四絕」，此諺之不能成句者也。即同一謠諺，而各書或言題署，或不言題署，亦錄其未經題署者，而既經題署者不錄，如房元〔註8〕齡《晉書‧潘岳傳》：「岳內非之，乃題閣道爲謠。」《世說新語‧政事篇》注引王隱《晉書》曰：「潘岳內非之，密爲作謠。」今錄王隱書，而不錄房元齡書。以歸畫一。

一、謠諺出自依託者，大都附會古人。如《尚書‧五子之歌》本係僞古文，早經論定。《抬遺記》皇娥帝子之歌，即出自王嘉之手，亦人所共知。此種自昔流傳，相沿已久，不可盡從刪削，亦不可任其混淆。今別立附錄一門，以示區別。至若謠諺出自構造者，展轉傳播，無非起於同時之人，如晉海西公時《馬駒龍子之歌》乃桓溫輩所造，元順帝時石人一眼之謠乃劉福通等所造。今並歸於附錄之中，俾矯誣搖惑之詞不能顛倒是非，變亂黑白。至於跡近荒誕，如《甘澤謠》載《三生石歌》。事涉猥瑣，如《北里志》載南曲中小兒唱。語出盜賊者，如《魏書‧楊津傳》載定州賊語，《隋書‧來護兒傳》載群盜歌。亦均附於此門焉。

一、謠諺採自古〔註9〕書，必當依據善本，遇有諸本不一者，可以擇善而從。如《尚書大傳》以盧氏雅雨堂所刻爲善本，王氏《漢魏遺書鈔》輯本，援據各書所引，亦足以考正文字，今兼取之。其或古本有訛，亦不曲徇迴護。如《韓非子‧說林篇》：「巫咸雖善祝，不能自袚也；秦醫雖善除，不能自彈也。」宋本「秦」上有「養」字。今按：「養」與「秦」字形相近，宋本蓋涉「秦」字而衍。若夫近刻，頗有逸文，而前人所引，實係足本者，則據以續增。如《祝牧歌》，係《莊》逸篇之文，《困學紀聞》等書引之，今據以續增。原書久成墜簡，而後人所輯稍存舊觀者，則據以採錄。如《桓子新論》久佚，今據孫氏馮翼輯本採錄。皆逐條注明出處，凡有篇名者注篇名，如經書、子書之類。有卷數者注卷數，如類書、總集之類。有門目

〔註8〕按：當爲房玄齡。下同。
〔註9〕按：古，《古謠諺》所載序作「各」。

者注門目，如史書某紀、某志、某表、某世家、某傳、某載記之類。編年者注明某年，如《春秋左氏傳》之類。分國者注明某國，如《國語》、《國策》之類。即新經裒輯之書，其原本篇名卷數等項無可尋究者，亦據他書轉引，標明來歷，以備覆檢。至於本書不稱謠諺，而他書轉引則稱謠諺者，即列諸本書之後，以清界劃。如《史記·寧成傳》：「爲人操上下，如束濕薪。」而《白帖》卷十六引《史記》作時人語曰：「謹上操下，如束濕薪」。

一、謠諺之詞，諸書並載而大同小異者，則以一書爲主，而注列異文。如《帝舜歌》，以《尚書》爲主，而注列《史記》之異文。此略彼詳者，則以全篇爲主，而注明增補。如《舊唐書·五行志》載《調露中嵩山謠》四句，今據《新唐書·五行志》所載增補首句「嵩山凡幾層」五字。事蹟無甚異同，而字句大有詳略者，則兩載其詞。如楚狂《接輿歌》，《莊子》所述與《論語》迥殊，今兩載之。字句無甚詳略，而事蹟大有異同者，亦並錄其語。如《隋書·音樂志》所載梁武帝在雍鎮童謠，與《南齊書·五行志》所載宋元徽中童謠詞語略同，而時代事驗迥異，今並錄之。字句全同，而事蹟全異者，則附注以省繁。如范蔚宗《後漢書·劉陶傳》載順陽吏民爲劉陶歌曰「邑然不樂」云云，謝承《後漢書》惟「邑」字作「悒」，偏旁小異，其餘全同，而謂樅陽吏民爲劉騊騃歌。今考陶與騊、騃確係兩人，故以范書爲正文，謝書爲附注。字句半同半異，而事蹟亦半同半異者，必兼存以備考。如《隋書》、《北史·崔宏度傳》，皆載長安爲崔宏度、屈突蓋語，新、舊《唐書·屈突通傳》皆載時人爲屈突蓋、屈突通語。其字句事蹟均半同半異，今兼存之。即兩書本係一書，而其中稍有異同者，亦必參互考訂，以便推尋。如《魏書》、《北齊書》皆有闕卷，後人取《北史》補之，參以《高氏小史》等書，其中與今本《北史》間有異同者，均注明以備考。

一、謠諺之詞，兩書相仿者，不但校其字句，尤必辨其標題。故有書之時代在後，而有謠諺顯證者，則定爲正文；書之時代在前，而無謠諺明徵者，則列於附注。如《左氏·昭二十二年傳》及《魏書·張普惠傳》並云「唯亂門之無過」，然《左傳》不稱諺而《魏書》稱諺，今定《魏書》爲正文，而列《左傳》爲附注。所引止得其半，而標題謠諺者，亦定爲正文；所引能舉其全，而不標題謠諺者，亦列於附注。如《史記·司馬相如傳》引鄙諺曰「家累千金者，坐不垂堂」，《漢書·袁盎傳》云：「臣聞『千金之子不垂堂，百金之子不騎衡』」。《舊唐書·孫伏伽傳》及《全唐文》卷三百二崔向《諫元宗畋獵疏》、《舊五代史·後唐明宗紀》馮道奏曰：「臣聞『千金之子坐不垂堂，百金之子立不倚衡』」。今考堂與衡古韻同部，蓋相如引其半，盎等引其全耳。然相如標題諺語，故定爲正文；盎等不標題諺語，故列於附注。皆循名核實，使賓主分明。

　　一、謠諺作者、述者之姓名無疑者確言之，如《四民月令》乃崔寔所作，書已失傳，《齊民要術》所引尚有述諺語者數條，前人輯古詩者，或誤作鄭氏《月令注》，非也，今改正。互異者慎言之，如《國策》燕王喜《遺樂間書》引諺兩條，今考《新序》所言，此係燕惠王《遺樂毅書》。證以《史記‧樂毅傳》，當從《新序》爲是。有專屬者析言之，如《史記》內有太史公引諺，亦有褚先生引諺。無專屬者渾言之，如《隋書》修於唐時，非出一人之手，《地理志》內史官引諺論冀州，《經籍志》內史官引梁世諺論史職。一人獨造者特言之，如唐敬宗時奸黨造非衣小兒之謠，欲以陷害裴晉公。據《舊唐書‧李逢吉傳》、《新唐書‧裴度傳》，定爲張權輿所造。二人合撰者兼言之，如後周韋孝寬欲離間北齊斛律光，使其參軍曲岩構造謠言，北齊左僕射祖珽聞而更續之。數人遞續者詳言之，如後魏高祖與群臣彭城王勰、鄭懿、邢巒、宋弁等續歌。各有所宜，不拘一格。

　　一、謠諺原委證驗，必當敘錄，有在上文者則引上文，如《史記‧曹參世家》載《畫一歌》，其上文先敘參爲相國，一遵蕭何約束是也。有在下文者則引下文，如《漢書‧五行志》載燕燕謠，其下文復敘趙飛燕、趙昭儀賊害皇子是也。有在上文亦在下文者則兼引上下文，如《三國志‧馬良傳》載襄陽鄉里諺，其上文先敘兄弟五人並有才名，下文復敘良眉中有白毛是也。有不止在一傳者，則兼引兩傳。如《後漢書‧雷義傳》載豫章鄉里爲雷義、陳重語，須兼引《陳重傳》。有不止在一書者，則兼引數書。如《陳書‧張種傳》載時人爲之語曰：「宋稱敷演，梁則卷充」。須兼引《宋書》張邵傳、張敷傳、《梁書‧張充傳》及《張稷傳》，附其族兄卷事。此卷無明文者，則另引他卷。如《宋書‧樂志》，「讀曲歌者，民間爲彭城王義康所作也。其歌云：『死罪劉領軍，誤殺劉第四。』」今按：上下文未申釋領軍、第四之語，檢《義康傳》及《劉湛傳》，義康乃高祖第四子，湛官領軍將軍，義康獲咎於文帝，湛所誤也。本書無確證者，則別引他書。如《北齊書‧宋游道傳》載時人爲游道及陸操語。今按：本書無陸操傳，據《北史‧陸俟傳》附載其曾孫操事，云：「天保中卒於殿中尚書」，疑即其人也。凡所引者，全依本文，有刪節而無增改。

　　一、謠諺有字體偶誤，其證佐確鑿而文義亦顯然可知者，則據以校改。如《尚書大傳‧卿雲歌》：「糺縵縵兮」，「糺」誤作「禮」，今據《藝文類聚》所引校改。若雖有證佐，而文義須詮釋而後知者，則於案語申明，而正文不逕行改易。如《北齊書‧魏寧傳》載陽子術所引謠言，云：「盧十六，稚十四，犍子拍頭三十二」，《北史‧魏寧傳》「稚」作「雉」。今按：盧、雉、犍皆樗蒲彩名，作「雉」者是也。至於正體之字，不改以存其本眞。如《金史‧趙秉文傳》載時人爲秉文語，其上文言及內族膏。今考《說文》「膏」字下云：「用也。從享從自，讀若庸。」別體之字不改，以存其舊式。如《吳越春秋》陳音引古孝子作《彈歌》云：「斷竹，續竹。飛土，逐宍。」「宍」，即「肉」之別體。離合字體

不改，以存其初意。如《晉書・五行志》載符堅時謠歌云「魚羊田斗當滅秦」，識者以爲魚羊鮮也，田斗卑也。今按：《說文》卑字下云「從甲，甲聲。」本非田斗，然歌謠拆字之格，若「千里草」，「十日卜」之類難盡繩以六書，今仍存之。**避諱字體不改，以存其原文。**如《晉書・五行志》載孫皓天紀中童謠曰：「不畏岸上獸，但畏水中龍」，《宋書・五行志》「獸」作「虎」。今按：唐人修《晉書》避太祖諱，改虎爲獸。**遇有介在疑似之間，無文可證，難以臆決者，今皆疑以傳疑。**如《南史・宋明帝紀》，「時人語曰：『禾絹開眼諾』」，禾絹謂上也。今按：禾絹二字甚爲費解。亦不知蓋闕之義也。

一、謠諺本係韻語，可即其韻之合否，以定其字之是非。如《國策》蘇秦引鄙語曰：「寧爲雞口，無爲牛後」。《顏氏家訓》據延篤說，謂「口」當爲「尸」，「後」當爲「從」。今按：「口」與「後」爲韻，而「尸」與「從」非韻，不若仍存原本。用韻之密者，或七字句中用兩韻，如《後漢書・魯丕傳》關東號之曰「五經復興魯叔陵」，「興」與「陵」爲韻。或五字句中用兩韻，如《舊唐書・五行志》寧王引諺云「樹稼達官怕」，「稼」與「怕」爲韻。或四字句中用兩韻，如《左氏・昭二十七年傳》：「上國有言曰：『不索何獲』」，「索」與「獲」爲韻。間有無韻者，大都因所引未全。如《舊唐書・張果傳》引諺但有「娶婦得公主」一句，《新唐書・張果傳》引諺又有「平地生公府」一句，主與府爲韻。凡有韻者可藉以推求古音，然習見則無庸贅述。如《尚書・皋陶賡歌》以「明」字與「良」、「康」爲韻。其無韻之句，概不附會一詞。

一、謠諺之文，得注釋則意指益顯。凡有古注者亟採之，如《尚書》採馬、鄭《注》，《左傳》採賈、服《注》。有互注者兼收之，如《史記》、《漢書》同載一謠諺，兩家之注可以彼此互證，今兼收之。原注不完，則援補注之例以釋之。如《三國志・王昶傳》，《注》引《任嘏別傳》曰：「嘏，樂安博昌人。世爲著姓，夙智早成。故鄉人爲之語曰：『蔣氏翁，任氏童。』」今按：推尋此注前後無蔣氏翁事，當由節錄《別傳》佚其文耳。《初學記・人部》引王鎭之《童子傳》「樂安任嘏者，十二就師，學不再問，一年通三經，鄉人歌曰」云云。言蔣氏之門老而方篤，任家之學幼而多慧，可以互證。本書無注，則引他書之注以解之。如《北史・蕭寶寅傳》：「柳楷引謠言云『鸞生十子九子殤』。」今按：《北史》無注，《通鑑》「殤」作「鷇」，胡《注》云：「鷇，卵壞也。」遇有詞意奧衍者，更採名儒之論說，據以折衷。如閻百詩、盧召弓、王西莊、錢竹汀諸先生之著述。期於疏通證明，使人易曉。

一、謠諺本文及上下文，有必須加以辯證然後免滋異議者，是故脫字當補，如《北齊書・庫狄士文傳》載貝州人語，其上文言及司馬京兆韋焜、清河趙達二人並苛刻。今按《北史・庫狄士文傳》，「清河」下有「令」字。《隋書・庫狄士文傳》云「河東趙達

爲清河令」，當以有「令」字爲是。**衍文當刪**，如《北史‧魏孝武帝紀》：「始宣武、孝武明間謠曰。」今按：宣武、孝明兩帝在孝武帝前，「明」上「武」字係衍文。**倒語當移**，如《晉書‧劉毅傳》載三魏爲劉毅語，其上文言及漢陽城景王章，一本「城」在「陽」上。今按：《漢書》朱虛侯章進封城陽王，一本是也。**錯簡當正**，如《晉書‧五行志》載義熙二年小兒語，其下文追敘溫嶠令郭景純卜筮之事，以解釋翁年老之語。今本自「昔溫嶠」至「討滅王敦」錯簡，另爲一條。茲據《宋書‧五行志》釐正。**時代當考**，如《左氏‧昭二十五年傳》：「吾聞文、武之世，童謠有之曰」，石經、宋本「武」皆作「成」，賈《注》云：「魯文公、成公。」陳氏樹華歷引《史記》等書以證。今按：孟康《漢書敘傳》注云「魯文、成之世童謠」，與賈《注》相合。蓋文公乃成公之祖，時代相近；成公乃昭公之祖，時代亦相近。武字必成字傳寫之誤也。**地理當知**，如《南史‧侯景傳》述童謠曰：「荊州天子挺應著」，其下文云：「今廟樹重青，必彰陝西之瑞。議者以爲湘東軍下之徵」，或疑「陝西」二字有誤。今按：東晉以後，揚、荊兩州刺史膺分陝之任，故荊州有陝西之稱。梁元帝封湘東王，是時正在荊州也。**官階當推**，如《魏書‧臨淮王譚曾孫彧傳》載時人語，其上文言及尚書郎范陽盧道將，《北史》彧傳「道將」作「思道」。今按：思道乃道將弟，道亮之子，年輩較後，北齊初年始解褐。此傳所言魏時爲尚書郎者，實道將所歷之官，《北史》乃傳寫之誤。**稱謂當審**，如《韓非子‧外儲說》：「晏子述周、秦民歌，曰：『其往歸田成子乎？』」今按：田成子乃田常之諡，晏子述此歌時，田常尚在，而稱其諡，必有衍誤。今皆酌附按語，以決是非。

　　一、謠諺次序，以所採書籍爲定〔註10〕，仿魏文貞公《群書治要》、馬懿公《意林》之例，從而推廣，經部列史部之先，集部列子部之後。同在一部者，則以門類之先後爲序。如別史在正史之後，別集在總集之先。同在一門者，則以著錄之先後爲序。如《晉書‧五行志》與《宋書‧五行志》所載歌謠大略相同。考沈約《宋書》成於房玄〔註11〕齡《晉書》之前，今依史書次第，先錄《晉志》，而附注《宋志》異同於各條下。然唐修《晉書》實採前此十八家《晉書》，作者多在沈約之前，則《晉志》固《宋志》所本也。同在一書者，則以卷帙之先後爲序。如《史記》，首採《秦始皇本紀‧贊》賈生引野諺，次採《項羽本紀》項王《垓下歌》。或採自正文，或採自逸文，則俟正文編次既訖，然後編次逸文。如《舊唐書》採畢，乃採《舊唐書逸文》。或採自本書，或採自本注，則俟本書編次已全，然後編次本注。如《史記》採畢，乃採《史記集解》。一書迭見。則以初見者爲主。而再三見者。注其異同。如《晉書‧五行志》及《賈后傳》、《愍懷太子傳》皆載元康中京洛童謠，今以《五行志》爲主，而注兩傳之異同。兩書

〔註10〕按：以所採書籍爲定，《古謠諺》所載序在「從而推廣」後。
〔註11〕玄，原作「元」。

相聯，則以可聯者附存。而不能聯者，析其名目。如褚先生補《史記》，可附於太史公《史記》，司馬彪《續漢書》不可附於范蔚宗《後漢書》。凡原書存者次第悉從原書，若原書雖亡而業經裒輯者，次第即依裒輯之本。至原書久亡，未經裒輯者，次第乃據援引之書。如《三國志》裴《注》所引《華陽國志》、《搜神記》皆有原書，《三輔決錄》、《傅子》皆有輯本，《魏略》、《魏氏春秋》、《漢晉春秋》、《襄陽記》、《江表傳》等書未見裒輯之善本者，始以裴注爲主焉。惟是載籍極博，採錄難周。擬俟此後更有新得，仍按經史子集分別門類次第，隨時續採焉。

御書印心石屋頌序　代

　　昔唐太宗以飛白賜劉洎，宋仁宗以飛白賜晏殊，南宋諸君亦每以御書賜其臣下。一時文人學士，如歐、蘇諸人，多有紀述，載諸史冊，後世以爲美談。然夷考當日受賜者，類皆以受殊恩，荷異數，見儒臣稽古之榮，而焜燿於交遊宗族。求其居寵若驚，感激圖報，志在竭力盡忠，立功於國，以答主上之恩者，往往難之。若今總督宮保陶公夫子則不然。

　　公湖南長沙安化人也。安化資江中有印心石，高出水中，峰壑環互，峻奧奇秀。公少時讀書，宅於其旁，遂以之名屋。不數年，登上第，陟清要，以廉明公正受今上特達之知。內歷臺閣，外掌封疆，歲在道光乙未，述職入覲，召對時寵賚甚渥。御書印心石屋以賜，公以勒石爲請，上許之〔註12〕。

〔註12〕陶澍《陶澍全集》第 6 冊「文集」有《御書印心石屋恭紀》（嶽麓書院 2010
　　　年版，第 479〜482 頁），云：
　　　皇上御極之十五年冬十一月，臣澍自江南述職入覲，二十九日卯刻，召見於
　　　養心殿西暖閣，聖顏豫悅，勞勉再三。次日朔賜克食詑，內使傳御賜「福」
　　　字、「壽」字，暨鹿肉，且云年賞第一分也。謹領，入謝，免冠，叩頭。天語
　　　垂詢移時。嗣是，每入對輒歷四五刻之久。
　　　偶一日，陳及奉派閱兵，三省須往江西，臣因請假順道歸省丘木，上許之。
　　　復蒙垂詢所學及家世里居甚悉。臣對：「幼學於父，住安化資水之濱。」上曰：
　　　「湖南有資水平？」臣對：「資水在洞庭西南，介沅湘之間，不當大道，故不
　　　甚著名。臣所居乃山鄉僻壤也。」上復詢：「資水修廣若干？想是春夏有水，
　　　秋冬無水？」臣對：「資水發源都梁，從城步、新寧，至武岡州，北過邵陽縣，
　　　以次納夫餘水、邵水、雲泉水，西過新化縣，納白洋等溪，轉神山東北，流
　　　經安化境，又納山溪水數十條，及過臣里，又南合伊水，北合善溪，入益陽
　　　界，又納泗里河、桃花港、蘭溪等十餘水，東北流分兩口，一由陵子口會湘
　　　水，一由沅江縣會沅水，同入洞庭湖。源流長一千八百里，江面寬一二里不
　　　等，四季皆有水，通舟楫。」上曰：「如此亦是大江爾。既居江濱，何以又稱
　　　鄉僻？」臣對：「資水原是《禹貢》荊州九匯之一。酈道元《水經注》謂資水

一名茱萸江,逆流山峽,臣所居資江鄉之小淹,正在山峽處,原是益陽地,宋時割置安化縣。只因不當孔道,冠蓋罕經,故稱僻壤。」上復問山水形勢。臣對:「資水流經臣里,兩岸石壁屹立如重門,澄潭瀠洑,深數十丈,有石出於潭心,方正若印,名曰印心石。」上曰:「爾居此石上乎?」臣對:「臣居上游一里許,幼隨臣父讀書,結有書室,名曰『印心石屋』,即在此石之北岸。」語畢,上穆然若有所思,顧臣曰:「爾所說印字,即爾常時所用印乎?」謹對曰:「然!」復問心字,臣對以心心相印。上引手自指聖懷曰:「是此心字否?」謹對曰:「誠如聖心。」語畢,玉旨微云:「印心詩屋。」臣對:「是石屋。」上曰:「非書屋乎?」臣對:「本是書屋,因印心石在江心,書屋適當其上,藉以爲名,故稱石屋。」上復問資水之字,臣對以居安資深。上曰:「是資格之資否?」臣謹對曰:「然。」

次日五鼓,軍機處傳旨,呼兩江總督。臣趨至,軍機大臣潘世恩、穆彰阿、王鼎、賽尚阿四公,捧御書「印心石屋」四字匾額一幅賜臣。跪領,敬謹展視,龍光煥奕,精勁非常。每字高六寸許,闊如之。前款「道光乙未嘉平月」七字,引首「可師可法壁中書」七字,後款「御書賜之」四字。有二小璽曰:「道光宸翰」,曰「虛心實行」。舉朝觀者,莫不欽仰高深,同聲讚歎。

少頃,召見,臣趨入,免冠,叩謝。上曰:「朕所書匾額,爾已接著?」臣叩首對:「聖恩眂及山居,親揮宸翰,此誠曠代之榮。臣不勝感幸。在史冊所載,惟聞宋太平興國年間,曾飛白賜蘇易簡『玉堂之署』,至今傳爲佳話。然是翰林公署,非比微臣書室,光寵實未曾有。即我朝康熙年間,奎翰屢頒,如王士正之『帶經堂』、宋犖之『清德堂』,此外尚有數人,俱是先蒙賜書而後有堂,非先有堂而書以賜也。以後惟乾隆年間大學士劉墉曾蒙御賜『清愛堂』。」上曰:「然。清愛堂亦係御賜,曾於筆管見之。」臣對:「劉墉敬志君恩,故於筆管上亦刻此字,即古人銘鍾鑴鼎之意。」上曰:「然。」翌晨復具摺詣宮門謝,召詢九江源流及洞庭形勝。跪對。良久,始出。時十一月初四日也。

迨初七日晨,入奏對訖,復蒙諭:「前日賜爾之字,將來懸掛何所?是否懸在爾書屋內?」臣對:「臣幼學所居是茅棚草舍,臣離家已十有七年,其存否未可知。臣蒙賜額,當敬謹,另建石屋,方敢懸掛。現擬先行刻石。」上曰:「刻石何爲,爾要嵌諸石壁乎?」臣謹對曰:「是。」上曰:「那石壁有多高?你說石上還有門,是何人所爲?」臣對:「石潭南北兩崖,俱是高山,石腳橫截過江,對峙如門,是天成,非由人力。石壁不一,高者約計有七八丈,與殿角相等。」上曰:「許大石壁,是摩崖好。」臣對:「是,還要敬謹摩崖。」上曰:「摩崖須用擘窠大字,前日所書尚小。」臣叩首請再賜大字。上曰:「朕書大字較勝。小字要均勻配搭,大字可以縱橫如意,不必拘定格。」臣對:「聖人天縱之筆,意到神隨,無非星日光芒。」上引兩手前二指作圈,顧臣曰:「這大之字,何如?」臣對:「越大越好。」上復引手作一大圈,顧臣曰:「這大之字何如?」臣對言:「甚好!」上曰:「要甚樣的紙好寫?」臣對:「紙是隨便皆好,還有鉤摹方石。」上曰:「甚是,刻字總是要鉤摹的,紙可不論。明日臘八,尔可歇息一日,於初九日再遞牌子。」

初九日軍機大臣復捧御書「印心石屋」大字一幅,計長九尺餘,每字高一尺六寸,闊如之,正中有道光之寶,前書「道光乙未臘日」六字,引首「清虛靜泰」四字,長璽後書御筆二字,有「愼德堂御書寶」六字方璽。跪下倍仰,

天文昭煥，精神力量，彌滿乾坤，超絕今古，而鴻施稠疊，大書特書，屢書，
不一書，尤屬從來貲未有。小臣何幸得此希世之寶，欽感增惶，圖報無地，
隨即入見，免冠，叩頭謝恩。蒙諭：「爾看大字如何？」「蒙皇上加賞臣，印
心石屋摩崖四大字，元氣內含，寶光外煥，精神流照，極龍飛鳳翥之觀，規
矩方圓，乾端坤倪之妙。頓使山川生色，草木增光，不獨微臣感幸，永當昭
示無窮。」奏對之次，天顏溫霽。復諭曰：「字原尚可觀，前日賜你小幅，可
不用矣。」臣復叩頭懇乞一併賜臣，留為子孫世守。上曰：「何須兩幅？」臣
對：「前江蘇撫臣宋犖，蒙聖祖賜以西陂二字。次日取回，另書賜之。宋犖請
並賜前幅。至今商丘宋氏石御書西破字二幅。」上曰：「從前也有此，但你要
留小幅何為？」臣對：「仍要恭摩刻石，圖畫山水，裝配成帖昭垂，俾海內同
瞻寶墨，流傳盛事。」天顏微莞，「如此亦可。」隨復別詢地方要務。久之，
上俯送，臣退下。鐘聲八響，距入時已六刻五分矣。

伏思我皇上，未明求衣，一日萬幾，每晨召見臣工廑求治理輒影。計臣自入
見至十六日陛辭，中間召見凡十有四次。仰承聖訓諄諄，周詳懇至，舉凡用
人行政一關國計民生者，無不上邀指示。而尤以堅定不搖，鑒臣愚悃，洞及
幽微，誨勉交臻。甚至蝸居蓬戶，亦題允臣瀆請，重賜大書摩崖。溯自嘉慶
年前，至我聖人即位以來，御筆親賜臣下，此為初次，實五六來未有之特恩，
刻骨銘心，莫名銜感。回憶束髮隨父敕祀鄉賢莫江公，讀書石門潭上，俯臨
印石教型。茲乃上蒙宸問，寵及岩泉。御藻所垂，訓詞深厚，不涅不磷，古
言是證。印也石也，印以石實，印以心臣。柳公權言：「心正筆正。」史稱筆
諫。今臣幸際聖明，親承提命，則尤大造生成，以筆為訓也。敢不倍加永銘
夙夜，以冀砥礪濯磨，上酬高厚，且俾世世子孫，寶守尊藏，感戴聖恩，水
永勿替。乙未季冬二十臣澍稽首拜手恭紀。

佚名《嶽麓小志》「印心石屋」（吳道行、趙寧修等《嶽麓書院志》，嶽麓書社
2012 年版，第 794 頁）載：

印心石屋四字，乃清宣宗書賜兩江總督陶澍少時讀書處之額。陶歸榮，君賜
摹泐多所，此即其一，在步虛嶺下，所謂御書亭者是也。其謝表，及御史賀
希齡記，按察使趙炳言、御史黃得濂、歐陽厚鈞等跋，均嵌內壁。並捐田年
租十五石，交麓山寺住持經理，以資歲修。

程頌萬《宣宗成皇帝御印心石屋歌並序》（程頌萬著，徐哲兮校點《程頌萬詩
詞集》，湖南人民出版社 2009 年版，第 254 頁），《序》云：

印心石室，鄉先達陶文毅公早歲嶽麓讀書之廬。公以兩江總督拜太子太保，
入覲成朝，垂詢舊學並及斯廬仍舊額，賜書四字。公以賜字視額未滿，復跪
求成朝擘窠書，得俞所請。踰日宸翰下頒，並命摹刻，嶽麓山令響鼓嶺側印
心石屋之御書額也。頌萬讀書山中，仰瞻聖藻，歎昔賢際遇之隆，慨致君之
有術。恭賦柏梁體六十二韻，追紀其盛焉。

歐陽厚均《望雲書屋文集》卷下有道光丙申年（1836）所作《印心石屋跋》（方
紅姣校點《歐陽厚均集》，嶽麓書社 2013 年版，第 205 頁），云：

印心石屋，宮保陶雲汀尚書讀書之先廬，幼隨其尊翁鄉賢公莫江先生讀書處也。
鄉賢公品醇學粹，教有義方。尚書稟承庭訓，成名進士，由詞館轉諫垣洊，
歷封折總制兩江，政通民和。天子嘉之，以上年冬人覲。上詢悉家世，爰灑
宸翰新書「印心石屋」四字賜之，誠異數也。尚書受而恭刻於家，以為世世

越日，復賜磨崖大字，公拜受以歸，鐫諸資江石，上復建亭於湖南之善化、嶽麓、揚州之平山、鎮江之金焦山，及生平宦跡所歷之地，並自爲記，以垂永久。於時在朝之公卿大夫，皆欣羨仰慕，歎爲千載一時之遇。而隸部下者莫不以天眷之厚，致賀於公。〔註13〕

寶。復念鄉賢公曾肄業麓山，藏修息遊之所，履跡猶存。乃鳩工選石墓泐，嵌於嶽麓峰步虛嶺上洞眞墟福地，並構亭以庇風雨。余攜門弟子往觀焉。而歎尚書此舉，尊君賜也，念先澤也。令人忠孝之心油然以生，豈獨名山增重已哉？

〔註13〕尋霖、龔篤清編著《湘人著述表》（嶽麓書社 2010 年版，第 1251 頁）著錄「《御書印心石屋詩文薈》十卷，首一卷，魏源輯，清道光十五年（1835）刻本」。魏源《古微堂文稿》有《御書印心石屋詩文錄敘》（《魏源全集》第 14 冊，，嶽麓書社 2011 年版，第 268～269 頁），云：

道光十有五載冬，天子御書「印心石屋」，以賜兩江總督宮保陶公。公榮君賜，歸勒諸石，及所部名勝。中朝士大夫迄吳、楚人士，多爲詩文以道揚盛美。公命邵陽魏源編次，爲卷十。源謹敘其端曰：

凡國家當創造之初，人心思治，官樸吏願，士純工愨，男侗女龐，其君子勤禮而急公，其小人畏威而寡慕，故上常清靜休養而天下治。休養日久，生齒熾而機變滋，人心日趨於利，利出於二孔，則不歸於上，不歸於民。有救時君子欲撟其弊而還其利，勢必不得不出於更革。小更革則小效，大更革則大效，於是中飽不便之人輒群起而嘩之。豁群嘩之難，難於豁積弊，任事者遂動色相戒，以改作爲多事，以因仍爲持重。

方宋中葉，仁宗之世，韓、范、富、杜諸君子相繼立朝，石徂徠作《慶曆聖德》之詩。其時開天章閣，置筆墨以詢治道，天下矯首望太平。及諸公條對十餘事，更張闊大，多不便於時人，讒議四起，卒皆不安其位以去。蓋人心之難一如此。

國家承平二百年，視宋慶曆時過倍，而漕、鹽、河三大政，利弊之所藪，皆萃於江南。公自道光五年移節撫吳，河、漕交困，首創海運有效，次年遂欲舉蘇、松、太倉三州郡永行之，以省漕艘通倉之弊，以蘇吳民之困，而南北交嘩；及總制兩江，兼綰鹺政，革淮南二百餘萬之冗費，與江、廣各數十萬之岸費，而議再嘩；嚴禁數千糧艘之夾私，與漕運長蘆爲難，而議三嘩；改淮北數百年扛壩之道，及四十餘州、縣之官費而議四嘩。每一嘩，則公持之愈力，上任之愈專。凡所奏請，朝上夕可。及入覲面陳得失，晝日三接，都俞密勿無間。且舉數十載未嘗有之曠典，親御宸翰，一再寵賚，以示一德之感，以嘿言者之氣，且以屬介確不拔之操，垂訓臣工，誼並《典》、《誥》。視宋仁宗御書飛白，僅賜侍從文學之臣，光榮翰墨者，既相去遼絕。而公之所以獲上，與上之所以知公，勿貳勿疑，視韓、富、范、杜之在慶曆中，亦不可同年而語，則徂徠聖主賢臣之頌，作於今日，庶乎稱之也。

《大雅》吉甫美中興之佐，不茹不吐，不畏不侮，而卒之曰「仲山甫永懷」，以慰其心。齊太師作君臣相說之樂，曰「微招角招，畜君何尤」。蓋詩樂之作，所以宣上德而達下情，導其鬱潛，作其忠孝，恒與政治相表裏，故播之鄉黨邦國，感人心而天下和平。今公之承上賜，不以誇榮而以感惕，故源之編次

　　汝成〔註 14〕生長聖世，涵濡帝澤，明良契合之隆，幸得躬逢其盛。竊謂上之所以賜公，公之所以受賜而勒石者，其意至深且遠，非尋常意見之所能測也。

　　今夫古帝王推心置腹，優禮大臣者，豈徒以便蕃之錫，與明天子之恩哉？固望其體主上勵精圖治之心，以勤恤民隱，俾明君之德意，得以下逮於閭閻，國家享長治久安之福也。即古大臣之報國者，亦皆因主上之褒嘉，而益謹其職守，故能君臣之義始終如一，功業著於無窮，聲稱垂於不朽也。今上念兩江總督所統者三省，河渠、鹽漕之政，於天下為最劇，非公爾忘私，乃心王室者，不足以受臨馭之寄，遂簡命我公。誠以公之偉量巨識，必能奮發有為，一洗因循苟且之習，使良法美意，奉行無弊，而草野之黎庶，皆得以躋仁壽，而樂升平者焉。公自受賜以後，朝夕圖維，思所以仰酬聖德。雖上之眷顧，有踰於前，而恪恭兢惕，恒懼稍負，正身率下，循名責實，講求乎國計之盈虛，民情之憂樂，而紓廟堂之宵旰，上答主知，下明素志。斯重熙累洽之風，聖主賢臣之美，豈非復見於今日哉？然則公之勒石而作記者，固欲藉之自勵，初不因榮寵之深，鋪張揚厲，而誇示天下後世者矣。國初時，湯文正、張文端諸公，皆以正色立朝，盡心憂國，為列聖所任，並蒙頒賜御書。其後望實益峻，為時名臣。今上法祖宗敬賢之心，以體貌大臣，固非唐宋所能幾及。而公夙夜匪懈，以事一人者，亦豈令前賢專美於前哉？汝成親覩公功烈之崇，觀宸翰之昭垂萬襈，不揣愚陋，竊自附詩人詠歌之義，謹擬頌一篇，以誌熙朝之盛典，名世之遭遇云爾。其詞曰：

附：《頌》毛嶽生〔註 15〕

　　是集也，亦不徒取善頌禱而已。見有遠近，言有文質，比物連類，指歸乎忠愛，言之不足，故長言之，永歎之。其亦有往復低徊於君臣遇合之際，而灑然動、慨然興者夫！

〔註 14〕此處自稱「汝成」，文末另有「汝成親覩公功烈之崇」，則此文似代黃汝成而作。《頌》乃毛嶽生作，檢瞿兌之《銖庵文存》有《讀〈休復居詩集〉》（遼寧教育出版社 2001 年版，第 156 頁），稱：
　　寶山毛嶽生生甫，其大父大瀛以四庫館謄錄，議敘官至四川簡州知州，嘉慶五年殉教匪之難。父際盛前卒。生甫長而遊學閩越，糊口四方，不得志於科名，終其身於羈旅憂患之中。其詩文咸有憂深思遠之致。師事姚姬傳，而友則嘉定黃汝成潛夫為最篤。生甫詩文集即黃氏所刊也，其端有連平陳廷璜及同縣程庭鷺二序。

〔註 15〕張舜微《清人文集別錄》卷十六著錄《休復居文集》六卷（華中師範大學出版社 2004 年版，第 398～399 頁），稱：

維聖功德，充塞九有。奎璧蘊英，輝騰岣嶁。禮經樂緯，瀆富嶽壽。剛健中函，霑濡澤厚。桓桓陶公，學蔚經綸。燕許有績，服、鄭有文。丕宣仁風，梁益晉吳。農桑軍校，鹽鐵河渠。博巨利興，豪發害除。帝喻鄭僑，民矜蜀亮。忠誠上契，遂拜天覣。宸章昭回，耀彼彎嶂。潛德是明，寵逾圭卣。吳國山川，旌節久莅。猷刊樂石，彰化布治。江海所環，雲垂波立。鼇戴無頗，杓懸有則。明良是慶，中和是歌。仰瞻霄漢，百世羮羮。

錢塘龔烈婦朱氏贊　代

楚國龔生〔註16〕，克完大節。新安朱子，久推先哲。華胄永延，良姻重結。褘矣淑姬，閨中之傑。慟失所天，從容引決。義秉素心，哀徵碧血。古井波澄，秋霜氣冽。遠紹家聲，上承前烈。彤管昭垂，光茲閭閈。請史公祠，增設從祀。公呈呈爲請，增配祀事。

寶山毛嶽生撰。嶽生字生甫。先世籍隸寶山，後乃遷居嘉定。嘉、道間所謂嘉定七生者，嶽生其一也。父際盛，出錢大昕之門，學問有成而早死。嶽生少孤露，居貧困厄，自屬於學。凡聲音、訓詁，名物、度數，天文、輿地諸端，皆涉其藩。文辭亦疏暢條達，有序有則。嘗慨《元史》龐雜，有志改作。自謂治《元史》益得統紀，已寫出后妃、公主二傳，其所由舛錯刪增，又成考辨數卷，諸表皆定（詳是集卷三《答李申耆書》）。可知其致力《元史》，已有成書。惜乎其所爲考辨及諸表，不傳於世，莫由測其功力所至。今附刻在是集後者，惟《后妃》、《公主傳》耳。嘉定自錢大昕後，繼起無人，惟嶽生其髣髴之。在嘉定七生中，吾必推此君爲首選。至其平日論學之語，復多通核。觀其箴砭時弊，有曰：「自考證之學興，道學益衰。其精博固高出，然器識間闇鄙可議。近日爭名之徒，睹考證既衰，復以理學自任。論說道德，誠毫髮不渝。掊擊考證諸失，亦曲中要害。而行誼乃詭薄儇忮，無一事如其言者，則甚矣躬行之難也。」（是集卷二《贈陳山鐸序》）又曰：「夫學有盛衰，君子但當救其弊，不當甚其說。爲漢儒之學者，其衰也，穿鑿而拘。爲宋儒之說者，其衰也，果於自信。簡漏而踈前，欲盡棄其說，固大不可。近又欲舉廢漢說，致重宋賢，僕亦未敢謂然。竊意凡說經義，名物訓詁，義理精微，必兼綜其尤粹博者乃可。此惟通儒少留意耳。學問之道，惟求其是。鄙陋幸合前賢，又何必論自己出始快耶。」（卷三《與凌子升書》）又曰：「百數十年爲漢學者多矣。其解經知揆本末、務袪此弊者幾人。是猶述宋儒者，理輒推至高遠，使人益茫然失守。不知是皆先儒碩所戒，固非善學之道也。」（卷三《與姚子壽書》）此等言論，皆明白切要，深中末流之病。良由嶽生從事樸學，涉術稍廣，故識見卓爾，能觀其通，而不囿於一隅之見，以斤斤於門戶之爭，可謂有識之士矣。

〔註16〕　龔勝，傳見《漢書》卷七十二。

竊聞制司亮節,侑食尚有姜才〔註17〕;信國孤忠,配享猶傳杜滸〔註18〕。固前代之成規,亦維揚之故實。伏稽有明閣部史忠正公,封疆大吏,屏翰名臣,督諸鎮而建牙,招群賢而授館。長沙援絕,李端明慷慨成仁;重慶城孤,張少保從容取義。一時從公殉難者,文臣則有知府任民育等,武將則有都督劉肇基等,鄉官則有侍郎張伯鯨等,士民則有諸生高孝纘等。或盡心守土,效張、許之堅貞;或竭力扞城,比南、雷之壯烈;或慕衡州尹氏,著忠義於家庭;或如歙縣鄭君,存綱常於學校。戎行果毅,追蹤葛誕之軍;幕府賢豪,接踵田橫之客。草茅抗節,布衣獨矢純忱;閨閣完貞,巾幗咸知大義。英名永著,藉良史之揄揚;美諡特加,荷聖皇之褒獎。慰忠魂於千載,既有榮施;弔毅魄於九原,應無遺憾。顧崇祠雖立,馨香僅薦於督師;配位猶虛,俎豆未加於從祀。欣逢公祖大人,表章遺逸,闡發幽潛,某等為此詳考史編,博徵志乘,臚陳爵里,備舉姓名,仰懇憲裁,俯加鑒核。增几筵於廟宇,定班位於堂皇。勸善教忠,顯遺徽於勝國;廉頑立懦,沐雅化於仁人。不勝屏營翹切之至。望光上呈。

葛生東府哀詞　代蘄水郭雨三都轉作

泰州葛生東府,奎璧。淳樸謹厚,嗜學虛衷。咸豐丁巳秋八月九日,余延之入幕,裁答書記,同赴清江浦淮揚道署。途中偶感微疾,抵浦後,展轉成痁,加之調攝違和,既愈復作,遂以九月十九日終於幕府,年僅二十有七。先是七月間,余曾夢一僧來謁,乞寄寓四十日。生平雅不喜佞佛,與釋氏素無往來,覺後視為幻夢,置之不論。及東府捐館坐化而去,回溯其就館之初,首尾適四十日,乃恍然於數有前定。因撰楹聯以挽之,曰:「桂以香自伐,膏以明自銷,廿七年結願成空,知否此身真夢幻;生於我乎館,死於我乎殯,四十日論交何促,感深前世舊因緣。」紀其實也。東府終鮮兄弟,其尊人年踰始衰,少婦早孀,孤女甚稚。人生至此,天道寧論。余既經紀其喪,賻助其家,復檢閱其手書日記,自九月十六日以後,病困不能拈毫。十五日所書,竟成絕筆。嗚呼!良可傷矣。爰集《楚詞》以哀之,曰:

〔註17〕 制司指李庭芝,傳見《宋史》卷四百二十一;姜才,傳見《宋史》卷四百五十一《忠義六》。

〔註18〕 信國指文天祥,傳見《宋史》卷四百一十八;杜滸,傳見《宋史》卷四百五十四《忠義九》。

微霜降而下淪兮，《遠遊》。薄寒之中人。《九辯》一。丁時逢殃可奈何兮，《九歎‧惜賢》。訊九魁與六神。《九歎‧遠逝》。去鄉離家兮來遠客，《九辯》二。志紆鬱其難釋。《九歎‧憂苦》。惜年齒之未央，《七諫‧沉江》。望崦嵫而勿迫。《離騷經》。身寢疾而日愁兮，《七諫‧謬諫》。蟪蛄鳴兮啾啾。《招隱士》。神高馳之邈邈，《離騷經》。形枯槁而獨留。《遠遊》。懷憂含戚何侘傺兮，《九歎‧愍命》。陷滯而不濟。《九章‧懷沙》。悠悠蒼天兮，《七諫‧初放》。儵而來兮忽而逝。《九歌‧少司命》。病殀兮鳴蜩，《九懷‧蓄英》。風颯颯兮木蕭蕭。《九歌‧山鬼》。口噤閉而不言，《九歎‧思古》。目眇眇兮寤終朝。《九思‧逢尤》。身永流而不還兮譬彼流水，《九歎‧逢紛》。孤寡存只。《大招》。彷徉無所倚，《招魂》。哀枯楊之冤雛。《九歎‧怨思》。氣於邑而不可止，《九章‧悲回風》。悲莫悲兮生別離。《九歌‧少司命》。孰離合兮可爲，《九歌‧大司命》。覽方外之荒忽兮。《遠遊》。指西海以爲期，《離騷經》。魂乎無西。《大招》。廣大無所極些，《招魂》。胖獨處此異域。《九章‧抽思》。傷靈修之數化，《離騷經》。時不可兮再得。《九歌‧湘君》。羌靈魂之欲歸兮，《九章‧哀郢》。志戀戀兮依依。《九思‧傷時》。余深愍兮慘怛，《九懷‧匡機》。長大息而增欷。《九辯》六。永歎喟兮，《九章‧懷沙》。白日晼晚。《九辯》六。魂兮歸來，《招魂》。歷衆山而日遠。《惜誓》。載營魂而登霞兮，《遠遊》。出不入兮往不反。《九歌‧國殤》。歸骸舊邦杳冥冥兮，《九歎‧怨思》。悼芳草之先零。《遠遊》。心隱惻而不置，《九歎‧惜賢》。薌芷彫兮瑩嫇。《九思‧傷時》。亂曰：《離騷經》。

長離殃而愁苦，《招魂》。懷德兮何睹。《九懷‧通路》。因氣變而遂曾舉兮，《遠遊》。雲依斐而承宇。《哀時命》。奠桂酒兮椒漿，《九歌‧東皇太一》。聊逍遙兮容與。《九歌‧湘君》。垂文揚采遺將來兮，《九歎‧逢紛》。長無絕兮終古。《九歌‧禮神》。

祭王文簡公文　代郡尊李方赤太守作

維道光戊戌季夏某日〔註19〕，具官李璋煜謹致祭於王文簡公〔註20〕之靈，曰：

〔註19〕 據此，此文寫於道光戊戌，即道光十八年（1838）。

〔註20〕 王士禛，原名王士禛，字子眞，一字貽上，號阮亭，又號漁洋山人，諡文簡。山東新城（今山東桓臺）人。生平可參王掞《誥授資政大夫經筵講官刑部尚書王公神道碑銘》、宋犖《誥授資政大夫經筵講官刑部尚書阮亭王公暨元配誥贈夫人張夫人合葬墓誌銘》、李元度《國朝先正事略》卷六、《清史列傳》卷九、《清史稿》卷二百六十六、《漁洋山人自撰年譜》、惠棟《漁洋山人年譜補》。《清史稿》（中華書局 1977 年版，第 9925 頁）載：「順治十二年，成進士。授江南揚州推官。侍郎葉成格被命駐江寧，按治通海寇獄，株連衆，士禛嚴反坐，寬無辜，所全活甚多。揚州鹺賈逋課數萬，逮繫久不能償，士禛募款代輸之，事乃解。」

惟公一代名臣，千秋宗匠。政事文章，巍然時望。英年釋褐，司李維揚。哀矜庶獄，聽訟才長。寬恤孤貧，表章節義。愛士尊賢，虛懷雅誼。冶春酬唱，延攬文儒。主持壇坫，上繼歐、蘇。士仰典型，民思遺惠。立主篠園，三賢並祭。後百餘年，復有伊公。一麾出守，亮節清風。軫恤災黎，驅除孟賊。去害安民，萑苻盡殛。敦崇儒術，懋著循聲。去思未泯，配享新城。奉主僧僚，四賢同列。德業勳猷，後先媲烈。韓公增祀，鼎建新祠。永叔、子瞻，祔食肩隨。移祀二公，堂名載酒。湫隘之居，難垂永久。璋煜不敏，誼屬鄉人。權守斯郡，躅步後塵。景仰風徽，下車展謁。詳考簡篇，遠征碑碣。舊祠設主，榜額重懸。伊公從祀，典禮無愆。招集賓寮，用申妥侑。敬設几筵，罏陳籩豆。有肴在俎，有酒盈樽。靈其來格，惠我黎元。尚饗。

書文心雕龍後

《文心雕龍》一書，自來皆題梁劉勰著，而其著於何年，則多弗深考。予謂勰雖梁人，而此書之成，則不在梁時，而在南齊之末也。觀於《時序篇》云：「暨皇齊馭寶，運集休明。太祖以聖武膺籙，世祖以睿文纂業，文帝以貳離含章，高宗以上哲興運，並文明自天，緝遐景祚。今聖曆方興，文思光被」云云，此篇所述，自唐虞以至劉宋，皆但舉其代名，而特於「齊」上加一「皇」字。其證一也。魏晉之主，稱謚號而不稱廟號，至齊之四主，惟文帝以身後追尊，止稱為帝，餘並稱祖稱宗。其證二也。歷朝君臣之文，有褒有貶，獨於齊則極力頌美，絕無規過之詞。其證三也。東昏上高宗之廟號，係永泰元年八月事。據「高宗興運」之語，則成書必在是月以後。梁武受和帝之禪位，係中興二年四月事。據「皇齊馭寶」之語，則成書必在是月以前。其間首尾相距，將及四載。所謂「今聖曆方興」者，雖未嘗明有所指，然以史傳核之，當是指和帝而非指東昏也。《梁書‧勰傳》云：「撰《文心雕龍》既成，未為時流所稱。勰自重其書，欲取定於沈約。約時貴盛，無由自達。乃負其書，候約出，干之於車前。約便命取讀，大重之。」今考約之事東昏也，官司徒左長史、征虜將軍、南清河太守，雖品秩漸崇，而未登樞要。較諸同時之貴倖，聲勢曾何足言。及其事和帝也，官驃騎司馬，遷梁臺吏部尚書，兼右僕射。維時梁武尚居藩國，而久已帝制自為，約名列府僚，而實則權侔宰輔。其委任隆重，即元勳宿將，莫敢望焉。然則約之貴盛，與勰之無由自達，皆不在東昏之時，而在和帝之時明矣。且勰為東莞莒人，此郡僑置於京口，密

邇建康。其少時居定林寺十餘年，故晚歲奉敕撰經證，即於其地，則蹤跡常在都城可知。約自高宗朝，由東陽徵還，任內職最久，其爲南清河太守，亦京口之僑郡，與勰之桑梓甚近。加以性好墳籍，聚書極多，若東昏時此書業已流行，則約無由不見。其必待車前取讀，始得其書者，豈非以和帝時，書適告成，故傳播未廣哉？和帝雖受制於人，僅同守府，然天命一日未改，固儼然共主之尊，勰之飀言贊時，亦儒生之職分。其不更述東昏者，蓋和帝與梁武舉義，本以取殘伐暴爲名，故特從而削之，亦猶文帝之後，不敍鬱林王與海陵王，皆以其喪國失位而已。東昏之亡，在和帝中興元年十二月，去禪代之期，不滿五月。勰之負書干約，當在此數月中。故終齊之世，不獲一官，而梁武天監之初，即起家奉朝請，未必非約延譽之力也。至於約之《宋書》，成於齊世祖永明六年，而自來皆題梁沈約撰，與勰之此書，事正相類。特約之序傳言成書年月，而勰之《序志》未言成書年月，故人但知《宋書》成於齊，而不知此書亦成於齊耳。

康瑞伯詩話序　代〔註21〕

詩話分前後兩集者，始於阮氏閱、胡氏仔。至於前集、後集之外，又有續集、新集者，則始於劉氏克莊。然其書大抵統論歷代之詩，而不分今古，惟劉氏之新集專論唐詩，體例獨殊。後此作詩話者，遂有斷限時代，各自爲書。蓋古今風會不同，編輯者分別部居，亦辨析源流之一道也。

泰州康瑞伯廣文，敦行力學，尤深於詩。所著《伯山詩話》，分爲四集。《前集》綜論古人之詩，尚未刊行。《後集》、《續集》、《再續集》皆論今人之詩，業已授梓。據《自序》所言，前此未嘗求人作序，而今茲特問序於余。余就其已刻者閱之，歎其別裁僞體，於世俗所好纖佻浮薄之句，屏斥甚嚴，而敷陳民瘼之篇，闡發幽光之什，則首尾備載，不厭其詳。《凡例》所言溫柔敦厚，是爲詩教，表揚節孝，尤仁人君子之所樂聞，可謂識興觀群怨之大綱，而有功於風雅者已。若夫採訪文獻，補逸辨譌，因疏證詩詞而援據經史者，如通州如皋縣有會盟，原即魯哀公會宋、衛之發陽；泰州鐘鼓樓乃南唐永寧宮遺跡；泰山墩鐵錢爲李後主所鑄；永樂時古刺水用賓橫間泉水釀成；足徵

〔註21〕《泰州文獻》第 4 輯第 53 冊（鳳凰出版社 2015 年版）收錄康發祥《伯山詩話後集》、《伯山詩話續集》、《伯山詩話再續集》、《伯山詩話三續集》、《伯山詩話四續集》，均未載錄此序。

考訂宏通，非學有根柢者不辦，洵近時詩話之翹楚也。雖《前集》論古者，余未見其稿本，然《後集》、《續集》、《再續集》既能善論今人，則《前集》諒必善論古人。觀於《後集》云：「少陵『熟精《文選》理』，昌黎言『經訓乃菑畬』，東坡精於《史》、《漢》，乃能擷其精華，著爲奇作。專事性靈，豈爲篤論？」又云：「前人之成書，不知用幾許心力，後人踵事增華，而輒有操戈入室之說，此非特得魚忘筌，抑亦食果忘樹也。」《續集》云：「論詩者宜平允，不可預存一厚古薄今之見。果其各有見地，安知不可並軌前賢乎？」《再續集》云：「說詩者難於不存成見，唯搜羅散佚，不沒人之苦心，則管見之是窺，未始非芻蕘之一得也。」即此數條以推之，則《前集》論古持平，可想見其大概。杜工部詩云：「不薄今人愛古人，清詞麗句必爲鄰」〔註22〕，此書之意指，庶幾其近之歟？異日者，《前集》補刻，《新集》增刊，俾讀者獲展全函，則名山之盛業益臻美備，余更樂睹其成書焉。

書《日知錄》論時文各條後

世之言制義者，述其體裁則曰「代聖賢立言」〔註23〕，推其源本則曰「以經史爲根柢，古文爲楷模」。然能爲此言者極多，能踐此言者甚少，豈特以其於聖賢之道，僅傳諸口耳而不體諸身心哉？又豈特以其於經史古文，僅託諸空談而不求諸實際哉？蓋以制義之體裁源本，彼固未嘗研究，無怪乎終身由之而不知其道也。

近代通儒洞徹古聖賢之微言大義者，莫過於顧亭林先生，其經史古文之學，固屬博大閎深，即制義之體裁，亦必窮源探本。蓋先生雖不屑以制義鳴，而制義之本末源流，惟先生辨之最審，雖專門名家者不能逮也。觀於《日知錄》論制藝各條，體裁皆溯明初之制，其謂明初《四書》疑問，係問經中疑義，取其就疑義剖析，即宋、元時之經疑。卷十六「經義論策」條，云：「《太祖實錄》：『洪武三年八月，京師及各行省開鄉試，初場《四書》疑問，本經義及《四書》義各一道。』」自注云：「元制有《四書》疑、本經疑，洪武三年開科，以《大學》『古之欲明明德於天下者』二節、《孟子》『道在邇而求諸遠』一節，合爲一題，問二書所言平天下大指同異，此即宋時之法。」此制義體裁近於經解之證也。其謂明初試文，自攄所見，可引證前史以論時事。卷

〔註22〕 語見杜甫《戲爲六絕句》其五。
〔註23〕 語出方苞《進四書文選表》：「而況經義之體，以代聖人賢人之言。」

十六「試文格式」條云：「篇末敷演聖人，言畢自攄所見，或數十字，或百餘字，謂之大結。明初之制，可及本朝時事。」此制義體裁近於史論之證也。其謂明初舉子業，與儒宗宿老之文章若合符節。卷十八「舉業」條云：「林文恪《福州府志》曰：『余好問長老前輩時事，或爲余言林尙默，方遊鄉序，爲弟子員，即自負其才當冠海內士云。然考其時，試諸生者則楊文貞、金文靖二公也。夫尙默當時所習，特舉子業耳。而楊、金二學士皆文章宿老，蔚爲儒宗，尙默乃能必之二公若合符節，何哉？當是時也，學出於一，上以是取之，下以是習之，譬作車者不出門，而知適四方之合轍也。』自注云：「尙默名志，閩縣人。永樂壬辰進士。鄉試、會試皆第一，殿試一甲第二名。」此制義體裁近於古文之證也。

自洪武十七年罷四書疑，增四書義，經義大率就本文敷衍，而罕有屬詞比事，剖析異同。卷十六「經義論策」條云：「至十七年，『命禮部頒行科舉成式，第一場四書義三道，經義四道』，蓋與初詔求賢之法稍有不同。四書疑猶唐人之判語，設爲疑事以觀其學識也。四書義猶今人之判語，不過得之記誦而已。」於是制義體裁，漸與經義遠矣。自萬曆以後，大結僅止數語，不但不得言及時事，即前代事，亦不欲言。卷十六「試文格式」條云：「以後功令益密，恐有藉以自衒者，但許言前代，不及本朝。至萬曆中，大結止二三句。」於是制義體裁，漸與史論遠矣。自成化以後，長題少而單句題多，作者率以八股立局，流俗遂改稱經義爲八股。卷十六「試文格式」條云：「經義之文，流俗謂之八股，蓋始於成化以後。股者，對偶之名也。天順以前，經義之文不過敷衍傳注，或對或散，初無定式，其單句題亦甚少。成化二十三年，會試『樂天者保天下』文，起講先提三句，即講『樂天』，四股；中間過接四句，復講『保天下』，四股。復收四句，再作大結。故今人相傳，謂之八股。若長題則不拘此。嘉靖以後，文體日變，而問之儒生，皆不知八股之何謂矣。」於是制義體裁，漸與古文遠矣。前之所以去經史、古文近者，因其代聖賢立言者甚簡，大都宛肖語氣，如題而止。其推闡發明，不啻經說經解。上則取法於漢唐箋疏，次則取法於宋時講義，故體格不期其高而高也。後之所以去經史、古文遠者，因其代聖賢立言者太繁，大都添設語氣，溢於題外。其推闡發明，無非自說自解。上則如傳奇、平話之鋪陳，下則如演劇、彈詞之賓白，故體格不期其卑而自卑也。然則少用代字訣，而多用己意斷作者，沈氏彤校《日知錄》「經義論策」條，引《明太祖實錄》云：「四書義限二百字以上。」今按：四書義二百字即可完篇，而大結多者可至百餘字。上下再除去破題、承題等項，其餘入口氣者固無多矣。工於代聖賢立言，且善於推闡發明，而無異於經史、古文之學者也。多用代字訣，而少用己意斷作者，拙於代聖賢立言，且不善於推闡發明，而大異於經史、古文之學者也。

是故經史、古文者，制藝之源本；制義者，經史、古文之末流。據源本以推末流則易，循末流以尋源本則難。而世之見小欲速者，率捨易而就難。自來作經解史論以及各體古文者，無論大小長短，莫不全篇。而作制義者，則枝枝節節，而爲之自比於得寸得尺之計。甚至以高頭講章爲經術、粗豪議論爲史才、鉤串小技爲古文法程，膚廓陳言爲聖賢語氣，而制藝日趨於庸陋，無復先正遺風。間有先致力於經史、古文，然後從事於制藝者，發筆即作全篇，聞者多震而驚之，以爲異事。若夫用今日制義之體裁，而能參以經解之疏通證明、史論之比例斷制、古文之波瀾意度，以發明大義，推闡微言，其風格高騫，尤爲難能可貴。而閱者往往反加嗤點，謂之不合制義體裁。此不獨貪常嗜瑣者有是言也，即以古文自負者，亦不免焉。彼其從事古文，仍由時文入手，未向經史究心；其從事時文，止就新格揣摩，未取陳編探索；宜其高談制藝而不識體裁矣。讀顧氏之書者，尚其憬然覺悟，審察制義之正變升降，而勿囿於流俗之言哉。

南征記傳奇序　代

《東坡志林》有取於王大年之言，謂：「塗巷中小兒聽說古話，聞劉玄〔註24〕德敗，有出涕者。聞曹操敗，即喜唱快。以是知君子小人之澤，百世不斬。」旨哉斯言！足證直道自在人心，雖稗史猶存公論矣。

況乎仁賢必當有後，本天道之好還，而運數或不能齊，好事者恒欲彌其闕陷。是故楊無敵子孫，則言其能復耶律之讐也；岳鄂王子孫，則言其能繼朱仙之績也；于少保子孫，則言其能辨奪門之妄也；曾總制子孫，則言其能成復套之勳也。甚至衍述蜀漢之事者，謂北地王遇救獲全，既而起義中興，翦除曹、馬，一時翊運佐命者，仍出自諸葛、關、張、趙、馬諸家。閱者明知其爲子虛烏有之談，然猶撫掌雀躍，津津樂道者，豈非以其有合於章癉之大義也哉？

《南征記》之作，所敘者郯國羅勇公裔孫之事也。唐初功臣，果毅忠壯者以郯公爲最著，惜其未及見太宗之嗣統，遂不獲圖像凌煙，與馬伏波之弗列雲臺同爲憾事。今得此記爲之鋪張點綴，覺郯公之功烈所以垂蔭其後世者，實與褒、鄂並驅而爭先，以視張亮、侯君集之矜竊榮名，終歸刊削者，相去不啻霄壤。而其捭闔縱橫之致，清商變徵之聲，能使千載精神勃勃紙上，足

〔註24〕玄，原作「元」。

以作勇敢之氣而激忠義之心。古人謂聞磬則思封疆，聞鼓鼙則思將帥〔註25〕，作者欲借優孟之描摹，動婦孺之觀感，其用意殆本乎此。慘澹經營，良工心苦。度曲之精，特其餘事矣。昔劉文清公告英煦齋相國，謂每於說部瑣事中悟出正道〔註26〕。然則閱斯記者，盍亦作如是觀歟。

〔註25〕按：《禮記‧樂記》：「君子聽鼓鼙之聲，則思將帥之臣。」《史記》卷二十四《樂書》：「君子聽磬聲則思死封疆之臣。絲聲哀，哀以立廉，廉以立志。君子聽琴瑟之聲則思志義之臣。竹聲濫，濫以立會，會以聚眾。君子聽竽笙簫管之聲則思畜聚之臣。鼓鼙之聲讙，讙以立動，動以進眾。君子聽鼓鼙之聲則思將帥之臣。」

〔註26〕劉墉，字崇如，山東諸城人。劉統勳之子。乾隆十六年進士。諡文清。傳附見《清史稿》卷三百○三《劉統勳傳》。英和，字煦齋，索綽絡氏，滿洲正白旗人，尚書德保子。《清史稿》卷三百六十三有傳。英和《恩福堂筆記》卷下《劉文清公博通》（北京古籍出版社 1991 年版，第 54 頁）載：
劉文清公熟於《史》、《漢》，博通前人詩古文詞，尤精內典，旁及說部。一日侍坐，謂余曰：「曾閱坊間小本平話否？」以無暇及此對。公笑曰：「是尚未能傳衣鉢。蓋公天資超邁，每於俚言瑣事中，悟出正道。」

卷十五

李竹孫先生七十雙壽序

　　《儀禮・鄉飲酒禮》歌笙詩六篇，而冠以《南陔》。據《詩序》之說，謂「人子相戒以養」。其詞今雖弗傳，然以古義考之，則《南陔》一詩即後世壽詩之祖，《南陔》一序即近時壽序之源。蓋四方之中，惟南方實司長，著於《禮記》鄉飲酒義。故凡言南山者，大都壽考之詞。由是推之，則《南陔序》所謂「相戒以養」者，其為稱觴獻壽之事，已有明徵。觀於《文選》載束晳所補《南陔》，首引《毛詩》之序。而其詩歸重於「以介丕祉」，與《豳風》「以介眉壽」相同。是壽詩本不始自唐人，而壽序亦非創於明代，其體制固昉於周以前矣。

　　吾友李君賓虞〔註1〕說禮敦詩，熟精《選》理，蓋夙奉尊公竹孫先生義方

〔註1〕下文稱「賓虞名其齋曰李氏揚州舊選樓」，檢李祖望《鍥不捨齋詩文集》卷首
　　　有劉富曾《敘》（第1頁），稱：「吾揚江都李氏承曹、李《選》學之緒，流光
　　　積厚，彬彬繼起，代有聞人。賓丈凤昔曾傳業梅菑庵先生經學詞章，同條共貫，
　　　出入風雅，上紹前修。嘗鐫印章曰李氏揚州舊選樓，可以見其志矣。」可知賓
　　　虞即李祖望。
　　　劉富曾《敘》後有《傳略》兩篇（第2～3頁），錄自《光緒續修江都縣志》、
　　　王鋆《揚州畫苑錄》，錄如下：
　　　李祖望，字賓喁，增貢生。幼穎悟，讀書輒數行下。六歲詠蘭花，有「品超群
　　　卉外，清味有誰知」之句，祖文緩賞之，謂異日必遠於流俗。稍長，問業於梅
　　　植之，授《楚詞》、《文選》，誦習嘗至夜分不輟。又與同邑薛壽、儀徵劉毓崧
　　　友，因博覽經史，尤嗜六書金石之學。所居半畝園，雜蒔花樹，風日清美，憑
　　　長幾散帙點勘，夜則一燈熒然，持茗椀與書卷相對。咸豐癸丑，郡城淪陷，祖
　　　望奉父母徙居於外，間關兵燹中，皆以著述為事。嘗為《說文統系表》，凡分

之教，又得賢母魏太孺人慈訓之勤，是以學行兼優，增隆堂構。道光庚戌八月，先生與太孺人偕慶七旬，同人咸賦壽詩，而屬毓崧爲序〔註2〕。竊念先生之清修醇德，太孺人之壼範母儀，以及家室之肅雍，子孫之雋異，諸詩言之詳備，無庸更贊一詞。惟是朋輩賦詩，取義於相戒以養。作詩者固貴合《南陔》之旨，綴序者亦當核《南陔》之名。

謹按：「陔」、「戒」因聲近而引申，究非初義。段懋堂釋「陔」爲「階次」，其訓本於《說文》。然釋束氏所補《詩》，云：「循彼南陔，厥草油油。眷戀庭闈，心不遑留」，是南陔與庭闈本非一地，段說雖合於許君之解，而未合於束氏之詩也。若夫《文選注》以「隴」釋「陔」，其說出於聲類，與束氏之詩意似屬相符。然而鄭君箋《詩》注《禮》，於漢時已未釋「南陔」之訓，則束氏

四類。前表列庖犧至西漢諸儒，正表列許愼、許沖、尹珍並六朝以來傳說文之學者，後表列呂忱、張有諸人說許書而宗旨別者，附表列校刻《說文》之人。又以金壇段氏若膺分古韻爲十七韻，因博採音訓，申釋段氏之義，爲《古韻旁證》十四卷。又以陸、孔諸生校唐石經，並採國朝顧、惠、錢、段諸家考證之說，凡磨改旁增者標明之，爲《唐石經箋異》九卷。任氏大椿著有《小學鉤沈》，祖望甄採異文，校正異字，增引序跋說部證之，爲《小學鉤沈篇目考證》六卷。《說文》重文有或省或不省、或如此或非是、或從某或從某聲諸例，祖望折衷經史，並採周秦漢魏之書，辨其異同，以明通假之例，爲《說文重文考》十六卷。又仿孫氏星衍《訪碑錄》例，爲《江蘇碑目紀略》六卷。又取段、惠、錢、江諸儒著述能闡明許書義例音訓者，彙刻之，爲《小學類編》三十六卷。又編所著詩文爲《鍥不捨齋詩文集》八卷。粵寇平，返郡城，舊居燬於賊，別葺屋以居，亦有園林之勝。祖望幼即善畫，尤工山水，蕭散清幽，得倪、黃筆意。嘗分纂郡志，又嘗從事淮南書局，後進多師事之，卒年六十八。子三：汝鱗、汝甲，皆諸生。

李祖望，字賓嵎，江都增貢生。邃於經史小學，嘗欲爲《說文統系表》，凡列四類，自庖犧以訖校刻說文之人，分類臚列。又以段氏所分古韻十七部，博採音訓，爲《古韻旁證》及《任氏小學鉤沈篇目考證》。又《說文重文考》、《唐石經箋異》、《江蘇碑目紀畧》、《鍥不捨齋詩文集》，皆未刊。所刊《小學類編》，風行海內。爲人樸厚，與斅善。斅著《十二硯齋金石過眼錄》，賴其贊助，又冠之以序。工畫山水，卷軸之氣溢於楮墨，蓋秉耳山先生家學也。光緒七年卒，年六十八。

稱李祖望爲「賓嵎」，亦見於他處。如陳立《句溪雜著》卷二《三年導服說》（清同治刻光緒陳汝恭續刻本。《清代詩文集彙編》第632冊所錄爲清光緒十四年廣雅書局刻本，未載此語），文後云：「吾友李賓嵎、黃愼臺、薛介伯皆有說，未知異同若何也。」何紹基《東洲草堂詩鈔》卷三十《示書局諸君子王治軒李賓嵎郭堯莊希祖次方夢園都轉用昌黎韻》（曹旭校點《東洲草堂詩集》，上海古籍出版社2006年版，第842頁）。

〔註2〕據此，知此文作於道光庚戌八月，即道光三十年（1850）。

補笙詩於晉代，未必果得詩人之心。今考「陔」與「垓」、「畡」均係亥聲，古字通用。《說文》「垓」字下云：「兼垓八極地也。」韋氏《鄭語注》云：「九畡，九州之極數也。」「垓」與「畡」俱有極義，故極訓亦可施之於「陔」。《南陔》既爲獻壽之詩，則說《詩》者不妨訓「南陔」爲「南極」矣。《史記‧天官書》云：「有大星曰南極老人，常以秋分時候之於南郊。」鄭君《周禮‧太師‧注》云：「南呂，酉之氣也。八月建焉，而辰在壽星。」《通典》引《月令》云：「秋分日享壽星於南郊。」注云：「壽星，南極老人星。」以諸書參互證之，南極爲壽星之主名，秋分爲八月之中氣，故生於仲秋之月者，上應南極而多壽焉。今先生與太孺人誕生之年，皆在乾隆辛丑。是歲八月初六日，節屆秋分，先生以是月十五日懸弧，太孺人以是月初九日設帨。適逢南極初見躔度，並値壽星。其爲同躋壽域之祥，昭然易識。加以每遇庚年八月，俱爲稱慶之期。《釋名》謂「庚」爲「堅強」，《爾雅》謂「八月」爲「壯」，故先生與太孺人期頤偕老，即此已兆其端。吾黨祝上壽而賦《南陔》者，孰不卜長庚而占南極也哉！且「陔」有極義，其數最多，故《孫子算經》云：「凡大數之法，萬萬曰億，萬萬億曰兆，萬萬兆曰京，萬萬京曰陔。」夫古之善頌遐齡者，必曰壽算無極。其以《南陔》名詩之篇目，寓意本在衍策添籌，誠願其日引月長，甲子循環而莫罄也。然則先生與太孺人共享南陔之壽，豈尋常算數所能測耶？況南陔既爲笙奏，而笙字由生得聲，故鄭君注《儀禮》、《周官》，屢以「笙」、「生」爲訓，則笙詩用於生日，亦理之所宜。《文選》以束氏所補笙詩列於諸詩之上，是昭明所選，早有生日之詩矣。至於《選》學之流傳，以吾揚爲尤盛。而世濟其美者，莫若李、魏兩家。先生之族出自高陽，與崇賢、北海之宗枝一本。太孺人之族出自畢萬，與拾遺、員外之郡望同源。賓虞名其齋曰李氏揚州舊選樓，且鐫諸小印，蓋以《文選》固其家學，不啻箕裘弓冶之相承也。今茲據《文選》以釋「南陔」，而引證於南極壽星之象，推衍其算數，藉展區區頌祝之忱，當亦先生與太孺人所樂聞，而賓虞所心許者歟。用是不揣固陋，揚搉以陳，竊比於小序之文，以申釋諸君子之詩意云爾。

吳太守六十壽序　代

古名臣以壽考稱者，代不乏人，大抵有非常之功，斯有非常之福。而德政之巨者，莫過於救荒。其施惠愈深，則受祉愈遠。蓋人情無不欲壽，而「天

地之大德曰生」，惟仁者體天道以好生，躋斯民於仁壽之域，天必錫之上壽，以報其功。感應昭然，固理之可信者也。

吾揚太守吳公〔註3〕，家本巨族，世德相承。高祖力堂先生，出粟以賑鄰

〔註 3〕 《同治續纂揚州方志》卷六《秩官》「揚州府知府」載（《中國地方志集成‧江蘇府縣志輯》42，第 710 頁）：

吳葆晉 固始人。進士。二十五年任。二十九年再任。

陳延恩 新城人。二十八年任。

魏亨遠 直隸人。三十年任。

吳葆晉《半舫館剩稿》卷首有其外孫張錫珪撰《賜同進士出身誥授中議大夫贈通議大夫署江蘇按察使鹽運使銜淮海河務兵備道恤贈太常寺卿世襲騎都尉大祀昭忠祠奉旨建立專祠吳公傳》（《清代詩文集彙編》第 571 冊，第 124～127 頁），載：

自榮公生宏緒公，是爲公高祖，號力堂。（下略）曾祖諱用列，號牧伯，歲貢生，淇縣訓導，當世稱南長先生。大父諱士功，號凌雲。（下略）父諱玉綸，號香亭。（下略）己巳十一月，授揚州府。公貌嚴重，部民擬爲包孝肅，皆望而生畏。接見時則藹若春風，故士民無不畏咸懷德。是冬，極寒，運河凍糧，舫不能行，公捐貲雇船，率屬打凍，晝夜河干，齅以呵氣成冰，不少休也。郡城俗尚繁華，婦女不事女紅，公倡捐廉銀三百，復勸寅僚巨室集千金，在平山堂下多種桑樹。頻年，署內春屬養蠶結繭數十萬，飭鄉保按戶分給以勸蠶，由固始帶紡車式仿，置給民，以勸織布。淮南商獲私販，送官治罪，計案以饋，凡邏獲無，得釋。其實悉愚民逐什一，以謀升斗者。公曰：「刑罰，所以佐教化。施之當，日殺百人，退而安寢；施之不當，一笞一杖，亦不可枉。況有賂乎不受。」終公任，以私販罹罪者絕少，而課無稍減。丙午，屬之昭關，車邏兩壩，泄水勢。裡下兩河地極窪，農田悉有土圍，防水患也，時稻將熟，開壩雖破圍，祗傷禾稼，河決則淮揚悉成澤國。愚民無知，咸攜農器爲兵，以繩纏竹爲銃，臥壩上，以抗拾磚石，瞥見吏役，即擊之。水勢益甚，制軍檄德參戎，督兵五百，會公剿辦。比至壩，民仍臥守，參戎欲進。公曰：「是愚民知護田而不知法耳，必有土棍爲之倡，藉以斂資者。兵動則玉石不分，安忍使我良民悉罹兵刃？請緩須臾。」復派幹役懸重賞，竟獲爲首者，民即解散，事獲寢。非公慈心鎮靜，所傷必多，一轉移而保全無算矣。歲以水災饑，詳請賑恤。公深知賑務之弊，取先賢所著《荒賑圖說》，因時就事，增損行之，不辭勞瘁，事必躬親，嚴勵僚屬紳董，以將事書役輩不能染指。其不肖者，造危語思中傷公，聞於撫軍，委員密查，公知之，坦然曰：「無論何事，總須任勞任怨，方克濟。況賑爲民命所關乎？我盡我職，聽之可也。」無慍容，撫軍以委查，轉知公實心任事狀，遺書慰勞嘉獎，公曰：「是吾責也。奚足異？」無喜色，汪洋大度，有古大臣風。賑畢，民無流亡者。十月，兼護常鎮通海道，督理揚州，由閘關稅務。十二月，改爲署理，交卸府篆。己酉，東壩決，大憲以委員屢辦無效，五月檄公帶印前往，堵築東壩。非公所屬，事經多次不能辦理、民視抗官爲常，壩上之民與壩下之民又情形互異。蓋壩上利在不築，壩下利在速築。既不可以督責嚴，又不可以撫勸弛。公先撫勸而後督責，寬嚴並用，悉中其要。壩歷百餘年，無工程，無熟悉河務之人，無治河器具，恐謂河工員弁兵役糜帑

里。曾祖南長先生，施粥以拯水荒。祖湛山中丞，蒞官所至，以民食爲根本，尤重救荒。考香亭侍郎，敭歷中外，凡遇會議賑濟之事，皆極力主持。四世相承，後先濟美。公至性純孝，善繼前徽。以名進士，選值薇垣，超擢侍讀。文章道德，久爲臺閣所尊。及出守廣陵，權攝都轉與關榷，士民商旅共仰其慈和。而濟人利物之宏施，以荒政爲最大。戊申、己酉，兩遇洪水橫流，揚民得以保全者，皆公之賜也。

庚戌三月日，爲公六十誕辰〔註4〕。其時在國制之中〔註5〕，士民不獲躋堂祝壽。是歲五月，公調任金陵，某等謹爲文以送公行。竊謂救荒之法，昔人皆推富文忠、趙清獻。文忠之治青州也，河朔大水，民流京東。文忠勸民出粟，益以官廩。明年，麥大熟，流民各以遠近受糧而歸，凡五十餘萬人。清獻之治越州也，吳越大饑，民多轉徙。清獻出官廩，平其價以糶。次論富人出粟，而以家貲先之，民樂從焉。故越人雖饑而不怨。吾揚連年被水，不減於宋時青、越二州，而公所以綏輯撫循，實足以繼文忠、清獻。此八邑黎民之公論，非二三紳士之諛詞也。張芸叟之稱文忠曰：「嘗見其與一所厚書云：『在青州二年，偶能全活得數萬人，勝二十四考中書令遠矣。』」〔註6〕曾南

必多，即躬親董理，細心籌畫，不作大員氣習，櫛風沐雨，日往來於河干，事事核實。逾月合龍，民咸德焉。東壩經水後潮濕甚，又值盛暑烈日薰蒸，隨去幕友丁役，無不病回。署延醫爲之調治，皆愈。惟幕友章君，病半載始瘥。一家丁、一廚役受病過深，醫藥無效而卒，厚恤之。公以受暑濕亦病，雖醫藥旋瘥而病根伏矣。七月交卸常鎮道並揚，由關部篆。八月，回揚州府任，庚戌二月，淮南綱鹽改行票運，實任都轉，未能即來。鹽政以公在揚，久熟鹽務，檄公兼署兩淮鹽運使。南綱改票便於民，而不利於鹽務之蠹，阻撓者眾。公排眾議，力任其難，南綱改票自此始。五月，實任都轉。來得瓜代，調任江寧府知府。公守揚六載，勵僚屬以廉吏役，以嚴試士。以公撫民以惠，士民感懷，爲公祀，長生錄位。行時，臥轍攀轅，焚頂以送，皆泣下，公亦淒然。（下略）與文中所敘「世德」，及下文云「（庚戌）五月，公調任金陵」，均相符合。據此，吳公當即吳葆晉。

至於文章代誰而作，由於文中僅提及「某等謹爲文以送公行」，尚難考定。

〔註4〕知此文作於庚戌，即道光三十年（1850）。

〔註5〕《清史稿》卷十六《仁宗本紀》：「己卯，上不豫，鄉夕大漸。宣詔立皇次子智親王爲皇太子。日加戌，上崩於行宮，年六十有一。」「日加戌」即戊子，知道光皇帝崩於1850年2月25日。

〔註6〕張舜民，字芸叟。《全宋文》第83冊錄其文八卷，未載此。檢葉夢得《避暑錄話》卷三（上海古籍出版社2012年版，第138頁）載：

富鄭公爲樞密副使，坐石守道詩，自河北宣諭使還，道除知鄆州，徙青州，讒者不已，人皆爲公危懼。會河北大饑，流民轉徙東下者六七十萬人，公皆招納

豐之稱清獻曰：「其直道正行在於朝廷，愷悌之實在於身者，此不著。著其荒政可師者。」〔註7〕夫以文忠之偉績元勳，清獻之高風亮節，而芸叟、南豐所紀述者獨在於救荒，誠以仁者之愛民，惠澤爲至溥耳。某等文筆蕪陋，何敢望芸叟、南豐，而據事直書，不欲爲酬酢頌揚之語，則古今人未始不相同也。異日者，公之德望益隆，榮名益懋，掌封疆而升臺鼎，躋大耋而享期頤，則黎庶之蒙恩，正自無量。某等雖不敏，尚將珥筆縷陳，以祝長生之壽也。

淮揚觀察前署兩淮都轉郭公五十壽頌並序　　集唐文

《洪範》嚮用五福，其一曰壽。吳筠《神仙可學論》。《傳》曰：「仁者壽。」陸龜蒙《送俟道士序》。惟仁也故能昭泰，惟壽也故能長久。韋翽《仁壽鏡賦》。樂天下之人民，得與其身臻乎仁壽，李翱《賀陸大夫書》。當納人於仁壽也。夫欲人之仁壽者，劉蕡《直言極諫策》。致生人於仁壽，以爲己任。蔣偕《李司空集序》。但能致一代於仁壽之域，袁楚客《規魏元忠書》。自諧保生之仁壽。陸復禮《鈞天樂賦》。茲義也，鄭俞《性習相遠近賦》。古有明徵，蘇俛《給地過數判》。信不虛矣。李靖《上西嶽書》。靜思今者，王元貞《祭祀判》。汾陽公其人也。杜犨《郭公屛盜碑銘》。考其郡望，林寶《元和姓纂序》。蓋出周之虢叔。虢或爲郭，因而氏焉。顏眞卿《郭太保家廟碑》。紛綸前史，迤聽可尋。袁玘《射御策》。時則有若尚父汾陽王。崔梲《金沙王廟記》。令公勳冠天地，于邵《爲崔僕射與郭令公書》。輝映當時。苗晉卿《請編史冊表》。富貴壽考，繁衍安泰。裴垍《郭汾陽傳論》。宗族盛茂，樊宗師《絳守園池記》。史牒增榮。林益《五星同色賦》。維彼蘄下，符載《蘄州新城門頌》。通德爲里。史承節《鄭康成祠碑》。居是邦者，李涉《南溪元岩銘》。以盛門爲右姓。柳芳《姓系論》。冠冕之家，柳沖《請修譜牒表》。莫之與京。段文昌《武侯廟古柏文》。裔嗣承流，崔造《與權德輿書》。家傳儒業。逢行珪《進鬻子表》。累葉盛德，陳京《鄭公德政碑》。其所從來遠矣。陳貞節《明堂議》。公才蔚量碩，邵眞《義井記》。博識洽聞。韋承慶《上東宮啓》。於伯季之間，肄文史，考故實甚精。崔祐甫《穆氏四子講藝記》。應以塤篪，

之。勸民出粟，自爲區畫，散處境內。屋廬、飲食、醫藥，纖悉無不備，從者如歸市。有勸公非所以處疑弭謗，禍且不測。公傲然弗顧，曰：「吾豈以一身，易此六七十萬人之命哉！」幸行之愈力。明年，河北二麥大熟，始皆繦負而歸，則公所全活也。於是雖讒公者亦莫不畏服，知不可撓，而疑亦因是浸釋。公在政府不久，而青州適當此變。嘗見其與一所厚書云：「在青州二年，偶能全活得數萬人，勝二十四考中書令遠矣。」張侍郎舜民嘗刻之石，余舊有模本，今亡之，不復見。

〔註 7〕語見曾鞏《越州趙公救災記》，載《元豐類稿》卷十九。

郭邁《人不易知賦》。接武鳴躍。息夫牧《宴餞詩序》。既居庠序，馮伉《解補學生奏》。仍頒廩粟，李宏皋《復銅柱記》。邑里有聲。杜兼《陳設印綬判》。乙未，林罕《字源序》。見舉於鄉，閻權寅《獻鄉貢進士判》。歌鹿鳴之章。蕭昕《鄉飲賦》。即以丙申歲，皮光業《吳越王廟碑》。自擢桂禮闈，高適《皇甫冉集序》。考登上第。李騭《徐襄州德政碑》。戊戌，孫光憲《白蓮集序》。對策甲科，韓休《蘇頲集序》。改爲翰林供奉，李肇《翰林誌序》。編修是著。劉岳《任官疏》。凡有撰製，裴延翰《樊川集後序》。石渠、金馬之文章，趙瑩《修唐史奏》。若藻曜而高翔。徐浩《書法論》。俾分校於瀛洲，令狐綯《薦李群玉狀》。經鳳池而閱視。鄭顥《進科名記表》。以起居紀錄，朱子奢《諫觀起居紀錄表》。兼修國史。劉子玄〔註8〕《史通序》。與同職官員等共議纂修，趙鳳《上實錄奏》。得以審詳。李谷《請政事封付史官疏》。書事簡要，陳叔達《答王績書》。臺閣之上聲華益高。李虞仲《授王政雅等郎中制》。宣宗皇帝，錢翊《爲崔相公論除授表》。旁求俊異，高祖《擢史孝謙詔》。故臨軒命書，文宗《試制舉人詔》。題目出自宸衷，高鍇先《進五人詩賦奏》。等列標名，韋澳《解送不分等第榜文》。定其品格，朱景元《唐朝名畫錄序》。簡拔尤重。韋處厚《翰林院壁記》。歲次癸卯，樂朋龜《賜陳敬瑄鐵券文》。所試詩賦辭藝精通，皆合本意。昭宗《覆試進士策》。升贊善之資，徐鉉《送陳翊序》。乍春坊而視事。賀蘭恒《卒史有文學判》。或自右入左，賈緯《自訴奏》。優游學府，蔚爲詞宗。杜頠《兵部尙書壁記》。歲次甲辰，潘炎《冊雍王爲太子文》。復考進士文策。張楚《與達奚侍郎書》。己酉歲，舒元輿《御史臺中書阮記》。貢闈取士。任贊《請先考試貢舉人表》。新差考試之官，竇儀《條陳貢舉奏》。聿先精擇。賈季良《卒史有文學判》。今當所薦，理合其宜。馬翊《舉抱甕生判》。能審鑒諸體，殷璠《河嶽英靈集序》。號爲得人，張倚《長才廣度策》。亦光天衢、樹桃李之秋也。陳章甫《與孫員外書》。皇朝濟濟多士，高彥休《闕史序》。居翰苑者，張時敏《登鳳凰臺賦》。吉士遠託。上官遜《松柏有心賦》。入院之時，最爲後進，韋執誼《翰林院故事記》。置講習訓授之官。戴叔倫《意林序》。太史作程，王儲寅《賓出日賦》。分以師長，楊瑒《諫限約明經進士疏》。宜令教習。竇溫顏《肄武策》。公按其程課，於兢《琅邪王德政碑》。旬省月試，歸崇敬《辟雍疏》。獎成後進，趙匡《舉選議》。各盡其才。鄭方《樂德教冑子賦》。實以師氏爲請益依歸之所云。趙德《昌黎文錄序》。先奉恩旨，孫智清《請重賜勅狀》。特書殊考。盧華《請旌賞外官奏》。庚戌歲，薛文美《涇縣小廳記》。今皇帝嗣守洪業，李昉《任公屏盜碑》。選賢爲急，范榮《三無私賦》。題柱恩深。季子康《讓題劍判》。元年，齊抗《更定祭日奏》。對敭天旨，歐陽詢《大唐宗聖觀記》。得書治水。賀知章《唐

〔註8〕玄，原作「元」。

龍瑞宮記》。水之靈者曰瀆，鄭琚《濟瀆記後序》。地有四瀆，其一也惟淮，楊諫《月映清淮流賦》。中國經瀆河爲長。王延昌《靈源公廟碑》。自今辛亥至於癸丑，崔翹《請封西嶽表》。詢蓄泄之勢、劉允文《常熟塘碑》。溝洫之宜，王灣《清白二渠判》。蒞事克勤，劉存虛《不知名物判》。自嫻標準。李仲和《津吏判》。壬子歲，徐寅《寒賦》。將興版築。張思鼎《城邑判》。職此開渠，張憑《屯田不開渠判》。公俯臨決河，躬自護作。孫逖《裴公德政碑》。於是畚鍤既備，並其工而開鑿，柏虔冉《千金陂記》。書丈尺糧糧之數，度高平遠近之差。梁德裕《易縣候臺記》。待測淺深之量，王釗《字詁判》。將挹彼而注茲。宋悛《昆明池賦》。厥功既成，咸如其素。柳宗元《興州江運記》。河渠既設，控引是資。鄭昭《河卒判》。洪波砥平，盧元輔《胥山祠銘》。水便復舊。潘觀《使者徵祥記》。太歲癸丑三月，孫處元《順祐王廟碑》。清明桃花以後，遠水自然安流。劉晏《遣元載書》。當節府大賢之舉，李翰《淮南行軍壁記》。允推精練。王從敬《授李彭年舍人制》。可以備方隅之任，總廉察之權。李渤《舉嚴公素自代狀》。外道有觀察使，裴潾《請罷內官充驛使疏》。表率一方。武宗《戒官僚詔》。不有宏才，孰允茲選？沈珣《授韋損鄆州節度使制》。爰加命服，盧藻《請命服判》。擢授三品，褚遂良《諫窮問張元素出身疏》。俾承加等之榮。鄭少微《授張均等階制》。東南一方，淮海、惟揚。敬括《豫章賦》。鹽、鐵根本重務，在於江、淮。杜牧《論財賦書》。五月，吳與《漳州圖經序》。委筦榷之務。劉津《都制置新城記》。八月，殷文圭《廬州外羅城記》。陟當道觀察，統諸道鹽鐵轉運。顧況《湖州刺史壁記》。使司以公職務平，張寂《萊田不應稅判》。事無鉅細，必也躬親。封利建《李公德政碑》。夫鹽榷之重弊，獨狐鬱《才識兼茂策》。蓋以運路擁滯，私鹽撓法。呂溫《代李侍郎與韓司空書》。又緣累歲以來，嶺南用兵。夏侯孜《戶部積欠奏》。惟此犬羊屢侵疆場，浩虛舟《爲崔大夫賀破吐蕃表》。其諸道先所置店，程異《請停置鹽茶店奏》。周圍極遠，張崇訓《禁私鹽奏》。散失頗多。司徒翊《請探遣書奏》。若不改張，恐未通濟。呂琦《請疏通注擬奏》。今參詳歷代故事，段畟《請定五廟奏》。著於前史，實有舊文。馬縞《宮殿門揖讓疏》。公申勸科程，呂周任《泗州大水記》。仍仰長吏，明懸榜示，郭崇韜《請並獻書人奏》。各准條件遵行。王易簡《請頒示板樣奏》。愼選場官，李知損《陳鹽法利弊疏》。量斤論稅，李珏《論榷茶疏》。委所由定三等時估，張滂《請稅茶奏》。別以等差。何士幹《工商食貨判》。給付公憑，趙遠《請超選朝官奏》。皆鑱次第字號，崔衍《乞省請魚契奏》。一任商人興販，懿宗《恤民通商制》。從宜所適。衛芬《甕賦》。使私販者免犯法之憂，正稅者無失所之歎。劉軻《請革橫稅私販奏》。所謂君子設法，張階《無聲樂賦》。惟變能通。孔齊參《初稅畝判》。此其法也，荊浩《畫山水賦》。軍儲是切，代宗《答劉

晏讓官手詔》。幸有支持。周行先《爲盧中丞請覲第二表》。況揚州，薛升《代崔大夫諫造銅燈樹表》。江都舊邦，李商隱《爲汝南公上淮南李相公狀》。甘泉北對。薛齊《清白二渠判》。故廣陵之地，韓皋《廣陵散解》。地阨咽喉。蔡詞立《虔州孔目院記》。戶賦殷繁，桑維翰《論請討契丹疏》。以揚爲首。盧求《成都記序》。其年王展《白郎岩記》。二月，上官儀《冊殷王爲大都督文》。遐荒小丑，李君球《諫伐高麗疏》。敢肆虺毒，王密《裴公紀德銘》。塗炭生靈。高瀘《呂用之罪狀疏》。洎我公移鎮是邦，王棲霞《靈寶院記》。爰自下車，康傑《安天王碑陰》。因巡屬縣。高紹《季子廟記》。海陵紅粟，駱賓王《代徐敬業討武氏檄》。尤藉隄防。崔琮《加李業李拭招討使疏》。事繫安危，不可膠柱。姚崇《捕蝗奏》。移檄遠近，李暐《拒賊盟詞》。開陳古義，以激壯心。柳冕《答張尚書書》。無不曲盡事情，中於機會。權德輿《陸宣公集序》。於大板上件錄，當村坊要路牓示，玄〔註9〕宗《刊廣濟方詔》。使閭閻爲保，遞相覺察。李嶠《請令檢校戶口奏》。所以察出入，驗符繻。封玠《越關判》。巨猾多徒，嚴挺之《諫酺宴疏》。並應時誅擒。王忠嗣《平定諸蕃奏》。皆所以防萌杜漸，唐臨《劾杜如晦奏》。此上策也。王晙《請移降人疏》。更有土團子弟，李德裕《論幽州事宜狀》。共相保聚，以備寇賊。若令召募，立可成軍。韓愈《論淮西事宜狀》。苟能用之，足堪鎮遏。盧懷愼《夏州加兵議》。言誠則志合，義感則心齊。韋皋《誓將士文》。若不激其義心，即何以勸其効命。于公異《爲王尙書奏事表》。公英猷獨運，元稹《賀裴相公破淮西啓》。喻以大義，慰而勉之。王維《與李侍郎書》。故得上下同心，法令明一，李彭年《論刑法表》。如臂使指，若網在綱。李抱玉《讓副元帥表》。使封疆不侵，蘇瓌《中極龜鏡》〔註10〕。邊鄙不聳。范雲《將城邑判》。十一月二十七日，景沼《東林寺題名》。收復城池。高駢《回雲南牒》。畏途夷坦，段成式《好道廟記》。居人行客晨夕獲安。王播《請禁帶兵器牧放奏》。不見煙塵，公之力也。劉長卿《錢韋公序》。歲在丙辰，陶穀《紫芝白兔頌》。春三月，李寰《紀瑞》。凶渠再驚。戎昱《澧州新城頌》。維揚右都，蔣伸《授李珏揚州節度使制》。遂致淪陷。李復《收復瓊州表》。此時事勢，尤異前日。李愚《勸韓建討賊書》。在外人情洶洶，深所不安。魏謩《請臺司覆勘疏》。市里訛言，遐邇危懼。江文蔚《劾馮延巳魏岑疏》。公感憤激衷，董侹《修陽山廟碑》。屹然山立，錢眾仲《國子舞賦》。召將校謂之曰：「吾幸得備位廉察，韋慤《滕王閣記》。以臣子之道，義不辭難。李吉甫《饒州謝上表》。當官以行，何非己任？張欽敬《移鄉判》。事資捍禦，

〔註9〕玄，原作「元」。
〔註10〕當作《中樞龜鏡》，載《全唐文》卷一百六十八。《新唐書・藝文志》丙部子
　　　錄小説家類著錄蘇瓌《中樞龜鏡》一卷。

安可輒移？庾光先《兩貫判》。周章失圖，裴次元《謝恩狀》。誰執其咎？魯唐客《縣宰倉漏判》。況此賊逋藏藪澤，王景崇《誅蘇祐奏》。惡稔罪盈，張巡《謝金吾將軍表》。覆載不容，張仲素《賀破賊表》。人神共憤。令狐楚《奏節度使參辭狀》。夫軍以義集，以勇進。李磎《泗州鼓角樓記》。今天下一家，崔宏慶《解詰論》。二百餘年矣。崔杞《奏罷參酌院疏》。國家保大定功，韋岫《土賦》。運屬升平。李群玉《進師表》。天道助順，神力扶直。裴鉶《新鑿海派碑》。假令緩急，鄭覃《諫穆宗疏》。援桴鳴鼓，裴諝《諫決庶獄疏》。壯丁雲集，竇儼《上治道事宜疏》。人百其勇，士一其誠，宋申錫《李公德政碑》。吾已揣之，李昊《羊馬城記》。信所謂彼竭我盈，以逸待困，田淳《諫用兵疏》。此必勝之道也。」蕭俛《兵法有必勝疏》。以是連營義旅，王鎔《薦王師範表》。並論以勳忠，形於感激，崔行先《奏行營軍馬狀》。皆願呈其肝膽，李程《石鏡賦》。上下於是協和。李杭樂《請判懸判》。蓋以氣壯神扶，周緘《登吳嶽賦》。人皆安堵。崔融《為韋右相賀平賊表》。去邑西逾百餘里，詹敦仁《清隱堂記》。過茱萸灣，北至邵伯堰，梁肅《愛敬陂水門記》。氣連淮浦，周鍼《海門山賦》。聚氣而堅，史宏《冰井賦》。所庇護居人不知其數。潘稠《請移真源縣奏》。及維揚克定，沈顏《宣州小廳記》。閭閻載安，張蒙《李公功德頌》。願立生祠，李琪《錢公生祠碑》。群舞蹈詠。陳子昂《張君頌德碑》。歲次丁巳，高宗《冊唐臨為吏部尚書文》。七月，公乘鎔《進玄〔註11〕宗蠟書》。既分官而暌務，裴曠《廳子判》。且移軍廣陵。李白《餞副大使李藏用序》。百姓扶老提穉，載路而歌，皇甫湜《吉州刺史壁記》。邀道攀轡。徐安貞《田公德政碑》。去思之美，張次宗《請立李德裕德政碑狀》。追留再三。王延翰《天尊院畫壁贊》。麾幢既行，庾承宣《李公慰思述》。繡衣照於江原，陶翰《送王侍御序》。當三江之口。沈成福《議移睦州疏》。江自白沙、瓜步，陳鴻《廬州同食館記》。並立伊婁埭。齊澣《請開伊婁河奏》。在河之洲，高郢《沙洲獨鳥賦》。倚洪波而作鎮，張翃《潼關賦》。實為襟帶。唐璿《諫罷豐州書》。因茲蟻結蜂屯，馬勝《上封事疏》。竊據要津，樂彥禎《致兩鎮書》。前後五年，李從謙《夏清侯傳》。恃茲險阨。賀懷亮《平百濟國碑銘》。鼎魚假息，穴兔貼危。馬燧《諭晉隰慈州檄》。蓄突圍拒轍之謀，杜甫《為郭使君進形勢圖狀》。事機之來，間不容息。陸贄《論緣邊守備狀》。將期收復，李晟《誅田希鑒獻狀》。固宜察其要害，蕭穎士《與崔圓書》。扼其奔軼，崔群《請廢宿州奏》。則兵勢自盛，賊形自撓。裴度《論討李師道疏》。以公有宏算遠圖，可以折衝禦侮，武平一《東門頌》。威謀夙著，崔瑨《授張直方等將軍制》。達乎天聽。鄭宏稷《笋賦》〔註12〕。誠宜假之

〔註11〕 玄，原作「元」。

〔註12〕 語見鄭希稷《笛賦》，載《全唐文》卷九百五十八。

威柄，王涯《論用兵書》。當其奔衝，王翰《兩貫判》。節度團練兵。盧子駿《劉公善政述》。公皆統之，重分閫也。賈曾《餞張尚書赴朔方序》。凡標準地形，韓熙載《宣州新城記》。山川向背，惠寔《蠱山廟碑》。推演五行、劉知古《日月元樞論》。九宮，王起《定祀九宮儀注議》。明太乙之威神，王希明《太乙金鏡式經序》。術用八方，乃以生門爲上，司空圖《王公生祠碑》。必能使寇賊奸宄不敢窺伺間隙。獨孤及《爲李使君論李藏用有功表》。若乘虛得便，即令同力剪除，白居易《論行營狀》。言從志符，事與機會。薛逢《上中書李舍人啓》。十有一月李沛《大岯山銘》。十二日，柳璟《請續修圖譜奏》。東西犄角，駱宏義《請急攻金嶺城疏》。首尾相應，張九齡《敕都督張守珪書》。共爲表裏，蘇頲《令呂休璟等北伐制》。吐穎呈鋒，獨孤申叔《處錐囊賦》。遂使賊將寒心，李嚴《笏記》。即時蒶城而竄。劉言《收復湖湘狀》。積年逋寇，翌日殄除。馮宿《爲裴相公謝淮西節度使表》。課動朱方，謝楚《爲顏中丞謝上表》。成功一旦。陳致雍《上音律疏》。捷書上獻，鄭璘《授錢鏐爲州節度使制》。插羽而飛。劉岩夫《植竹記》。恩在報功，裴夷直《恩蔭外甥判》。亦彰異數。李珽《對祭侯判》。貂蟬冠首，吳兢《爲桓侍郎讓侍中表》。所以昭明其勳。韋挺《功臣配享議》。孔翠羽毛，自成華采。劉昫《進文苑表》。公議惟允，杜周士《代孔大夫乞覲表》。禮實宜之。邢宇《拜命布武判》。天子以淮海多虞，黎人未乂，賈至《送蔣十九丈序》。非威懷並舉，不可以綏靖封疆。崔珝《授柳仲郢節度使制》。寄託之隆，徐有功《論天官秋官表》。於是乎在。王鐸《加穆棲梧等柱國制》。公既至理事，李方郁《修中嶽廟記》。勤恤人隱，白敏中《堯祠記》。是咨是謀。李濆《荇溪新亭記》。凡有益於人者，韋煥《湖山廟記》。擇善而從，啖助《春秋統例自序》。遂得下情上達。馬裔孫《免史在德言事罪詔》。知師旅之後，版籍徒懸。司馬滔《省官員判》。自軍興以來，賦役繁重。李冉《舉張嚴自代表》。舊不應稅，今則有徵。任璆《萊田不應稅判》。歲月滋深，因循久弊。薛玨《請禁淹留館驛奏》。費捐無限極，裴守眞《請重耕織表》。名目滋章。杜元穎《茂才異等策》。託公寄私，羅讓《才識兼茂策》。可謂公私巨蠹。趙需《論復用盧杞疏》。此救弊之所急也。尹暢《賢良策》。公乃從容言曰：竇公衡《山陰述》。「繭絲之稅，韋紓《栝郡廳壁記》。江鄉爲重。羊士諤《代人行在起居表》。若使罄山採木，竭澤求魚，張延朗《請節國用表》。非惟紊公，當且害物。何光乂《進策》。再有騷動，其誰克堪？常著《附貫五年復訖判》。弘〔註13〕羊可烹，穆質《直言極諫策》。故事猶在。」郭行餘《移劉樓楚書》。乃去鄉胥之啄害良民，鄭吉《楚州南門記》。逐好利之徒，王損之《飲馬投錢賦》。退搭克之吏，張泌《上後主書》。罷無名之斂。陳諫《劉晏論》。一切勒停，崔戎《請勒停雜稅奏》。將

定差科，切在均一。崔俊《請定稅額奏》。使穀不過藉，人斯樂輸。成震《稅斂多於什一制》。貧弱是憂，鄭楚容《圭田判》。亦不在抽取之限。穆宗《量抽陌錢詔》。苟有違越，必議科繩。宣宗《兩稅外不許更徵詔》。親勸富豪，張嘉貞《李懷仁德政碑》。盡令出粟。戴冑《請建義倉議》。兼量事賑貸，劉思立《諫農時出使表》。致眾庶之歡。康沈朗《霓裳羽衣曲賦》。使懷土知歸，趨邑如市。蘇倩之《造帳籍判》。然後重修驛署，蘇圖元《崔令尹頌德記》。繕理通衢，馬光粹《科木作道判》。令漸修立。徐堅《請停募疏》。崇墉濬洫，蔣勵己《城邑判》。以次通融作之。韋萬石《定樂舞奏》。令戶口漸殷，高馮《上太宗封事》。變邱墟爲閭里。韓雲卿《河南尹張公頌》。自是民間始獲蘇息，蘇師道《司空山記》。流離旋矣，傷夷瘳矣，而猶阜俗康民之志慊如也。張文正《歙州披雲亭記》。將宏〔註14〕富教之宜，用廣文儒之業。李乂《成都令勸學判》。使士庶觀聽有所發揚，韋嗣立《請崇學校疏》。所期福我黎元，壽我疆土，李密《思湘君廟記》。以登仁壽之理。劉珣《渭水象天河賦》。可謂說以使民，劉丹《西郭橋記》。濟育群生者矣。楊元操《難經序》。夫德行者，源也；冠裳鍾鼎者，流也。陸羽《遊慧山記》。以公有宏濟之業，袁循《黃神廟記》。所以事與時立，名與功偕，石鎮《洞庭張樂賦》。允謂宜矣。盧昌《坐於左塾判》。誠能秉汾陽之志，張謂《宋武受命壇記》。拯黎元於仁壽。王冰《內經序》。自然介爾景，福錫茲純嘏。徐彥伯《樞機論》。超昇不次，劉祥道《陳銓選六事疏》。對揚天休。信安郡王褘《請宣示御製表》。又將延彼遐齡，魏徵《九成宮醴泉銘》。資崇祿壽。倪少通《玉清觀記》。慶流渥澤，裴耀卿《賀獻長春酒表》。垂裕後昆。李大亮《王璠清德頌》。豈不盛歟？邱眞孫《工商貨幣策》。

惟八年，王祐《李公紀功頌》。歲次戊午〔註15〕，鄭欽悅《復任升之書》。時維九月王勃《滕王閣序》。二十三日，僕固懷恩《陳情表》。綏我眉壽，孫頠《春儺賦》。俄符大衍之籌。陸肱《知四十九年非賦》。其部統之內，文武衣冠，杜確《岑嘉州集序》。壽客滿堂，袁參《上姚令公書》。祝公壽考。盧頊《禱聰明山記》。顧惟不佞，張皓《藏冰賦》。蓮府周旋，崔嘏《授李渾員外郎制》。文不逮誠，王繼恭《致執政書》。才非敏贍。孫翃《文辭雅麗策》。凡所獵略，李延壽《上南北史表》。實採群言，杜佑《通典序》。因而編次之，鍾輅《前定錄序》。輒用申抒鄙意，楊倞《荀子序》。援筆成序。魏顥《李翰林集序》。當發德詠功之際，劉駕《善歌如貫珠賦》。播頌聲於管絃，湛賁《日五色賦》。釐爲十有二章。軒轅集《太霞玉書序》。其詞曰：裴振《雉尾扇賦》。

〔註14〕 宏，《全唐文》卷二百六十六作「宏」，《文苑英華》卷五百三十五所載作「弘」。
〔註15〕 據此，可知此文寫於咸豐八年（1858）。

惟嶽有神，錢昱《閩王廟碑》。生甫及申。閻隨侯《西嶽賦》。天祚積善，郭仲翔《與吳保安書》。福壽要津。劉端《北嶽廟碑》。

允膺舊德，盧象《不受徵賦》。以引以翼。劉潤《酌酒判》。揮翰金門，崔瑤《授蕭寘學士制》。謂之楷式。王琚《教射經》。

棣萼爲名，李庾《東都賦》。實生楚英。王世源《孟浩然集序》。福慶斯集，張皋《諫穆宗疏》。簪紱齊榮。麻不欺《珮賦》。

挺茲秀異，潘存實《仙掌賦》。雲霄自致。楊譽《紙薦賦》。利物爲先，高無際《井賦》。便宜從事。裴行儉《討西突厥疏》。

奮毫電飛，鄧袞《望雪樓記》。吏儸其威。鄭子春《北嶽碑》。隄防是制，盧韞價《津吏判》。蕩析咸歸。杜曉《馮行襲德政碑》。

職當綜覈，宇文鼎《劾胡潛奏》。參立新格。陳夷行《館驛疏》。商旅懋遷，石山輝《金賦》。流其德澤。房千里《知道》。

襃德進功，封希顏《六藝賦》。行乎至公。翟楚賢《觀鑄鍾賦》。式遏廣寇，李懌《封錢鏐越王制》。銘勳景鍾。裴冕《請上尊號奏》。

省傜薄賦，熊季成《種柰判》。濟時成務。馮萬石《求賢策》。福潤兆生，張元素《仙壇山銘》。永保貞固。宋璟《梅花賦》。

撫御緝綏，孔戣《奏加課料錢狀》。既合時宜。劉藏器《恤刑策》。可期俗阜，王徽《羅城記》。以洽雍熙。馮審《謝獎諭表》。

爰謀爰度，獨孤鉉《聚米爲山賦》。指畫經略。孫樵《復召堰籍》。悅以忘勞，楊佚《樂土判》。鳧趨雀躍。梁涉《長竿賦》。

憲度克揚，韋繽《讀春令賦》。道洽留棠。太宗《晉祠銘序》。永錫難老，沈東美《酌酒判》。門閥載昌。員峴《大匠改廳判》。

黎元鼓舞，唐次《祈雨》。文人唯安。堵章震《巢湖廟記》。持憲珥貂，李舟《爲崔大夫陳情表》。承天之祐。蔣王惲《卿雲賦》。

淮揚觀察前署兩淮都轉郭公五十壽頌並序　集《會昌一品集》

夫爲善者，天報以福《告示中外勅》。自求多福，《賜回紇可汗書》。以養其壽。《夷齊論》。天與之壽則壽。《貨殖論》。祈年永久，《黃冶賦》。非人壽之可儔。《牡丹賦》。必身名俱榮，福祿終泰。《折群疑相論》。考於前史，昭晰可知，《瑞橘賦序》。信而有徵。《次柳氏舊聞序》。應如影響，《異域歸忠傳序》。此物此志也。《薦處士李源表》。今又福星煥耀，《賜王宰詔》。意生人受福，《請遣使訪問狀》。永報德於仁人。

《攲器賦》。仁爲己任,《授徐商禮部員外郎制》。則益壽。《諫敬宗搜訪道士疏》。允叶人望,《舉王起自代狀》。庶臻仁壽之期,《李回宣慰三道勅旨》。惟公有之矣。《劉公碑》。公天挺奇表,《鄒平公新置資福院記》。夙稟英才,《馬公碑》。生於德門,《授鄭裔綽直宏文館制》。枝葉茂盛,《金松賦序》。派流甚遠,珪組相承,炳焯周邦,《劉公碑》。因而命氏。《改李思忠姓名製》。尚父,《讓太尉第二表》。特加美號,《與紇扢斯可汗書》。爲唐寶臣,《鄒平公新置資福院記》。勳著旂常,《劉公碑》。慶流苗裔。《授徐商禮部員外郎制》。鍾是餘慶,《鄒平公新置資福院記》。世有令名。《陰德論》。於公以容駟高閎,《授徐商禮部員外郎制》。宜生達者。《劉公碑》。稱鬱棣之藻麗,《平泉山居草木記》。美瓜瓞之所興。《改李思忠姓名製》。公年纔佩觿,《鄒平公新置資福院記》。早聞詩禮,《馬公碑》。吐論必援於經史,《劉公碑》。敘事之外自爲文章。《文章論》。祁祁青衿,《知止賦》。蔚爲儒宗詞賦之首。《牡丹賦序》。才耀奇而穎出,《授李丕汾州刺史制》。爰列嘉名。《平泉山居草木記》。鵬搏赤霄,《授李丕晉州刺史制》。驥足皆期於萬里。《馬公碑》。其義一也。《梁武論》。當先聖御極《與鄭中丞書》。十五年《奏銀妝具狀》。見萬方仁壽之期,《讓太尉第三表》。故舉得於外。《授張仲武招撫使制》。明年,《馬公碑》。丙申歲,《掌書記廳壁記》。進士。《請罷呈榜奏》。後二年,《有報論》。擢翰林院使,《劉公碑》。以備石渠,《進玄〔註 16〕宗馬射圖狀》。與史館。《論起居注狀》。歲已再期,《改李思忠姓名製》。祗奉渥恩。《進上尊號玉冊文狀》。錄於編簡,《謝宣示進朝貢圖深愜狀》。再修舊館。《條疏邊上事宜狀》。仙署重深,《劉公碑》。多識博聞。《人物志論》。綴輯舊典,發東觀藏書之室。《太和新修辨謗略序》。起居注記,《論起居注狀》。皆受命撰述,《與鄭中丞書》。實爲儒者之榮。《前試溧水縣尉胡震狀》。二三年間,位階先達,《鄒平公新置資福院記》。名居上品,《代高平公進書畫狀》。所宜異等,《賜同鶻宰相姓名製》。咨諏善道,《論劉稹勾當軍務狀》。入贊臣謨,《劉公碑》。鶵掖上僚人文大匠。《秋聲賦序》。至明年《有報論》。三月,《奏銀妝具狀》。擇士,《折群疑相論》。善大雅之知言,《積薪賦》。始謂伸於知己。《劍池賦》。己酉《再上尊號玉冊文》。八月,《次柳氏舊聞序》。其簡才之用,《掌書記廳壁記》。務得其人。《賜緣邊諸鎮密詔》。意文才高名之士,《掌書記廳壁記》。起授翰垣宰相,《與李執方書》,獲備官僚,《鄒平公新置資福院記》。嘗學舊史,《丹扆箴序》。以爲模楷。《代符澈與幽州大將書》。意惟公與二三髦士,揣摩潤色,《鄒平公新置資福院記》。皆被鮮輝,《謝恩賜縣圖碑文狀》。穎秀含聰,《鼓吹賦》。如編珠綴玉,《文章論》。條貫周備,《黠戛斯朝貢圖傳序》。誠有裕矣。《元眞子漁歌記》。庚戌,《三聖記》。今聖主《異域歸忠傳序》。照

〔註16〕 玄,原作「元」。

臨四海，《讓官第二表》。宸心向屬，《謝恩賜第二狀》。更荷新恩。《謝恩加特進階狀》。乃詔太子詹事，《點戛斯朝貢圖傳序》。從前，《昭義軍事宜狀》。職在司察，《近世節士論》。爲殿最，《論起居注狀》。准第一等例，《請准軍功格狀》。因此拔用。《論幽州事宜狀》。元年《請尊憲宗爲不遷廟狀》。辛亥歲，《黃冶賦序》。承訐俞之命，《謝賜讓官批答狀》。當被水土。《武宗改名告天地文》。二年來，《與姚諫議書》。自淮服而載馳，《畏途賦》。臨眺一川，《振鷺賦序》。水潺湲而共喧，《白猿賦》。逐風濤而沿洄。《大孤山賦》。初興功日，《請立昭武廟狀》。慮必精遠。《謀議論》。飛流灑於星灣，《望匡廬賦》。或遵流於清渠。《知止賦》。至功程畢日，《請立昭武廟狀》。百川皆注，《畏途賦》。沿流而東，《望匡廬賦序》。千里無波，《大孤山賦序》。水濟舟以行遠。《智囊賦》。癸丑歲《欹器賦序》。三月，《祭唐叔祠文》。超兩資，授憲官、《請准軍功格狀》。觀察使，《論加給俸料狀》。皆爲四品。《請增御史中丞品秩狀》。等級加恩，《請准軍功格狀》。爲正三品。《請增諫議大夫品秩狀》。五月，《畏途賦序》。議鹽鐵，《漢昭帝論》。受委既深。《讓官第一表》。八月，《三聖記》。任觀察使，日職兼鹽鐵。《奏銀妝具狀》。公之爲政，《鄒平公新賜資福院記》。論議通古今，《授鄭朗等左諫議大夫制》。以此參驗必知，《請問薄仲榮賊中事宜狀》。綜覈名實，《荀悅論高祖武宣論》。久習吏事，《請授王宰攻討使狀》。事無鉅細，《論回鶻石誠直狀》。無不備諳，《代李石與劉積書》。盡見秋毫。《授王元逵平章事制》。性甚精敏，《幽州鎮魏使制》。臨事酌量，《論起居注狀》。自有良算。《與紇扢斯可汗書》。當政賦之源，《劉公碑》。出自江淮，《賜王元逵詔》。亦兼用鹽鐵羨餘。《奏銀妝具狀》。師旅至多，費用尤重。《賜張仲武詔》。以前並是積久之弊，《潞磁令錄參軍狀》。徒有貴於繁華。《班竹筆管賦》。因循舊章，恐未爲得。《論公主上表狀》。講求理道，博盡群情。《議禮法等大事狀》。切要改張，《魏城入賊路狀》。猶慮未革梟音，敢懷狼顧。《李回宣慰三道勅旨》。再三號令，《三賜王宰詔意》。思欲布朝廷大信，解彼深疑。《代宏敬與澤潞軍將書》。倘能自新，必捨罪釁。《代石雄與劉積書》。導其善意，必合遵承。《宰相與劉約書》。桀驁皆從，《賜張仲武詔》。得懷來之上策。《論悉怛謀狀》。因此收市，深得事機。《請市蕃馬狀》。各差精強幹事官，點檢收錄，《討回鶻制》。商旅無滯。《論鹽州屯集党項狀》。其村鄉百姓，《討劉積制》。性至循良，《請何清朝等分領蕃兵狀》。衣食所資，《賜石雄及三軍勅書》。深戒有司，《贈右衛將軍李安靜制》。即宜區別。《論公主上表狀》。鼓舞而至，《舌箴》。遂能樂從。《代盧鈞與昭義大將書》。此時亦稍優饒，《奏銀妝具狀》。仍向後便爲定例。《請罷呈榜奏》。《傳》稱「公家之利，知無不爲」〔註17〕，《劉公碑》。士君子所以推公之明識也。《馬公碑》。

〔註17〕 語見《左傳·僖公九年》。

夫兵者，《幽州紀聖功碑》。足壯戎閫。《停歸義軍勅書》。亦須嚴爲備擬，善設機謀，《與點戛王書》。委其統制之權，《授張仲武招撫使制》。歸本道，《論堯山縣狀》。資其碩望，任以指蹤。《授石雄行營節度使制》。廣陵東南，《金松賦序》。既當形勝之地，實爲要害之郡。《置孟州勅旨》。其年《有報論》。二月中，《奏銀妝具狀》。狂寇憑阻，《授王宰攻討使制》。恣行攻劫，《賜党項勅書》。嘯聚叛徒，《處置楊弁勅》。火燎於原，不可向邇。《幽州紀聖功碑》。所貴鄰接之地，同力叶心，《請淮南等道置船狀》。鎮靖一方，《賜何重順詔》。以防越軼。《潞州事宜狀》。誰司其柄？公達戎機，《劉公碑》。捍彼奔衝，爲我砥柱。《賜石雄及三軍勅書》。下車逾月，《鄒平公新置資福院記》。蒞淮海屬縣，《析群疑相論》。始擒伏莽之戎，《授王元逵平章事制》。則邪計奸謀無由而入。《與點戛斯可汗書》。首創軍募，《請賜仲武詔狀》。土軍團練，《續得賊中事宜狀》。每三二千人分爲一團，如有應急使用處，便點一團令去，《論彥佐劉沔下各軍狀》。務推恩信，必盡綏懷。《李彥佐駐軍事宜狀》。但令一處指揮，自然號令齊一。《奉勅集議狀》。故得邊候不聳，封疆晏然。《賜背叛回鶻勅書》。果協良圖，《賜回鶻宰相姓名製》。爲恢復之機。《論悉怛謀狀》。至十月以後，《驅逐回鶻事宜狀》。兵集淮海。《劉公碑》。旬月之內，《代符澈與幽州大將書意》。令府城下，《潞州事宜狀》。必覆妖巢，《再賜王宰詔意》。獲賊赤頭郎，《請准軍功格狀》。際海澄廓。《重臺芙蓉賦》。公以壯猷遠馭，《幽州紀聖功碑》。夙推統御之才，《賜點戛斯書》。然後可彈壓一方，《與紇扢斯可汗書》。各保安謐。《論馬價絹狀》。「藜藿爲之不採」〔註18〕，《近世節士論》。斯言信矣。《方士論》。丙辰歲壬辰月，《懷崧樓記》。江路盜賊《請淮南等道置船狀》。乘隙搆患，《退身論》。城府空虛。《再賜張仲武詔》。當其時也，《秋聲賦》。羽檄交馳，《授石雄行營節度使制》。烽燧迭警。《幽州紀聖功碑》。密邇封壤，《代李丕與郭誼書》。鼓此浮詞，《論悉怛謀狀》。百姓不安，《與回鶻書意》。人情疑恐。《論特勒等狀》。公激義氣以虹貫，《幽州紀聖功碑》。表率庶僚，《讓張仲武寄信物狀》。屹然若山，《異域歸忠傳序》。以鎮群動。《劉公碑》。欲其安堵，《賜回鶻可汗書》。須激勸人心，《殘滅回鶻事宜狀》。申以恩威，正在今日。《三賜王宰詔意》。公曰：《幽州紀聖功碑》。「報國之忠，《宰相與李執方書》。大義斯在。《賜劉沔張仲武等詔》。況我國家，《皇帝改名製》。受福無疆，《上尊號玉冊文》。臨統萬寓。《賜回鶻可汗書》。今聖上，《代石雄與劉稹書》。天縱英明，《宰相與劉約書》。神武照臨，《謝賜錦綵銀器狀》。制置大略，盡出

〔註18〕 語出《淮南子·説山訓》，稱：「山有猛獸，林木爲之不斬；園有螫蟲，藜藿爲之不採。」其後，《漢書·蓋寬饒傳》載：「臣聞山有猛獸，藜藿爲之不採；國有忠臣，姦邪爲之不起。」

宸算，《異域歸忠傳序》。所以除暴害也。《幽州紀聖功碑》。顧其殘孽，《授王元逵平章事制》。敢為桀逆，《處置楊弁勅》。罪惡貫盈，《再賜李石詔意》。天地不容，《請賜仲武詔狀》。神人共棄。《代宏敬與澤潞軍將書》。據此事勢，《請發鎮州馬軍狀》。豈獲稽誅？《授王逵平章事制》。自古用兵，皆懸賞格。《殘滅回鶻事宜狀》。各宜感勵，成此功名。《賜石雄及三軍勅書》。如此，則人必齊心，《論彥佐劉沔下各軍狀》。即有緩急，《臣友論》。深溝高壘，《賜劉沔茂元詔》。各令邀截，便可梟擒。《賜黠戛斯書》。制勝伐謀，《李回宣慰三道勅旨》。恢宏遠略，《幽州紀聖功碑》。此兵法所謂『不戰而屈人之兵，善之善也』。」《賜緣邊諸鎮密詔意》。軍人聞此消息，《代宏敬與澤潞軍將書》。士有鬭志，《賜王元逵何宏敬詔意》。人懷義心，《代符澈與幽州大將書意》。用壯軍聲，《授何清朝左衛將軍制》。磐石之固，《張闢疆論》。視險如砥，《代石雄與劉積書》。曾不再旬。《代盧鈞與昭義大將書》。十三日，《論侍講奏事狀》。再復舊疆，《遣王會等安撫回鶻制》。德庇下民。《論九宮神壇狀》。凡所濟活者，《論褒贈狀》。幼艾相慶，《宰相與盧鈞書》。無不感悅。《論田群狀》。非全才曠度，豈能臻於此歟？《劉公碑》。去年《代李丕與郭誼書》。七月，《奏銀妝具狀》。得罷繁務，《讓官第一表》。且守舊秩，《讓太尉第二表》。都團練觀察處置等使。《三聖記》。淮南勁兵，《授王宰攻討使制》。兼得坐籌。《奏李丕狀公》。於是，秩視玉鈴，榮加金鈕，以奇謀而協上將，《馬公碑》。俾參戎政。《賜回鶻宰相姓名製》。兵家之法，地有必爭，《贈悉怛謀制》。便於沿江要害處置，《營請淮南等道置船狀》。具知阨塞。《進西南備邊錄狀》。江水無際，《望匡廬賦序》。於彼滄洲，《振鷺賦》。在郡之坤隅，《山鳳凰賦序》。久隔兵戈之地。《謝恩賜縣圖碑文狀》。大旆臨境，《贈王茂元司徒制》。急攻數年。《論悉怛謀狀》。訪聞近日賊中，轉更窮蹙。《賜李石詔意》。恐其計窮，必為濟河焚舟之計，《天井冀氏事宜狀》。有困獸猶鬭之心，《討回鶻制》。實係安危論。《河陽事宜第二狀》。應機在速，《賜張仲武詔意》。切須有備，《條疏邊上事宜狀》。以戒不虞。《振武節度使李順忠詔》。應接兩隅，《賜劉沔詔意》。足分賊勢。《賜劉沔茂元詔》。以十一月《劉公碑》。十二日，《論加給俸料狀》。觀釁而動，取若拾遺，《賜緣邊諸鎮密詔意》。克成茂功，《授王元逵平章事制》。覆其巢穴，《李思忠請進軍狀》。剿除醜類，《再上尊號玉冊文》。益壯東師。《賜劉沔茂元詔》。從此得並力於西邊，更無虞於南路。《論悉怛謀狀》。既殄大憝，乃疇厥庸。《幽州紀聖功碑》。榮以影纓，《授特勒以下官制》。賦妍華於孔翠。《懷鸚賦》。金貂相映，《馬公碑》。蟬綏更新。《望匡廬賦》。諒有貴乎羽儀，《孔雀尾賦》。喜氣將盛，故集於冠冕之上。《喜徵論》。豈不美歟？《與黠戛斯可汗書》。上乃賜公璽書，《幽州紀聖功碑》。坐樽俎而監淮海，《馬公碑》。俾其安輯離散，《遣王會等安撫回鶻制》。務安生靈，《授

張仲武招撫使制》。以保永安。《宰相與劉約書》。此當今之急務，教化所宜先也。《薦處士李源表》。公於是典其僚寀，重立規模，《馬公碑》。安輯疲人。《代盧鈞與昭義大將書》。亦既轉粟賑捄，《賜劉沔張仲武等詔》。審更籌度，《宰相與劉約書》。數探問事情，《討襲回鶻事宜狀》。信芻蕘之可詢。《積薪賦》。所冀博盡群議，《驅逐回鶻事宜狀》。如計劃明切，便堪施行。《請問取賊計策狀》。可委緝綏，《潞磁令錄參軍狀》。務收實效。《賜緣邊諸鎮密詔》。意物力之間，尚未完復。《奏銀妝具狀》。然輕繇薄賦，與人休息，《漢昭帝論》。但令從容排比，《論陳許兵馬狀》。徵發不難。《請於太原添兵馬狀》。拯卹屢加，《與黠戛王書》。易於指使。《請留沙陀馬軍狀》。速與修築，《條疏邊備事宜狀》。必見成功。《討襲回鶻事宜狀》。遺趾並存，事皆可驗。《賜回鶻可汗書》。安人和眾，《劉公碑》。實盡經遠之圖。《進西南備兵錄狀》。曾未一年，《代盧鈞與昭義大將書》。威惠皆宣，《劉公碑》。自然得施教化，《潞磁令錄參軍狀》。昭蘇合境。《代盧鈞與昭義大將書》。草木尚爾，況乎人心？《瑞橘賦序》。梟藻協誠，《授張仲武招撫使制》。俗必臻於仁壽。《賀德音表》。策勳之日，遷擢必殊。《再賜劉沔詔意》。言念壯猷，《再賜張仲武詔》。式崇新命。《封懷化郡王制》。懋乃休績，簡於天心。《劉公碑》。遠陳嘉猷，《宰相與劉約書》。思黎庶之乂安，《賜劉沔張仲武等詔》。則福生於內。《授張仲武招撫使制》。夏侯勝以為有陰德者，必享其樂，以及子孫；《陰德論》。虞氏以升卿名子；《授徐商禮部員外郎制》。未足儔也。《幽州紀聖功碑》。今者《攲器賦序》。九月《讓太尉第三表》。二十三日〔註19〕，《鄒平公新置資福院記》。百齡過半，《秋聲賦序》。並是良辰。《請進軍狀》。千里獻籌，《幽州紀聖功碑》。宜恢長算。《授張仲武招撫使制》。後天難老，《黃冶賦》。乃可長生。《諫敬宗搜訪道士疏》。久為仁壽之鄉，《討劉稹制》。嘉客來萃。《鼓吹賦》。余頃歲重臺，《芙蓉賦序》。以金蘭之契，《劉公碑》。情義至深。《賜背叛回鶻勅書》。用叶一心，《賜黠戛斯書》。笙竽合奏。《聖祖院石磬銘》。不揆淺薄，《進侍宴詩狀》。忝授簡之思。《鄒平公新置資福院記》。惟次舊聞，《次柳氏舊聞序》。稍以詳備。《進黠戛斯朝貢傳圖狀》。宜刻金石，《幽州紀聖功碑》。挹芳烈於前賢。《掌書記廳壁記》。乃為歌曰：《畫桐花鳳扇賦》。

聖德廣運，《謝賜錦綵銀器狀》。氣志如神。《上玉冊尊號文》。仰思宸睠，《謝不許讓官第二表》。執憲之臣。《近世節士論》。臨機應變，《請賜劉沔詔狀》。才識出人。《議禮法等大事狀》。榮恩並濟，《宰相與盧鈞書》。委之撫循。《賜何重順詔》。日彰惠政，《宰相與劉約書》。義動人倫。《論田群狀》。愛其所憩之樹，《平泉山居誡子孫記》。感松柏兮得真。《柳柏賦》。華靈芝與賓連，《瑞橘賦》。發奇彩之彬彬。《通犀帶賦》。列昆

〔註19〕 今者乃戊午年，參下篇注。

壚之瑤宴，《畫桐花鳳扇賦》。從偓佺之所珍。《眞容贊序》。故特稟於間氣，《懷鴉賦》。與造化之齊均。《班竹筆管賦》。延清輝於月觀，《懷崧樓記》。而光景常新。《文章論》。並榮華之昭灼，《鼓吹賦》。況恬養以保身。《智囊賦》。念棣萼之方韡，《賜李思忠姓名製》。齊天年於大椿。《積薪賦》。

淮揚觀察前署兩淮都轉郭公五十壽頌並序　集韓文

《易》曰：「視履考祥。」《雜說二》。《詩》曰：《守戒》。「愷悌君子，求福不回。」《與孟尙書》。《書》又曰：「樂只君子，德音不已。」《上崔虞部書》。君子得福爲恒，《與衛中行書》。興愷悌之風，《潮州請置鄉校牒》。邁茲令德。《除崔群戶部侍郎制》。百姓安樂壽考，《論佛骨表》。仁壽之域以躋。《賀慶雲表》。既壽而康，《盧夫人碑》。則順而祥。《原道》。神明所扶持，《上張僕射第二書》。以鴻厥慶。《太尉韓公碑》。其事信，其理切。《上於相公書》。考於傳記，《南海神廟碑》。古書得其據依，《科斗書後記》。昭然可觀。《子產不毀鄉校頌》。垂耀無極，《連理木頌》。可謂盛矣。《河南府同官記》。方今，《代張籍與李浙東書》。爲觀察使者，《送許郢州序》。號令指麾，《論捕賊行賞疏》。勞於計慮撫循。《論淮西事宜狀》。天子之所選用，《送陸歙州序》。非有文武威風、知大體、可畏信者，《送鄭尙書序》。莫宜居之。《徐州節度書記廳記》。我公在官，《南海神廟碑》。焯有聲烈。《唐相權公碑》。竊有以見大人君子，篤於仁愛。《與鄭相公書》。功業顯著，《與邢尙書書》。可得詳而舉也。《送齊皞序》。維世傳德，《袁氏廟碑》。遠有代序。《平陽路公碑》。眾推以爲巨人長者。《太尉韓公碑》。高曾祖考所以劬躬薰後，委祉於公，《袁氏廟碑》。少好學問，自五經之外，百氏之書，未有聞而不求，得而不觀者。《答侯繼書》。至於陰陽、軍法、聲律，悉皆研極原本，《與袁相公書》。而文日益有名。《與陳給事書》。乙未，《順宗實錄四》。舉於其鄉，歌《鹿鳴》而來也。《送楊少尹序》。丙申，《順宗實錄一》。自州縣達禮部，一舉而進。《贈張童子序》。後二年，《扶風郡夫人碑》。入翰林，《順宗實錄五》。校理集賢御書，《校理石君碑》。兼職史館。《少監獨孤君碑》。纂辭奮筆，《河南尹杜公碑》。紀於策書。《連理木頌》。癸卯，《順宗實錄一》。敷文帝階，擢列侍從、《江西觀察使王公碑》。贊善，《答田僕射書》。光映儒林。《舉薦張籍狀》。至甲辰、《上於相公書》。己酉，《順宗實錄一》。司貢士，考文章甚詳。《與陸員外書》。登明選公，《進學解》。伯樂一顧，價增三倍。《爲人求薦書》。遇其良，輒取之。群無留良焉。《送溫處士序》。勸飭指誨，以進後生，《少監獨孤君碑》。樂得天下之英才而教育之。《上宰相書》。所以通其業，成就其道德者也。《進士策問十二》。公既以能爲文辭，擅聲於朝，

《唐相權公碑》。又習於吏職，識時知變，非如儒生文士，止有偏長。《與袁相公書》。其於高爵，猶階而升堂。《送孟秀才序》。己酉，《少監獨孤君碑》。考其殿最，《論鹽法狀三》。入高等。《虞部張君碑》。庚戌，《順宗實錄三》。今天子即位，《太尉韓公碑》。選賢與能，《除崔群戶部侍郎制》。恩澤益深。《爲韋相公讓官表》。元年《送李端公序》。辛亥，《順宗實錄一》。公卿廷議，《送韓侍御序》。各舉所知。《順宗實錄二》。河流兩壖，《太尉韓公碑》。仍爲選擇，《黃家賊事宜狀》。然後可盡能事。《進平淮西碑表》。逾南紀之連山，《復志賦》。左淮右河，《送監軍俱文珍序》。公居其間，《太尉韓公碑》。器量宏深，《舉韋顓自代狀》。愼重其事，欲更研討。《進順宗實錄表》。河之沄沄，源於崑崙。《汴州水門記》。其於古記，無不貫達。《處州孔子廟碑》。識形勢，《答呂毉山人書》。酌其宜而處之。《復讎狀》。二年《左丞孔公碑》。壬子，《司勳孔君碑》。考校度程，《沂國公先廟碑》。疏爲斗門，以走潦水。《江西觀察使韋公碑》。濁流浩浩，《送監軍俱文珍序》。澄其源而清其流。《爲韋相公讓官表》。月開日益，卓然早成。《少監獨孤君碑》。三年《清邊郡王楊燕奇碑》。癸丑《順宗實錄四》。三月，《嵩山天封宮題名》。外有方維大臣之薦，《進士策問七》。天子是嘉。《連理木頌》。資序已深，《舉張惟崇自代狀》。有材有識，可任以事。《薦樊宗師狀》。觀察使，《送許郢州序》。營治勤劇，《給事中張君碑》。必加高秩，《與李拾遺書》。服佩視三品，《清河郡公房公碑》。超居上班，《工部尚書王公碑》。陞擢惟允。《除崔群戶部侍郎制》。五月，《清邊郡王楊燕奇碑》。則署鹽鐵府。《襄陽盧丞碑》。八月，《華嶽題名》。仍觀察其郡邑。《南海神廟碑》。往踐其任，《送鄭尚書序》。爲煩且重，《上鄭相公啓》。日夜思慮謀畫。《爲河南令上留守鄭相公啓》。公牒盈前，笑語指麾，《河南尹杜公碑》。將變鹽法，事貴精詳。《論鹽法狀條件》。明立條格，《論捕賊行賞表》。量地遠近險易，《論鹽法狀六》。因其所食，盡輸官錢。《論鹽法狀九》。隨日而輸，不勞驅除。《論鹽法狀十》。謂能私鹽斷絕，《論鹽法狀七》。鹽商納榷，《論鹽法狀十二》。自糶官鹽，《論鹽法狀一》。不得令百姓關鹽者。《論鹽法狀二》。皆非故立殊而求異也，各適於時，救其弊而已矣。《進士策問二》。行此策後，《論鹽法狀十三》。尚恐不登常數，《論鹽法狀四》。令其蘇息，《論鹽法狀十一》。歲計必有所餘，《論鹽法狀八》。用此取濟，兩得利便。《論鹽法狀一》。後必數倍校多。《論鹽法狀八》。多者遷轉，不拘常例。《論鹽法狀五》。所以臨察百司，《論鹽法狀三》。去害興利功爲多，《助教薛君碑》。其利未可以一二數也。《送薛侍御序》。其歲《新修滕王閣記》。二月，《送陸歙州序》。盜連爲群，《太尉韓公碑》。聲勢相倚。《平淮西碑》。其賊並是夷獠，《黃家賊事宜狀》。林蠻洞蜑，《清河郡公房公碑》。蜂屯蟻雜，《送鄭尚書序》。衣服言語都不似人。《黃家賊事宜狀》。四向侵掠，《論淮

西事宜狀》。淮江爲之騷然。《又與柳中丞書》。公至之日,《新修滕王閣記》。審量事勢,《論淮西事宜狀》。當用長算,《鳳翔節度使李公碑》。徵兵滿萬,不如召募數千。《又與柳中丞書》。親以言諭之,《答張籍書》。其道在於全大義、弘〔註20〕休烈。《范蠡招大夫種議》。愛護鄉里,勇於自戰。《又與柳中丞書》。恩信著明,《清邊郡王楊燕奇碑》。小大之材,咸盡其用。《請上尊號表》。奮筆爲檄,《劉統軍碑》。宣佈天子威德。《上李尚書書》。式展臣子之志,以明教化之源。《賀冊皇太后表》。其所以服人心,在行事適機宜。《又與柳中丞書》。寬猛得所,《舉馬總自代狀》。訓戎奮威,《連理木頌》。以鋤其強梗,《原道》。不令惑眾也。《論佛骨表》。十一月《工部尚書王公碑》。二十七日,《賀冊皇太后表》。蚊蚋蟻蟲之聚,《又與柳中丞書》。銷縮摧阻,《上李尚書書》。則既廓如也。《進士策問四》。六年,《送韓侍御序》。重遇攻劫。《與李翱書》。三月初吉,實惟其時。《燕太學聽彈琴詩序》。揚州之近地,《祭鱷魚文》。望風懾懼,《論淮西事宜狀》。赫然驚人。《答元侍御書》。萬口和附,並爲一談,牢不可破,《平淮西碑》。其勢誠急。《復上宰相書》。人所憚爲,公勇爲之。《唐相權公碑》。誓其群有司曰:《南海神廟碑》。「苟此不能守,雖避之他處,何益?《張中丞傳後序》。氣銳而堅,《江西觀察使王公銘》。確乎不拔。」《顏子不貳過論》。揚兵界上,《又與柳中丞書》。將校熊羆之士,《汴州水門記》。轘袴握刀,左右雜佩,弓韔服,矢插房。《送李端公序》。召募添置千人,《黃家賊事宜狀》。屯堡相望,《送韓侍御序》。則深壁高壘,以逸待勞。《論淮西事宜狀》。奮其武毅,張我皇威。遇變出奇,先事獨運。偃息談笑,危疑以平。《送監軍俱文珍序》。蔽遮江淮,阻遏其勢。《張中丞傳後序》。是月《順宗實錄一》。十三日,《順宗實錄五》。寇無所賴,遂至遁敗。《劉統軍碑》。提疆籍戶,來復邦經。《沂國公先廟碑》。凡公四封,《鄆州谿堂詩序》。戶不下數十萬。《代張籍與李浙東書》。措之於安平之地,《進士策問十》。閭里無事,《袁州刺史謝上表》。功業逐日以興,名聲隨風而流。《與鳳翔邢尚書書》。猶高山深林巨谷,龍虎變化不測,傑魁人也。《殿中少監馬君碑》。丁巳《烏氏廟碑》。七月,《惠林寺題名》。水陸運使、《迓杜兼題名》。觀察防禦使,《江西觀察使韋公碑》。各守其職,《上宰相書》。公遂陞舟。《南海神廟碑》。人無賢愚,《與崔群書》。慷慨感激,《與柳中丞書》。攜持幼弱,《論淮西事宜狀》。奔走偕來,《平淮西碑》。謳謠於道途,《江西觀察使王公碑》。巡繞瞻視,咨嗟歎息。《論捕賊行賞表》。行及揚州,《庫部郎中鄭君碑》。坐軍營操兵守禦,《爲河南令上留守鄭相公啓》。擇要害地,屯聚一處,《論淮西事宜狀》。深合事宜。《黃家賊事宜狀》。襲盜以狂,《平淮西碑》。尚守巢窟。《與柳中丞書》。江流悍急,《送區冊序》。

〔註20〕 弘,原作「宏」,據《昌黎先生文集》改。

又相去闊遠，難相應接。《論淮西事宜狀》。紅抹〔註21〕首，《送李端公序》。四出侵暴。《又與柳中丞書》。師環其疆，《送石處士序》。經時五年，《送鄭十校理序》。元戎整齊三軍之士，《徐州節度書記廳記》。四面輻輳，《請上尊號表》。乘其力衰。《論淮西事宜狀》。公常在軍間，《統軍劉公銘》。乘機應會，《清邊郡王楊燕奇碑》。奉十一月十二日示問，《答田僕射書》。劃刮群奸，埽灑疆土。《進平淮西碑表》。為統帥者，盡力行之於前，而參謀議者，盡心奉之於後。內外相應，其功乃成。《論淮西事宜狀》。

　　於是天子以公材果可任用，治人將兵，無所不宜。《鳳翔節度使李公碑》。公多受祉，《汴州水門記》。而羽儀於天朝也。《燕喜亭記》。五彩五色，《賀慶雲表》。蔚乎其相章，炳乎其相輝，《徐州節度書記廳記》。有榮耀焉。《新修滕王閣記》。天子有詔，《送陸歙州序》。鎮揚州。《司勳孔公碑》。州經亂，《胡良公碑》。因此彫弊，《黃家賊事宜狀》。恒無宿儲。《太尉韓公碑》。公私埽地赤立，新舊不相保持，萬目睽睽。公於此時，《鄆州谿堂詩序》。面問百姓疾苦，苟有不便，得以上陳。《潮州刺史謝上表》。密加識察，《與袁相公書》。惟恐耳目有所不聞見，思慮有所未及。《三上宰相書》。因善與賢，不矜主己。《唐相權公碑》。詳求適變，可以便人。《錢重物輕狀》。前所不便，及所願欲而不得者，《新修滕王閣記》。發一號，施一令，《本政》。一朝而舉焉。《行難》。其所設張舉措，必本於寬大，《唐相權公碑》。各有條次。《曹成王碑》。指付必堪其事，《太尉韓公碑》。用其才良。而廩其無告者，《南海神廟碑》。量加支給。《請復國子監生徒狀》。征役百端，《論淮西事宜狀》。並且停征。《論天旱人饑狀》。選吏賜牛，教而不稅。《平淮西碑》。崇重庠序，《請復國子監生徒狀》。治其庭壇，《南海神廟碑》。然後可以行之於仁義之途。《進士策問十》。扶樹教道，《上李侍郎書》。指授方法。《送韓侍御序》。里閭完復，《江西觀察使王公碑》。民還其居。《烏氏廟碑》。流逋四歸，樂生興事。宅有新屋，步有新船。《羅池廟碑》。受賜實多，《答田僕射書》。歡欣踊躍，以歌以舞。《賀冊尊號表》。願託頌詞，長言之於康衢。《連理木頌》。不次之恩，《為韋相公讓官表》。其慶且至。《河南府同官記》。善並美具，《進平淮西碑表》。德譽愈尊。《知名箴》。豈不盛哉？《論佛骨表》。八年《送韓侍御序》。戊午《順宗實錄四》。九月《上張僕射書》。二十三日，《順宗實錄一》。令月良辰〔註22〕，《賀冊尊號表》。啓慶自躬。《平陽路公碑》。利澤施於人，名譽昭於時，《送李愿歸盤谷序》。聽於下風，竊自增氣。《與柳中丞書》。謬承知遇，欣荷實深。《答田僕射書》。

〔註21〕　抹，韓愈《送幽州李端公序》作「帓」。
〔註22〕　可知此文作於咸豐八年（戊午，1858）。郭公即郭沛霖，傳見本書卷六《郭光祿年譜序》注。

詞藝荒蕪，《謝許受王用男事物狀》。自知最爲淺陋。《進平淮西碑表》。扳援古昔，《答崔立之書》。徵辭引類，《送牛堪序》。咸歸韓氏。《科斗書後記》。勤而纂之，《答劉秀才書》。亦足知其志之所存。《與崔群書》。欣感之誠，《賀太陽不虧狀》。宜乎施之。《樂章荊潭唱和詩序》。取《詩》所謂「魯侯燕喜」者，頌也。《燕喜亭記》。詩曰：《袁氏廟碑》。

公燕谿堂，《鄆州谿堂詩序》。有紀有綱。《訟風伯》。風猷益茂，《舉韋顗自代狀》。文字之祥。《高君仙硯銘》。身安功立，《江西觀察使王公碑》。武志既揚。《河南府同官記》。咸順指令，《沂國公先廟碑》。勸以耕桑。《袁州謝上表》。群州承楷，《袁氏廟碑》。治具畢張。《進學解》。爰享其報，《烏氏廟碑》。今見其臧。《好惡箴》。神人致喜。《南海神廟碑》。魯陵之岡。《清邊郡王楊燕奇碑》。所共祐助，《論捕賊行賞表》。允慶配良。《少監獨孤君碑》。飲且食兮，壽而康。《送李愿歸盤谷序》。我衣之華兮，我佩之光。《送陸歙州序》。福我兮壽我，《羅池廟碑》。俾斯人兮不忘。《連理木頌》。

程可山先生〔註23〕七十壽序　集唐文

《易》曰：「君子以教思無窮。」田義暕《先聖廟堂碑》〔註24〕。夫教者，豈徒博文字而已，蓋必本之以忠孝，申之以禮義，敦之以信讓，激之以廉恥。呂溫《與族兄書》〔註25〕。後學敬教，可以潤身。孫宿《讖書判》〔註26〕。師事通儒，于邵《爲柳州鄭郎中謝上表》〔註27〕。則修古訓。邢宙《教擊編鍾判》〔註28〕。君子之爲道也，黎逢《人不學不知道賦》〔註29〕。導人於仁義〔註30〕。房千里《知道》。懷於有仁，張文瓘《諫造宮疏》〔註31〕。咸敬順以親師，李彥芳《樂德教胄子賦》〔註32〕。則教化之風美。柳芳《姓系論》〔註33〕。依仁無斁，於敬之《王先生碑》〔註34〕。

〔註23〕　程焜（1795～1874），字光樵，號可山，安徽歙縣槐塘人，居江蘇儀徵。生平見汪宗沂撰《程可山先生年譜》。（載薛貞芳主編《清代徽人年譜合刊》，黃山書社2006年版）程焜生年爲乾隆六十年，可推知此文作於同治三年（1864）。
〔註24〕　原題《先聖廟堂碑並序》，載《全唐文》卷三百二十九。
〔註25〕　原題《與族兄皋請學春秋書》，載《全唐文》卷六百二十七。
〔註26〕　原題《對讖書判》，載《全唐文》卷四百三十九。
〔註27〕　載《全唐文》卷四百二十四。
〔註28〕　原題《對教擊編鍾判》，載《全唐文》卷四百五十三。
〔註29〕　載《全唐文》卷四百八十二。
〔註30〕　義，房千里《知道》作「誼」，載《全唐文》卷七百六十。
〔註31〕　原題《諫造蓬萊上陽宮疏》，載《全唐文》卷一百六十二。
〔註32〕　載《全唐文》卷七百四十六。
〔註33〕　載《全唐文》卷三百七十二。
〔註34〕　原題《桐柏眞人茅山華陽觀王先生碑銘》，載《全唐文》卷一百八十六。

長服事焉。魏季邁《登夫家判》〔註35〕。而以明〔註36〕師,李直方《邠州使院壁記》。稟粹含和,韋述章《仇府君碑》〔註37〕。體和道全。柳公綽《太醫箴》〔註38〕。自諧保生之仁壽,陸復禮《鈞天樂賦》〔註39〕。閱司徒之教典,盧嶠《爲其師埽判》〔註40〕。經術精深,可爲師法者。順宗《即位赦文》〔註41〕。時謂宿儒,呂延祚《進集注〈文選〉表》〔註42〕。可以養生。盧重元《沖虛眞經序》〔註43〕。繇是和平自臻,張皋《諫惑方士》〔註44〕。延齡益壽,宣宗《答諫迎軒轅集詔》〔註45〕。以致康強逢吉之福。裴潾《諫信用方士疏》〔註46〕。符合經義,李嶸《獻懿二祖宜藏夾室議》〔註47〕。煥彼憲章。李子卿《六瑞賦》〔註48〕。古有明徵,蘇俍《給地過數判》〔註49〕。其來尚矣。張處信《對折獄之理》〔註50〕。靜思今者,王元貞《祭祀判》〔註51〕。其惟廣平公乎?顏眞卿《宋公碑》〔註52〕。

公賢明本乎祖德。楊炎《楊公碑》〔註53〕。考其郡望,林寶《元和姓纂序》〔註54〕。廣平新安人也。其先出自顓頊、重黎之後。周之休父,入爲司馬,李邕《程府君碑》〔註55〕。贍其封邑,錢珝《爲崔相公讓大學士表》〔註56〕。於斯作程。滕王湛

〔註35〕原題《對登夫家判》,載《全唐文》卷四百〇六。

〔註36〕明,李直方《邠州節度使院壁記》作「名」,載《全唐文》卷六百十八。

〔註37〕原題《贈東平郡太守章仇府君神道之碑》,載《全唐文》卷三百〇二。

〔註38〕載《全唐文》卷五百四十四。

〔註39〕載《全唐文》卷五百四十六。

〔註40〕原題《對爲其師掃判》,載《全唐文》卷六百二十一。

〔註41〕載《全唐文》卷五十五。

〔註42〕載《全唐文》卷三百。

〔註43〕原題《沖虛至德眞經序》,載《全唐文》卷三百六十一。

〔註44〕載《全唐文》卷七百三十二。

〔註45〕原題《答諫迎道士軒轅集詔》,載《全唐文》卷八十。

〔註46〕載《全唐文》卷七百十三。

〔註47〕載《全唐文》卷五百十六。

〔註48〕載《全唐文》卷四百五十四。

〔註49〕原題《對給地過數判》,載《全唐文》卷四百一。

〔註50〕載《全唐文》卷九百五十一。

〔註51〕原題《對祭祀判》,載《全唐文》卷九百二。

〔註52〕原題《有唐開府儀同三司行尚書右丞相上柱國贈太尉廣平文貞公宋公神道碑銘》,載《全唐文》卷三百四十三。

〔註53〕原題《四鎮節度副使右金吾大將軍楊公神道碑》,載《全唐文》卷四百二十二。

〔註54〕載《全唐文》卷七百二十二。

〔註55〕原題《桂府長史程府君神道碑》,載《全唐文》卷二百六十五。

〔註56〕原題《爲集賢崔相公讓大學士表》,載《全唐文》卷八百三十五。

然《竇希瑊碑》〔註57〕。本於其初，趙僎《書斷繫論》〔註58〕。因以命族。李陽冰《庾公德政碑》〔註59〕。後世從官，徙籍新安。支派繁衍，遂爲郡之著姓。徐鉉《方公誌》〔註60〕。令聞令望，且公且侯。魏徵《邢國公誌》〔註61〕。開國新安，穆員《新安谷記》〔註62〕。啓茅土者數世，事詳圖牒。陶穀《史太保碑》〔註63〕。顯赫南方，沈迴《武侯廟碑》〔註64〕。勳庸銘於景鍾，煥在青史。鄭畋《切責高駢詔》〔註65〕。洪源茂根，成表微《崔府君誌》〔註66〕。咸推忠壯。後唐明宗《起劉訓勅》〔註67〕。合族同處，徐鍇《陳氏書堂記》〔註68〕。於歙最多。汪臺符《汪王廟記》〔註69〕。地勝氣清，惟公故里。扈載《景公碑》〔註70〕。高曾積善，德厚流光。吳越武肅王《大宗譜序》〔註71〕。又父祖皆有名稱，李渤《仙人許君傳》〔註72〕。茂緒遐昌，上官靈芝《王居士銘》〔註73〕。守以敦篤。閭邱均《王府君碑》〔註74〕。既因流寓，庾光先《兩貫判》〔註75〕。至揚州，劉禹錫《子劉子自傳》〔註76〕。至白沙。陳鴻《廬州同食館記》〔註77〕。故廣陵之地，韓皋《廣陵散解》〔註78〕。因

〔註57〕原題《太子少傅竇希瑊神道碑》，載《全唐文》卷一百。
〔註58〕載《全唐文》卷三百六十三。
〔註59〕原題《冀邱縣令庾公德政碑頌並序》，載《全唐文》卷四百三十七。
〔註60〕原題《唐故金紫光祿大夫檢校司徒行少府監河南方公墓誌銘》，載《全唐文》卷八百八十五。
〔註61〕原題《唐故邢國公李密墓誌銘》，載《全唐文》卷一百四十一。
〔註62〕載《全唐文》卷七百八十三。
〔註63〕原題《義成軍節度使贈太保史匡翰碑銘並序》，載《全唐文》卷八百六十三。
〔註64〕原題《武侯廟碑銘並序》，載《全唐文》卷四百四十四。
〔註65〕原題《使切責高駢詔》，載《全唐文》卷七百六十七。
〔註66〕原題《唐故太子洗馬博陵崔府君墓誌銘並序》，載《全唐文》卷七百二十三。
〔註67〕原題《起劉訓守右龍武大將軍勅》，載《全唐文》卷一百九。
〔註68〕載《全唐文》卷八百八十八。
〔註69〕原題《歙州重建汪王廟記》，載《全唐文》卷八百六十九。
〔註70〕原題《銀青光祿大夫中書侍郎同中書門下平章事上柱國晉陽縣開國伯食邑三百戶贈侍中景公神道碑銘並序》，載《全唐文》卷八百六十。
〔註71〕載《全唐文》卷一百三十。
〔註72〕原題《雷平山眞人許君傳》，載《全唐文》卷七百十二。
〔註73〕原題《王居士塼塔》，載《全唐文》卷一百六十八。
〔註74〕原題《唐朝故使持節河東州諸軍事河東州刺史上護軍王府君碑銘並序》，載《全唐文》卷二百九十七。
〔註75〕原題《對兩貫判》，載《全唐文》卷三百七十三。
〔註76〕載《全唐文》卷六百一十。
〔註77〕載《全唐文》卷六百十二。
〔註78〕載《全唐文》卷六百二十四。

僑爲郡人。范傳正《李公碑》〔註79〕。維揚右都，蔣伸《授李珏揚州節度使制》〔註80〕。海西樂土，劉端《重修北嶽廟碑》〔註81〕。衣冠之秀，賈正義《周公祠碑》〔註82〕。垂慶後世，傳芳於公。奚敬元《史公碑》〔註83〕。公蘊山嶽粹靈，承祖考休慶，杜黃裳《顧公碑》〔註84〕。精神朗悟，特異常童。李翰《王侍郎贊》〔註85〕。幼而老成，韋建《薛舒碑》〔註86〕。夙慕詩書，郭應圖《請定明經額數狀》〔註87〕。動不踰矩。韓儀《授王摶平章事制》〔註88〕。年六歲，楊烱《汾陰公狀》〔註89〕。好問學，月開日益，楊巨《虞鼎銘》〔註90〕。其業彌專。雍陶《學然後知不足賦》〔註91〕。必本乎正而根乎經，鄭遂《東都神主議》〔註92〕。求諸至理。閻立本《僧道拜君親議》〔註93〕。以志學之歲，張薦《答權載之書》〔註94〕。朝夕揣摩。沈詢《崔鉉魏扶拜相制》〔註95〕。文苑騰芳，沈珣《授韋博淄青節度使制》〔註96〕。實由於此。高馮《上太宗封事》〔註97〕。辛未，陸遵《北郊議》〔註98〕。淮南擢秀，崔琪《桂林一枝賦》〔註99〕。公舉茂才，張九齡《宋使君贊》〔註100〕。克擅文場。崔琮《加招討使制》〔註101〕。年十有七，劉子玄《自序》〔註102〕。己卯，齊光義《安陵縣石記》

〔註79〕 原題《贈左拾遺翰林學士李公新墓碑》，載《全唐文》卷六百一十四。
〔註80〕 載《全唐文》卷七百八十八。
〔註81〕 載《全唐文》卷八百六十九。
〔註82〕 載《全唐文》卷三百〇三。
〔註83〕 原題《唐左羽林軍大將軍史公神道碑》，載《全唐文》卷七百四十七。
〔註84〕 原題《東都留守顧公神道碑》，載《全唐文》卷四百七十八。
〔註85〕 原題《鳳閣王侍郎傳論贊并序》，載《全唐文》卷四百三十一。
〔註86〕 原題《黔州刺史薛舒神道碑》，《全唐文》卷三百七十五。
〔註87〕 原題《請定國學明經額數狀》，載《全唐文》卷八百二十一。
〔註88〕 載《全唐文》卷八百四十。
〔註89〕 原題《中書令汾陰公薛振行狀》，載《全唐文》卷一百九十六。
〔註90〕 原題《唐御史裏行虞鼎墓誌銘》，載《全唐文》卷八百十九。
〔註91〕 載《全唐文》卷七百五十七。
〔註92〕 載《全唐文》卷七百九十一。
〔註93〕 載《全唐文》卷一百五十三。
〔註94〕 載《全唐文》卷四百五十五。
〔註95〕 載《全唐文》卷七百六十七。
〔註96〕 載《全唐文》卷七百六十三。
〔註97〕 載《全唐文》卷一百三十六。
〔註98〕 原題《北郊用十月致祭議》，載《全唐文》卷一百八十七。
〔註99〕 載《全唐文》卷三百〇三。
〔註100〕 原題《宋使君寫眞圖贊并序》，載《全唐文》卷二百九十一。
〔註101〕 原題《鳳翔李業河東李拭並加招討使制》，載《全唐文》卷八百四十八。
〔註102〕 玄，原作「元」。《自序》即《史通自敍》，載《全唐文》卷二百七十四。

〔註103〕。**以博雅周才**，薛長孺《張少卿書》〔註104〕。**等列標名**，韋澳《解送不分等第榜文》〔註105〕。**宜加廩餼**。懿宗《即位敕文》〔註106〕。**歲次辛巳**，高祖《冊秦王天策上將文》〔註107〕。**自蕪城**，朱恂《仰山廟記》〔註108〕。**稅駕言歸**。李徵古《廬江宴集記》〔註109〕。**戊子歲**，康傑《安天王碑陰》〔註110〕。**遊太學**。韓休《蘇頲集序》〔註111〕。**初到都下**，張楚《與達奚侍郎書》〔註112〕。**傳其盛名**，孫會《蘇仙碑銘》〔註113〕。**籍甚於公卿間**。馮宿《殷公家廟碑》〔註114〕。**己丑**，馬總《鄆州刺史廳壁記》〔註115〕。**往河南**，玄宗《分遣十道宣慰制》〔註116〕。**止於中州**。崔敖《靈應公祠碑》〔註117〕。**儒席稱珍**，薛廷珪《授裴迪太僕卿制》〔註118〕。**優游幕府**。太宗《置文館學士教》〔註119〕。**觀夫良匠掄木**，梁洽《梓材賦》〔註120〕。**考試之時**，德宗《考選禁假代詔》〔註121〕。**精揀藝能**，文宗《試宗正寺解送人詔》〔註122〕。**而披林擷秀**，芮挺章《國秀集序》〔註123〕。**群才是選**。封殷《鄉老獻賢能書賦》〔註124〕。**洞元鏡微**，

〔註103〕載《全唐文》卷三百五十四。
〔註104〕原題《唐故鴻臚少卿張敬詵墓誌銘》，載《全唐文》卷六百十五。按：《全唐文》錄薛長孺文僅此一篇，作《張少卿書》誤。
〔註105〕原題《解送進士明經不分等第牓文》，載《全唐文》卷七百六十。
〔註106〕載《全唐文》卷八十五。
〔註107〕載《全唐文》卷三。
〔註108〕載《全唐文》卷八百七十一。
〔註109〕載《全唐文》卷八百七十二。
〔註110〕載《全唐文》卷四百八。
〔註111〕原題《唐金紫光祿大夫禮部尚書上柱國贈尚書右丞相許國文憲公蘇頲文集序》，載《全唐文》卷二百九十五。
〔註112〕載《全唐文》卷三百○六。
〔註113〕載《全唐文》卷三百六十二。
〔註114〕原題《天平軍節度使殷公家廟碑》，載《全唐文》卷六百二十四。
〔註115〕載《全唐文》卷四百八十一。
〔註116〕玄，原作「元」。原題《分遣蔣欽緒等往十道疏決囚徒宣慰百姓制》，載《全唐文》卷二十二。
〔註117〕原題《大唐河東鹽池靈慶公神祠碑》，載《全唐文》卷六百十四。
〔註118〕原題《授裴迪太僕卿元鎬京兆少尹盧玭國子司業等制》，載《全唐文》卷八百三十七。
〔註119〕載《全唐文》卷四。
〔註120〕載《全唐文》卷三百五十六。
〔註121〕原題《考選勳賢冑子禁假代詔》，載《全唐文》卷五十二。
〔註122〕原題《勅禮部侍郎高鍇試宗正寺解送人詔》，載《全唐文》卷七十一。
〔註123〕載《全唐文》卷三百五十七。
〔註124〕載《全唐文》卷九百四十六。

武少儀《王處士鑿山引瀑記》〔註125〕。同水鏡之澄清。於可封《至人心鏡賦》〔註126〕。
鑒裁無疲，張仲方《披沙揀金賦》〔註127〕。取捨無誤。习尚能《南城縣羅城記》〔註128〕。
辛卯，沈亞之《閩城開新池記》〔註129〕。陟屺增望，陳致雍《王府君碑》〔註130〕。
歸風送帆，杜宣猷《梓華府君碑陰記》〔註131〕。故里遠歸。趙觀文《堯舜祠碑》〔註132〕。
片雲獨鶴，高步塵表。蘇絳《賈司倉誌》〔註133〕。壬辰歲，高適《上源驛記》〔註134〕。
至於庚申、李商隱《爲汝南公上淮南李相公狀》〔註135〕。辛酉，韋藹《浣花集序》〔註136〕。
垂三十載。陳諫《登石傘峰詩序》〔註137〕。學堂爰設，武平一《東門頌》〔註138〕。
樂道閒居。張何《海上五色雲賦》〔註139〕。閉戶多聞，于志寧《孔公碑》〔註140〕。
先務於經濟。柳並《意林序》〔註141〕。當軍興之時，趙贊《常平倉議》〔註142〕。四
郊多壘，張紹《沖祐宮碑》〔註143〕。干戈擾攘，留從劾《上周世宗表》〔註144〕。鋒
鏑縱橫。溫大雅《爲高祖報李密書》〔註145〕。公密運良籌，鄭藝《徐節使德政碑》
〔註146〕。保其桑梓，劉仁軌《盟新羅百濟文》〔註147〕。堅壁清野。狄仁傑《請罷四

〔註125〕載《全唐文》卷六百十三。
〔註126〕載《全唐文》卷六百二十一。
〔註127〕載《全唐文》卷六百八十四。
〔註128〕原題《唐南康太守汝南公新剙撫州南城縣羅城記》，載《全唐文》卷八百十九。
〔註129〕載《全唐文》卷七百三十六。
〔註130〕原題《左威衛大將軍琅琊太尉侍中王府君墓誌銘并序》，《全唐文》卷八百七
　　　　十五。
〔註131〕原題《鄭左丞祭梓華府君碑陰記》，載《全唐文》卷七百六十五。
〔註132〕原題《桂州新修堯舜祠祭器碑》，載《全唐文》卷八百二十八。
〔註133〕原題《賈司倉墓誌銘》，載《全唐文》卷七百六十三。
〔註134〕原題《陳留郡上源新驛記》，載《全唐文》卷三百五十七。
〔註135〕《全唐文》卷七百七十三。
〔註136〕原題《浣花集敘》，載《全唐文》卷八百八十九。
〔註137〕載《全唐文》卷六百八十四。
〔註138〕載《全唐文》卷二百六十八。
〔註139〕原題《早秋望海上五色雲賦》，載《全唐文》卷四百五十七。
〔註140〕原題《大唐故太子右庶子銀青光祿大夫國子祭酒上護軍曲阜憲公孔公碑銘》，
　　　　載《全唐文》卷一百四十五。
〔註141〕載《全唐文》卷三百七十二。
〔註142〕載《全唐文》卷五百二十六。
〔註143〕原題《武夷山沖祐宮碑》，載《全唐文》卷八百七十二。
〔註144〕載《全唐文》卷八百七十一。
〔註145〕載《全唐文》卷一百三十二。
〔註146〕原題《武德軍節度使徐延瓊德政碑》，載《全唐文》卷八百九十。
〔註147〕載《全唐文》卷一百五十八。

鎮疏》〔註 148〕。且當處團結，蘇頲《命姚崇等北伐制》〔註 149〕。以撫護之。郭震《安置吐谷渾狀》〔註 150〕。鄰伍有孚，蔣勵己《城邑判》〔註 151〕。壯丁雲集。竇儼《上治道事宜疏》〔註 152〕。義勇同奮，朱子奢《昭仁寺碑》〔註 153〕。必可有功。裴行儉《兵事疏》〔註 154〕。眾志〔註 155〕成城，張保和《撫州羅城記》。邊鄙不聳。成賁《夷攻蠻假道判》〔註 156〕。防禦之道，裴恭《請賜草馬奏》〔註 157〕。申以約束。李昉《任公屏盜碑》〔註 158〕。公皆以儒服參焉。獨孤及《韋公碑》〔註 159〕。丙辰春，楊夔《烏程縣廳宇記》〔註 160〕。三月，張廷珪《請准式折免表》〔註 161〕。厥功以舉，羅隱《吳公約碑》〔註 162〕。加之訓導。殷鵬《羅公誌》〔註 163〕。儒官員闕，高宗《補授儒官詔》〔註 164〕。理合其宜。馬翊《舉抱甕生判》〔註 165〕。壬戌、皮光業《屠將軍誌》〔註 166〕。癸亥歲〔註 167〕，韓熙載《宣州新城記》。為祁門、張途《祁門修閶門溪記》〔註 168〕。舒州，羊士諤《竇府君碑》〔註 169〕。精加採訪，肅宗《冊

〔註 148〕原題《請罷百姓西戍疏勒等四鎮疏》，載《全唐文》卷一百六十九。

〔註 149〕載《全唐文》卷二百五十三。

〔註 150〕原題《上安置降吐谷渾狀》，載《全唐文》卷二百五。

〔註 151〕原題《對城邑判》，載《全唐文》卷三百九十九。

〔註 152〕載《全唐文》卷八百六十三。

〔註 153〕原題《昭仁寺碑銘幷序》，載《全唐文》卷一百三十五。

〔註 154〕原題《討西突厥兵事疏》，載《全唐文》卷一百六十二。

〔註 155〕志，張保和《唐撫州羅城記》作「心」，載《全唐文》卷八百十九。

〔註 156〕原題《對夷攻蠻假道判》，載《全唐文》卷四百五十九。

〔註 157〕載《全唐文》卷七百五十七。

〔註 158〕原題《濟州刺史任公屏盜碑》，載《全唐文》卷八百六十二。

〔註 159〕原題《唐故朝議大夫申王府司馬上柱國贈太常卿韋公神道碑銘並序》，載《全唐文》卷三百九十。

〔註 160〕原題《烏程縣修建廳宇記》，載《全唐文》卷八百六十七。

〔註 161〕原題《請河北遭旱澇州准式折免表》，載《全唐文》卷二百六十九。

〔註 162〕原題《吳公約神道碑》，載《全唐文》卷八百九十七。

〔註 163〕原題《晉故竭誠匡定保乂功臣特進檢校太保右金吾衛上將軍兼御史大夫上柱國長沙郡開國公食邑一千八百戶食實封一百戶贈太傅羅公墓誌銘並序》，載《全唐文》卷八百五十二。

〔註 164〕載《全唐文》卷十一。

〔註 165〕原題《對舉抱甕生判》，載《全唐文》卷六百二十二。

〔註 166〕原題《吳越故忠義軍匡國功臣越州都指揮使前授常州刺史特贈武康節度使銀青光祿大夫檢校尚書右僕射開府儀同三司上柱國海鹽屠將軍墓誌銘》，載《全唐文》卷八百九十八。

〔註 167〕歲，韓熙載《宣州築新城記》作「年」，載《全唐文》卷八百七十七。

〔註 168〕原題《祁門縣新修閶門溪記》，載《全唐文》卷八百〇二。

太上皇尊號赦文》〔註170〕。**備閱忠義**。呂元膺《論公碑》〔註171〕。**忠義所獎**，魏元忠《請解職表》〔註172〕。**請旌表門閭**。路嗣恭《請旌表張球奏》〔註173〕。**公府崢嶸**，樊子新《廳子判》〔註174〕。**集賢東閣**。平列《舞賦》〔註175〕。**開閣者求其友生**，楊諫《公孫弘開東閣賦》〔註176〕。**咨謀雅道**，員峴《寢延部人判》〔註177〕。**詢訪故事**。裴耀卿《寶希球碑》〔註178〕。**序賓惟賢**，嚴公衡《實爵西階判》〔註179〕。**謂公有古人之風**，盧虔《高公碑》〔註180〕。**為衣冠之領袖**。陳九言《郎官石記序》〔註181〕。**甲子**，傅仁均《對王孝通駁曆法議》〔註182〕。**金陵舊地**，張景毓《岑君碑》〔註183〕。**煙塵已息**。楊冕《靈石頌》〔註184〕。**幕府移鎮金陵**〔註185〕，崔祐甫《為皇甫中丞上永王箋》。**重忠烈以勸今**。于頎《尊祀武成王議》〔註186〕。**義重所守**，鄭磻隱《富貴如浮雲賦》〔註187〕。**宣揚教化**，韋皋《謝政刑箴表》〔註188〕。**唯忠義而已**。馬周《上太宗疏》〔註189〕。**而忠臣義士**，賈至《慰問家口勅》〔註190〕。**事蹟可驗**，徐有功《駁

〔註169〕 原題《左拾遺內供奉贈使持節舒州諸軍事舒州〔闕四字〕竇府君神道碑》，載《全唐文》卷六百十三。

〔註170〕 精加採訪，見《全唐文》卷十二高宗《令百官各舉所知詔》。肅宗《冊太上皇尊號赦文》，載《全唐文》卷四十五，並無此語。

〔註171〕 原題《驃騎大將軍論公神道碑銘並序》，載《全唐文》卷四百七十九。

〔註172〕 載《全唐文》卷一百七十六。

〔註173〕 載《全唐文》卷三百九十四。

〔註174〕 原題《對廳子判》，載《全唐文》卷九百四十八。

〔註175〕 載《全唐文》卷四百〇六。

〔註176〕 載《全唐文》卷三百六十五。按：宏，《文苑英華》卷六十九作「弘」，據改。

〔註177〕 原題《對寢延部人判》，載《全唐文》卷四百〇五。

〔註178〕 詢訪故事，《全唐文》兩見：一見卷二百九十七裴耀卿《請緣河置倉納運疏》，卷九百七十闕名《請定檢勘非理死亡及喪葬儀制奏》。裴耀卿《太子賓客贈太子太師竇希球神道碑》，亦載卷二百九十七，並無此語。

〔註179〕 原題《對實爵西階判》，載《全唐文》卷七百三十。

〔註180〕 原題《御史中丞晉州刺史高公神道碑》，載《全唐文》卷四百四十四。

〔註181〕 原題《唐尚書省郎官石記》，載《全唐文》卷三百六十三，曰：「修詞制天一之議，伏奏為朝廷之容，信杞梓之藪澤，衣冠之領袖。」

〔註182〕 載《全唐文》卷一百三十三。

〔註183〕 原題《縣令岑君德政碑》，載《全唐文》卷四百五。

〔註184〕 原題《大將軍靈石頌並引》，載《全唐文》卷四百五十七。

〔註185〕 金陵，《全唐文》卷四百九崔祐甫《為皇甫中丞上永王諫移鎮牋》作「江寧」。

〔註186〕 載《全唐文》卷四百四十三。

〔註187〕 載《全唐文》卷九百五十八。

〔註188〕 載《全唐文》卷四百五十三。

〔註189〕 載《全唐文》卷一百五十五。

論邱神鼎議》〔註 191〕。**必據舊聞**。孔穎達《尚書正義序》〔註 192〕。**公能補之**，韋慶復《鳳翔鼓角樓記》〔註 193〕。**欲使忠義之人**，李吉甫《請錄用令狐通奏》〔註 194〕。**耳目聞睹**，裴廷裕《東觀奏記序》〔註 195〕。**皆有憑據**。顏師古《功臣配饗議》〔註 196〕。**其於忠義也**，朱敬則《五等論》〔註 197〕。**屬詞比事**，裴光庭《請修續春秋奏》〔註 198〕。**公整而新**〔註 199〕**之**。李覯《燕喜亭後記》。**其文直，其事核**，張守節《史記正義序》〔註 200〕。**理亦從長**。蕭頎《議覆請祧懿祖奏》〔註 201〕。**請錄奏聞**，殷侑《請試史學奏》〔註 202〕。**加入五品**。何延之《蘭亭始末記》〔註 203〕。**達士尊德**，毋煚《申公杜門判》〔註 204〕。**足以厚儒風**。張謂《長沙土風碑》〔註 205〕。**以言乎公**，宋申錫《李公德政碑》〔註 206〕。**誠至當矣**。嚴浣《武成王祀典議》〔註 207〕。**其年**盧肇《進海朝賦狀》〔註 208〕。**十一月**長孫無忌《進律疏義表》〔註 209〕。**二十一日**，孫伏伽《陳三事疏》〔註 210〕。**爰屬生辰**，杜光庭《洋州令公生辰拜章詞》〔註 211〕。**到於七十**。崔宏慶《解詁論》〔註 212〕。**怡神養壽**，牛應眞《問影賦》〔註 213〕。**其靜也專**。蔣王惲《五色卿

〔註 190〕原題《收瘞陣亡將士及慰問其家口勅》，載《全唐文》卷三百六十七。
〔註 191〕原題《駁論邱神鼎處斬議》，載《全唐文》卷一百六十三。
〔註 192〕載《全唐文》卷一百四十六。
〔註 193〕載《全唐文》卷七百十九。
〔註 194〕載《全唐文》卷五百十二。
〔註 195〕載《全唐文》卷八百四十一。
〔註 196〕載《全唐文》卷一百四十七。
〔註 197〕載《全唐文》卷一百七十一。
〔註 198〕載《全唐文》卷二百九十九。
〔註 199〕新，《全唐文》卷七百六十一李覯《連山燕喜亭後記》作「修」。
〔註 200〕原題《上史記正義序》，載《全唐文》卷三百九十七。
〔註 201〕原題《議覆中書請祧懿祖奏》，載《全唐文》卷八百四十四。
〔註 202〕載《全唐文》卷七百五十七。
〔註 203〕載《全唐文》卷三百〇一。
〔註 204〕原題《對申公杜門判》，載《全唐文》卷三百七十三。
〔註 205〕原題《長沙土風碑銘並序》，載《全唐文》卷三百七十五。
〔註 206〕原題《義成軍節度鄭滑潁等州觀察處置等使金紫光祿大夫檢校司徒使持節滑州諸軍事兼滑州刺史御史大夫上柱國隴西縣開國公食邑一千八百戶李公德政碑銘並序》，載《全唐文》卷六百二十三。
〔註 207〕載董誥《全唐文》卷五百二十六。
〔註 208〕載《全唐文》卷七百六十八。
〔註 209〕義，《全唐文》卷一百三十六長孫無忌《進律疏議表》作「議」。
〔註 210〕載《全唐文》卷一百三十五。
〔註 211〕辰，《全唐文》卷九百四十三杜光庭《洋州令公生日拜章詞》作「日」。
〔註 212〕載《全唐文》卷九百四十七。

雲賦》〔註214〕。時也，親友咸臻，王棨《沛父老留漢高祖賦》〔註215〕。少長有禮，程諫《升高判》〔註216〕。尊卑式序，盧先之《三命判》〔註217〕。奉壺開筵，劉太眞《送蕭穎士序》〔註218〕。齊獻壽杯，南唐嗣主《進買宴錢第二表》〔註219〕。願公壽考。楊憑《羅刺史德政碑》〔註220〕。公謙沖有恆，戴少平《王將軍碑》〔註221〕。退讓之義著，薛登《論選舉疏》〔註222〕。美而無述。信安郡王禕《請宣示華嶽碑文表》〔註223〕。其執謙也，吳連叔《謙受益賦》〔註224〕。爰自二年以來，僖宗《賜薛應辭詔》〔註225〕。抑而不行者三請。武宗《加尊號赦文》〔註226〕。今年，穆宗《登極德音》〔註227〕。歲次丙寅，陸贄《賜黃姓蠧官鐵券文》〔註228〕。懇至夙誠，冀遂申効。溫氏《爲夫謝罪表》〔註229〕。遂命筆硯，段文昌《修仙都觀記》〔註230〕。輒陳小序。劉處靜《洞元靈寶記序》〔註231〕。請究其本而言之。呂周任《泗州大水記》〔註232〕。

夫孝者，感鬼神，動天地，精神至貫，無所不達。鄭氏《進女孝經表》〔註233〕。人倫所重，孝爲百行之原。張鷟《孝門從課判》〔註234〕。睦親化人，莫善於孝。劉思立《劾韋萬石奏》〔註235〕。修身之本，袁楚客《規魏元忠書》〔註236〕。孝以奉親。

〔註213〕 載《全唐文》卷九十八宋尚宮《牛應貞傳》，「眞」當作「貞」。
〔註214〕 載《全唐文》卷九十九。
〔註215〕 載《全唐文》卷七百六十九。
〔註216〕 原題《對升高判》，載《全唐文》卷三百七十四。
〔註217〕 原題《對三命判》，載《全唐文》卷三百九十九。
〔註218〕 原題《送蕭穎士赴東府序》，載《全唐文》卷三百九十五。
〔註219〕 載《全唐文》卷一百二十八。
〔註220〕 原題《唐廬州刺史本州團練使羅珦德政碑》，載《全唐文》卷四百七十八。
〔註221〕 原題《鎮國大將軍王榮神道碑》，載《全唐文》卷七百二十。
〔註222〕 載《全唐文》卷二百八十一。
〔註223〕 載《全唐文》卷一百。
〔註224〕 載《全唐文》卷九百四十六。
〔註225〕 載《全唐文》卷八十七。
〔註226〕 載《全唐文》卷七十八。
〔註227〕 載《全唐文》卷六十六。
〔註228〕 原題《賜安西管內黃姓蠧官鐵券文》，載《全唐文》卷四百六十四。
〔註229〕 載《全唐文》卷九百四十五。
〔註230〕 載《全唐文》卷六百十七。
〔註231〕 原題《洞元靈寶三師記序》，載《全唐文》卷八百十二。
〔註232〕 載《全唐文》卷四百八十一。
〔註233〕 載《全唐文》卷九百四十五。
〔註234〕 原題《於旦奏孝門舊多僞作祥瑞並請破孝門勒從課》，載《全唐文》卷一百七十二。
〔註235〕 載《全唐文》卷一百五十三。
〔註236〕 載《全唐文》卷一百七十六。

史仲謨《溧陽侯頌》〔註237〕。爲君子之儒，於尹躬《進賢冠賦》〔註238〕。孝以承志。元萬頃《嚴配議》〔註239〕。性自天至，實非勉爲。歐陽詹《與王式書》〔註240〕。太夫人在堂承順，左右孝養之至，閭里化焉。徐浩《張公碑》〔註241〕。老萊家居，杜之松《答王績書》〔註242〕。棲遲養志。姚思廉《止足論》〔註243〕。以晨昏是切，林琬《湯府君誌》〔註244〕。不忍去庭闈。路岩《渾公碑》〔註245〕。溫清獲申，席豫《楊府君碑》〔註246〕。扇枕之餘，薛逢《與崔沆書》〔註247〕。侍親左右，劉蛻《上裴侍郎書》〔註248〕。承歡膝下，元結《與呂相公書》〔註249〕。見喜色以問安。邊魯《邊府君碑》〔註250〕。太夫人在遲暮之年，駱賓王《靈泉頌》〔註251〕。怡然無事。李遠《靈棋經序》〔註252〕。板輿周覽，近在於家園。敬讓《請致仕侍親表》〔註253〕。桑榆之暉，母心是慰。拓拔興宗《請致仕侍親表》〔註254〕。瞻白華之養，袁暉《歸胙判》〔註255〕。以供甘旨。鮑君徽《乞歸疏》〔註256〕。故得以潔馨其膳，孫翌《郭府君誌》〔註257〕。高堂登壽，慈顏裴如。崔殷《純德眞君廟碣》〔註258〕。公承奉

〔註237〕原題《後漢溧陽侯史崇墓碑頌》，載《全唐文》卷一百六十二。
〔註238〕載《全唐文》卷四百五十五。
〔註239〕原題《郊丘明堂等嚴配議》，載《全唐文》卷一百六十八。
〔註240〕載《全唐文》卷五百九十六。
〔註241〕原題《唐尚書右丞相中書令張公神道碑》，載《全唐文》卷四百四十。
〔註242〕載《全唐文》卷一百三十四。
〔註243〕載《全唐文》卷一百四十八。
〔註244〕原題《福州侯官縣丞湯府君墓誌銘幷序》，載《全唐文》卷七百九十一。
〔註245〕原題《義昌軍節度使渾公神道碑》，載《全唐文》卷七百九十二。
〔註246〕原題《唐故朝請大夫吏部郎中上柱國高都公楊府君碑銘並序》，載《全唐文》卷二百三十五。
〔註247〕原題《與崔沆秀才書》，載《全唐文》卷七百六十六。
〔註248〕原題《上禮部裴侍郎書》，載《全唐文》卷七百八十九。
〔註249〕載《全唐文》卷三百八十一。
〔註250〕原題《儒林郎試大理評事行幽都府路縣令邊府君敏墓石》，載《全唐文》卷八百六十二。
〔註251〕載《全唐文》卷一百九十七。
〔註252〕載《全唐文》卷七百六十五。
〔註253〕載《全唐文》卷四百〇三。
〔註254〕載《全唐文》卷三百〇一。
〔註255〕原題《對歸胙判》，載《全唐文》卷三百〇一。
〔註256〕載《全唐文》卷九百四十五。
〔註257〕原題《蘇州常熟縣令孝子太原郭府君墓誌銘並序》，載《全唐文》卷三百五。
〔註258〕原題《純德眞君廟碣銘》，載《全唐文》卷五百三十六。

慈顏，令狐峘《顏魯公誌》〔註259〕。展愛高堂。崔群《送符載序》〔註260〕。白首之年，孫思邈《千金要方序》〔註261〕。事太夫人彌孝。黃滔《陳先生集序》〔註262〕。蒸蒸然純至日茂，嚴識元《楊志本碑》〔註263〕。熙熙忻忻。韋渠车《四皓贊》〔註264〕。太夫人，員半千《達奚君碑》〔註265〕。壽九十三。權德輿《權府君誌》〔註266〕。愉愉其志，韓雲卿《崔公碑》〔註267〕。無時不適。成玄英《南華真經疏序》〔註268〕。誠至孝之所致，而至於斯也。李哲《張孝子記》〔註269〕。且立身揚名，事資尊顯，孫虔禮《書譜》〔註270〕。樂善歸美，韓述《新平王誌》〔註271〕。豈非孝之大者乎？建寧王倓《請收兵討賊啓》〔註272〕。所以開教設敬，吳少微《崇福銅鐘銘》〔註273〕。亦永錫爾類矣。潘好禮《徐有功論》〔註274〕。公之感通，于公異《吳岳祠堂記》〔註275〕。追想音容，劉全白《李君碣》〔註276〕。用展誠敬，鄭絪《進奉狀》〔註277〕。古之純孝，何以尚茲？徐安貞《田公碑》〔註278〕。況門庭之內，苗俶《家僮視天判》〔註279〕。棠棣分華，李庾《兩都賦》〔註280〕。自葉流

〔註259〕原題《光祿大夫太子太師上柱國魯郡開國公顏真卿墓誌銘》，載《全唐文》卷三百九十四。

〔註260〕原題《送盧嶽處士符載歸蜀覲省序》，載《全唐文》卷六百十二。

〔註261〕載《全唐文》卷一百五十八。

〔註262〕原題《潁川陳先生集序》，載《全唐文》卷八百二十四。

〔註263〕原題《潭州都督楊志本碑》，載《全唐文》卷二百六十七。

〔註264〕原題《商山四皓畫圖贊并序》，載《全唐文》卷六百二十四。

〔註265〕原題《蜀州青城縣令達奚君神道碑》，載《全唐文》卷一百六十五。

〔註266〕原題《故朝議郎行尚書倉部員外郎集賢院待制權府君墓誌銘并序》，載《全唐文》卷五百〇二。

〔註267〕原題《故中書令贈太子太師崔公廟碑》，《全唐文》卷四百四十一。

〔註268〕載《全唐文》卷九百二十三。成玄英，原作「成元英」。

〔註269〕原題《吳郡孝子張常洧廬墓記》，載《全唐文》卷七百四十七。

〔註270〕載《全唐文》卷二百二。

〔註271〕原題《奉天皇帝長子新平郡王墓誌銘》，載《全唐文》卷四百三十九。

〔註272〕載《全唐文》卷一百。

〔註273〕原題《唐北京崇福寺銅鐘銘並序》，載《全唐文》卷二百三十五。

〔註274〕載《全唐文》卷二百七十九。

〔註275〕載《全唐文》卷五百十四。

〔註276〕原題《唐故翰林學士李君碣記》，載《全唐文》卷六百十九。

〔註277〕原題《朝覲遇節進奉狀》，載《全唐文》卷五百十一。

〔註278〕原題《正議大夫使持節易州諸軍事守易州刺史兼高陽軍使賞紫金魚袋上柱國田公德政之碑並序》，載《全唐文》卷三百五。

〔註279〕原題《對家僮視天判》，載《全唐文》卷三百五十一。苗俶，《全唐文》作「員俶」。

〔註280〕載《全唐文》卷七百四十。

根，白敏中《修堯祠記》〔註281〕。壎篪骨肉。胡曾《謝賜錢啓》〔註282〕。公天屬爲重，劉憲《乙速孤府君碑》〔註283〕。兄弟怡怡，王維《多筍記》〔註284〕。有裕有歡。梁肅《賀二孫使君詩序》〔註285〕。友于情切，崔瑾《私習天文判》〔註286〕。長幼咸若禮訓所陶。胡浩《姚府君碑》〔註287〕。群昆弟之貧與子姓之孤者，收接如歸。婚配慰藉，惟恐不得其所。蕭鄴《韋公碑》〔註288〕。宗族愛而加敬，靳翰《陸府君志》〔註289〕。撫孤無隔於外姻。孫逖《鄭公誌》〔註290〕。諸甥數門，李嶠《答李清河書》〔註291〕。長養成就。苗緯《韋宙象贊》〔註292〕。姑之子，杜甫《萬年縣君碑》〔註293〕。衣食仰給。寶靜《論頡利部眾封事》〔註294〕。公宣慈秉性，李琪《吳越王生祠碑》〔註295〕。明恕而行。程庭玉《祭星判》〔註296〕。其於篤親庇族，徐復《駁李巽擬鄭珣瑜諡議》〔註297〕。將以勸凡今之人，杜兼《陳設印綬判》〔註298〕。義存忠厚。敬宗《受尊號赦文》〔註299〕。夫人弘農楊氏，陳子昂《王府君誌》〔註300〕。奉父母舅

〔註281〕原題《滑州修堯祠記》，載《全唐文》卷七百三十九。
〔註282〕載《全唐文》卷八百十一。
〔註283〕原題《大唐故右武衞將軍上柱國乙速孤府君碑銘並序》，載《全唐文》卷二百三十四。
〔註284〕載《全唐文》卷三百二十五。
〔註285〕原題《賀蘇常二孫使君鄰郡詩序》，載《全唐文》卷五百十八。
〔註286〕原題《對私習天文判》，載《全唐文》卷四百五十九。
〔註287〕原題《巂州都督贈幽州都督吏部尚書諡文獻姚府君碑銘並序》，載《全唐文》卷三百二十八。
〔註288〕原題《嶺南節度使韋公神道碑》，載《全唐文》卷七百六十四。
〔註289〕原題《大唐故朝散大夫護軍行黃州司馬陸府君墓誌銘》，載《全唐文》卷二百七十九。
〔註290〕原題《滄州刺史鄭公墓誌銘》，載《全唐文》卷三百十三。
〔註291〕載《全唐文》卷二百四十七。
〔註292〕載《全唐文》卷八百二。苗緯，《全唐文》作「苗紳」；韋宙，《全唐文》作「韋丹」。
〔註293〕原題《唐故萬年縣君京兆杜氏墓碑》，載《全唐文》卷三百六十。
〔註294〕原題《論頡利部眾不便處南河封事》，載《全唐文》卷一百五十六。
〔註295〕原題《梁啓聖匡運同德功臣淮南鎮海鎮東等軍節度使淮南浙江東西等道觀察處置營田招討安撫兼鹽鐵製置發運等使開府儀同三司尚父守尚書令揚杭越等州大都督府長史上柱國吳越王錢公生祠堂碑》，載《全唐文》卷八百四十七。秉，《全唐文》作「稟」。
〔註296〕原題《對祭星判》，載《全唐文》卷四百○四。
〔註297〕原題《駁李巽擬相國贈尚書右僕射鄭珣瑜諡議》，載《全唐文》卷五百九十四。
〔註298〕原題《對陳設印綬判》，載《全唐文》卷七百二十二。
〔註299〕載《全唐文》卷六十八。
〔註300〕原題《申州司馬王府君墓誌》，載《全唐文》卷二百十五。弘缺筆，《全唐文》作「宏」。

姑盡恭順，李翱《楊烈婦傳》〔註 301〕。先意承志，盧鄯《姚婆墓誌》〔註 302〕。宜其德以相承。石貫《千畝望幸賦》〔註 303〕。睦娣姒以仁，接中表以義。楊綰《霍國夫人碑》〔註 304〕。婦德母儀，中外師範。張說《河東公碑》〔註 305〕。六姻孤幼，歸夫人者，如不孤焉。李華《李夫人傳》〔註 306〕。公內行修飭，長孫儔《翟公碑》〔註 307〕。居家以禮義自持，周氏《曹君碑》〔註 308〕。情理坦然。盧文紀《請對便殿疏》〔註 309〕。飲人以和，韋紓《栝郡廳壁記》〔註 310〕。睦親尚齒。褚無量《請定嗣王朝班疏》〔註 311〕。至於疏親遠屬，魯洵《杜刺史志》〔註 312〕。禮有節文。李勣《諫留神主表》〔註 313〕。救患釋紛，以立義表，王士源《孟浩然集序》〔註 314〕。講信修睦，邵瓊之《祭七祀判》〔註 315〕。由是盡得歡心。杜佑《鑿山引泉記》〔註 316〕。公又深惟久要，殷文圭《廬州羅城記》〔註 317〕。尤重交友之分。盧藏用《陳子昂別傳》〔註 318〕。歲寒不貳，唐臨《劾封德彝奏》〔註 319〕。故舊不遺。王泠然《與高昌宇書》〔註 320〕。拯孤恤窮，孔璋《理李邕疏》〔註 321〕。輕財重義。李明啓《築城建署記》〔註 322〕。籍逋責，韋貫之《高崇文碑》〔註 323〕。出契券投火中。元稹《劉

〔註 301〕 載《全唐文》卷六百四十。

〔註 302〕 載《全唐文》卷七百八十八。

〔註 303〕 載《全唐文》卷七百六十二。承，《全唐文》作「成」。

〔註 304〕 原題《汾陽王妻霍國夫人王氏神道碑》，載《全唐文》卷三百三十一。

〔註 305〕 原題《贈戶部尚書河東公楊君神道碑》，載《全唐文》卷二百二十九。

〔註 306〕 載《全唐文》卷三百二十一。

〔註 307〕 原題《漢故丞相翟公重建碑表》，載《全唐文》卷七百三十二。

〔註 308〕 原題《曹君墓碑》，載《全唐文》卷九百四十五。持，《全唐文》作「守」。

〔註 309〕 載《全唐文》卷八百五十五。

〔註 310〕 載《全唐文》卷六百十三。

〔註 311〕 載《全唐文》卷二百九十四。

〔註 312〕 原題《唐台州刺史杜雄墓誌銘》，載《全唐文》卷八百十七。

〔註 313〕 原題《諫留神主於內寢表》，載《全唐文》卷一百五十三。

〔註 314〕 載《全唐文》卷三百七十八。

〔註 315〕 《全唐文》卷三百七十四錄邵瓊之文三篇《對祭七祀判》、《對百神判》、《對酺辠祭不供物判》。此處所引出自《對百神判》，劉毓崧誤檢。

〔註 316〕 原題《杜城郊居王處士鑿山引泉記》，載《全唐文》卷四百七十七。

〔註 317〕 原題《後唐張崇修廬州外羅城記》，載《全唐文》卷八百六十八。

〔註 318〕 載《全唐文》卷二百三十八。

〔註 319〕 載《全唐文》卷一百六十二。

〔註 320〕 原題《與御史高昌宇書》，載《全唐文》卷二百九十四。

〔註 321〕 載《全唐文》卷三百七十五。

〔註 322〕 原題《柱國牛公新築州城創建公署記》，載《全唐文》卷八百二十九。

〔註 323〕 原題《南平郡王高崇文神道碑》，載《全唐文》卷五百三十一。

君誌》〔註 324〕。義感人心，李愚《勸韓建討賊書》〔註 325〕。故鄉黨交友以爲法度。苗晉卿《郭公碑》〔註 326〕。枌榆之地，於知微《明堂令碑》〔註 327〕。周旋有禮，王延光《升高判》〔註 328〕。君子之德式孚。胡直鈞《獲大宛馬賦》〔註 329〕。先典攸傳，王晙《請移突厥降人疏》〔註 330〕。講論家法。柳玭《家訓》〔註 331〕。敬聚宗族，隆構清祠。王師乾《王石軍祠堂碑》〔註 332〕。祭祀之儀，張默之《祭星判》〔註 333〕。根本所繫，楊於陵《請寫銓選簿奏》〔註 334〕。謹守禮經，邢文偉《減膳書》〔註 335〕。禮或從宜，李思元《司正倚旌判》〔註 336〕。務遵中道。王涯《制度條件奏》〔註 337〕。率先以勸，徐景暉《勞農有闕判》〔註 338〕。能以禮導邦人。盧子敬《劉公善政述》〔註 339〕。每垂範於搢紳。吳融《授劉崇望東川節度使制》〔註 340〕。至於搢紳風教得失之間，處正其義，不以錙毫假物。常袞《郭君誌》〔註 341〕。於是敦勵鄉黨，黌塾俱開。張嘉貞《李懷仁德政碑》〔註 342〕。學校興於里閭，董晉《李公德政碑》〔註 343〕。修以文之會。宋之問《上巳泛舟序》〔註 344〕。每加訓整，和凝《吳越王碑》〔註 345〕。崇正黜訛。裴曙《祈雨感應頌》〔註 346〕。修復義倉，以救歉歲。齊映《請

〔註 324〕原題《唐故使持節萬州諸軍事萬州刺史賜緋魚袋劉君墓誌銘》，載《全唐文》卷六百五十四。券，《全唐文》作「書」。
〔註 325〕載《全唐文》卷八百四十九。
〔註 326〕原題《壽州刺史郭公神道碑》，載《全唐文》卷三百五十三。
〔註 327〕原題《明堂令於大猷碑》，載《全唐文》卷二百三十七。
〔註 328〕原題《對升高判》，載《全唐文》卷四百六十。
〔註 329〕載《全唐文》卷六百十一。
〔註 330〕原題《請移突厥降人於南中安置疏》，載《全唐文》卷二百九十八。
〔註 331〕載《全唐文》卷八百十六。
〔註 332〕載《全唐文》卷三百九十七。
〔註 333〕原題《對祭星判》，載《全唐文》卷九百五十二。
〔註 334〕原題《請修寫銓選簿書奏》，載《全唐文》卷五百二十三。
〔註 335〕原題《減膳上書》，載《全唐文》卷一百六十二。
〔註 336〕原題《對鄉射司正倚旌判》，載《全唐文》卷二百一。
〔註 337〕原題《准敕詳度諸司制度條件奏》，載《全唐文》卷四百四十八。
〔註 338〕原題《對勞農有闕判》，載《全唐文》卷四百七。
〔註 339〕原題《濠州刺史劉公善政述》，載《全唐文》卷七百四十六。
〔註 340〕載《全唐文》卷八百二十。搢，《全唐文》作「縉」。
〔註 341〕原題《咸陽縣丞郭君墓誌銘》，載《全唐文》卷四百二十。
〔註 342〕原題《趙州癭陶令李懷仁德政碑》，載《全唐文》卷二百九十九。
〔註 343〕原題《義陽王李公德政碑記》，載《全唐文》卷四百四十六。
〔註 344〕原題《上巳泛舟昆明池宴宗主簿席序》，載《全唐文》卷二百四十一。
〔註 345〕原題《吳越文穆王錢元瓘碑銘》，載《全唐文》卷八百五十九。
〔註 346〕載《全唐文》卷四百五十七。

修義倉表》。誠爲救時之急務，陳元光《請建州縣表》〔註 347〕。以備不虞。張蒙《李公功德頌》。惟此一鄉，楊光《赤石樓隱難記》〔註 348〕。地極殷阜。韋虛心《北嶽碑》〔註 349〕。眾會蒲博，張柬之《請罷姚州表》〔註 350〕。盛爲呼盧以賭勝。崔龜從《昭亭神祠記》〔註 351〕。俗弊之緣，楊相如《陳便宜疏》〔註 352〕。情僞於是乎生。于休烈《請不賜吐蕃書籍疏》〔註 353〕。一開此門，恐滋不逞。柳渾《請禁貨宅奏》〔註 354〕。然歙人被公之仁化也深，張友正《歙州披雲亭記》〔註 355〕。公立其防以解其悁忿，而鄉黨以和。李罕《李公去思頌》〔註 356〕。所謂君子設法，貴與物宜。張階《無聲樂賦》〔註 357〕。務使區分，不令侵競。張進忠《勘復常道觀奏》〔註 358〕。必也，正其齒位。姜廷琬《祭侯判》〔註 359〕。儀式之間，杜位《國公嘉禮判》〔註 360〕。考禮酌情，韋武《桃獻懿二祖議》〔註 361〕。共神風化。蔡詞立《孔目院食堂記》〔註 362〕。公揣情設教，俗乃驟移。禮讓既行，閭里相勉。司空圖《王縱碑》〔註 363〕。狠戾者爲之恭恪，悖慢者爲之孝慈，承璟《張孝子贊》〔註 364〕。則化人而有孚，宋少真《聚徒教授判》〔註 365〕。繄公之德。柏虔冉《新創千金陂記》〔註 366〕。公之爲學也，符載《杜公寫眞贊》〔註 367〕。經史爲先。姚班《四上太子書》〔註 368〕。義在兼包，高儉《文思博

〔註 347〕載《全唐文》卷一百六十四。

〔註 348〕載《全唐文》卷八百十七。

〔註 349〕原題《北嶽府君碑》，載《全唐文》卷二百六十九。

〔註 350〕原題《請罷姚州屯戍表》，載《全唐文》卷一百七十五。

〔註 351〕原題《宣州昭亭山梓華君神祠記》，載《全唐文》卷七百二十九。

〔註 352〕載《全唐文》卷三百〇三。

〔註 353〕載《全唐文》卷三百六十五。

〔註 354〕原題《請禁田季羔貨宅奏》，載《全唐文》卷三百七十七。

〔註 355〕載《全唐文》卷五百三十六。

〔註 356〕原題《唐檢校右散騎常侍兼御史中丞容州刺史李公去思頌并序》，載《全唐文》卷六百二十一。

〔註 357〕載《全唐文》卷四百〇五。

〔註 358〕原題《准勅勘復蜀州青城山常道觀奏》，載《全唐文》卷二百七十七。

〔註 359〕原題《對祭侯判》，載《全唐文》卷九百五十三。

〔註 360〕原題《對國公嘉禮判》，載《全唐文》卷三百九十五。

〔註 361〕載《全唐文》卷五百三十六。

〔註 362〕原題《虔州孔目院食堂記》，載《全唐文》卷八百〇六。

〔註 363〕原題《故鹽州防禦使王縱追述碑》，載《全唐文》卷八百十。

〔註 364〕原題《張孝子旌表碑贊並序》，載《全唐文》卷七百四十七。

〔註 365〕原題《對聚徒教授判》，載《全唐文》卷四百五十八。

〔註 366〕載《全唐文》卷八百〇五。

〔註 367〕原題《淮南節度使灞陵公杜佑寫眞贊並序》，載《全唐文》卷六百九十。

〔註 368〕原題《四上節愍太子書》，載《全唐文》卷一百六十九。

要序》〔註369〕。**探微賾奧**。王虔休《進誕聖樂表》〔註370〕。其於子史、許南容《書史
百家傳》〔註371〕**百氏九流**，司徒翊《請採遺書奏》〔註372〕。**復研精覃思**，林慎思《申
蒙子序》〔註373〕。**靡不該覽**。鄭餘慶《賈僕射碑》〔註374〕。**皆研其總領，覈其指歸**。
王燾《外臺秘要序》〔註375〕。**年與德齊**，劉迺《冊郭子儀尚父文》〔註376〕。**尚夜寐夙
興**，徐堅《裴公誌》〔註377〕。**未嘗釋卷**。鄭務《卒史有文學判》〔註378〕。**手自繕寫，
盈於簡素**。顏惟貞《蕭府君誌》〔註379〕。**躭翫研味，略無已時**。崔備《飛白蕭字記》
〔註380〕。**尋其著述之旨**，逄行珪《進鬻子表》〔註381〕。**則博求諸書**，楊倞《荀子序》
〔註382〕。**擇從其善**，元行沖《釋疑》〔註383〕。**引之爲證，事則可憑**，杜顗《天雨壞
牆判》〔註384〕。**信而有徵**，張庭芳《李嶠雜詠序》〔註385〕。**可謂詳矣**。劉彤《論鹽鐵
表》〔註386〕。**文皆雅正，詞賦甚精**，崔顥《薦齊秀才書》〔註387〕。**屬辭尚清，用意
尚切**。杜確《岑嘉州集序》〔註388〕。**而章句之妙**，張洎《張司業集序》〔註389〕。**詞尚
簡要**。牛希濟《表章論》〔註390〕。**其理精而易通**，李靖《天老神光經表》〔註391〕。**斯**

〔註369〕載《全唐文》卷一百三十四。
〔註370〕原題《像修進繼天誕聖樂表》，載《全唐文》卷五百十五。
〔註371〕原題《對書史百家策》，載《全唐文》卷九百二。
〔註372〕載《全唐文》卷八百五十五。翊，《全唐文》作「詡」。
〔註373〕載《全唐文》卷八百○二。
〔註374〕原題《左僕射賈耽神道碑》，載《全唐文》卷四百七十八。
〔註375〕原題《外臺祕要方序》，載《全唐文》卷三百九十七。
〔註376〕載《全唐文》卷三百七十八。齊，《全唐文》作「耆」。
〔註377〕原題《唐故右驍衛大將軍上柱國金河郡開國公裴公墓誌銘》，載《全唐文》卷
　　　二百七十二。
〔註378〕原題《對卒史有文學判》，載《全唐文》卷三百九十五。
〔註379〕原題《朝議郎行雍州長安縣丞上柱國蕭府君墓誌銘并序》，載《全唐文》卷二
　　　百五十九。
〔註380〕原題《壁書飛白蕭字記》，載《全唐文》卷五百四十四。
〔註381〕載《全唐文》卷一百六十三。
〔註382〕載《全唐文》卷七百二十九。
〔註383〕載《全唐文》卷二百七十二。
〔註384〕原題《對天雨壞墻判》，載《全唐文》卷九百五十六。
〔註385〕原題《故中書令鄭國公李嶠雜詠百二十首序》，載《全唐文》卷三百六十四。
〔註386〕載《全唐文》卷三百○一。
〔註387〕載《全唐文》卷三百三十。
〔註388〕載《全唐文》卷四百五十九。
〔註389〕原題《張司業詩集序》，載《全唐文》卷八百七十二。
〔註390〕載《全唐文》卷八百四十五。
〔註391〕載《全唐文》卷一百五十三。

道也逾深，李澈《華月照方池賦》〔註392〕。莫出公右。齊論《何公德政碑》〔註393〕。
方應物以虛己，張鼎《小撲滿賦》〔註394〕。君子謙之而更謙。張元覽《欹器賦》
〔註395〕。門人編錄，賈嵩《陶隱居傳序》〔註396〕。以爲文集。趙瑩《論修唐史奏》
〔註397〕。公曰：「吾心有不安焉。」鄭吉《楚州南門記》〔註398〕。其爲謙也，郭
元超《水藻賦》〔註399〕。義實由衷，事非矯飾。郭子儀《讓太尉表》〔註400〕。斯謙
德之尤著，孟翱《謙受益賦》〔註401〕。實長者之訓恭。張郊《升高判》〔註402〕。外
靜中虛，徐彥伯《汾水新船賦》〔註403〕。君子比德於竹焉，劉岩夫《植竹記》〔註404〕。
秀彼士林。苗收《不歌鹿鳴判》。〔註405〕取剛克以成質，韋模當《金鏡賦》〔註406〕。
在乎銅貴，劉秩《貨泉議》〔註407〕。虛心內受，勁直外宣。薛收《琵琶賦》〔註408〕。
銅者、憲宗《令採銅助鑄詔》〔註409〕。竹者，材之勁，性之貞。高郢《律筒賦》
〔註410〕。書齋晝閒，李約《飛白蕭字贊》〔註411〕。探求古義。張昭《詳定雅樂疏》
〔註412〕。其記錄，劉昫《請紀錄時政疏》〔註413〕。被以嘉名，獨孤授《竹如意賦》
〔註414〕。遽題於北榮，吳武陵《新開隱山記》〔註415〕。謂之楷式。王琚《教射

〔註392〕載《全唐文》卷九百五十五。
〔註393〕原題《趙州刺史何公德政碑》，載《全唐文》卷四百四十三。
〔註394〕載《全唐文》卷三百六十四。
〔註395〕載《全唐文》卷九百五十一。
〔註396〕原題《華陽陶隱居傳序》，載《全唐文》卷七百六十二。
〔註397〕載《全唐文》卷八百五十四。
〔註398〕原題《楚州修城南門記》，載《全唐文》卷七百六十三。
〔註399〕載《全唐文》卷九百五十九。
〔註400〕原題《讓加太尉表》，載《全唐文》卷三百三十二。
〔註401〕載《全唐文》卷九百五十八。
〔註402〕原題《對升高判》，載《全唐文》卷四百。
〔註403〕載《全唐文》卷二百六十七。
〔註404〕載《全唐文》卷七百三十九。
〔註405〕原題《對貢士不歌鹿鳴判》，載《全唐文》卷九百四十九。
〔註406〕載《全唐文》卷九百四十六。
〔註407〕載《全唐文》卷三百七十二。
〔註408〕載《全唐文》卷一百三十三。
〔註409〕原題《禁採銀坑戶令採銅助鑄詔》，載《全唐文》卷五十九。
〔註410〕載全唐文》卷四百四十九。
〔註411〕原題《壁書飛白蕭字贊》，載《全唐文》卷五百十四。
〔註412〕載《全唐文》卷八百六十四。
〔註413〕原題《請差官紀錄時政疏》，載《全唐文》卷八百五十三。
〔註414〕載《全唐文》卷四百五十六。
〔註415〕載《全唐文》卷七百十八。

經》〔註416〕。率由茲義，李延壽《上南北史表》〔註417〕。內審其志。喬潭《破的賦》〔註418〕。以此觀之，潘滔《文公祠記》〔註419〕。如竹有筠，李程《竹箭有筠賦》〔註420〕。堅可以配松柏。劉寬夫《剖竹記》〔註421〕。抱春銅之色，朱萃《鑿井獲鏡判》〔註422〕。則持堅而有常。孫玉汝《金柅賦》〔註423〕。在羇旅之中，當離亂之際，貞固而未嘗忘於道，廉讓而未嘗虧於義。崔元翰《梁君誌》〔註424〕。言爲士範，行乃人師。姚崇《於知微碑》〔註425〕。可謂開張道樞，嚴綬《信安王詩記》〔註426〕。人宗模楷者已。岑文本《孟法師碑》〔註427〕。夫潔其流者，在於源清。張隨《耀德不觀兵賦》〔註428〕。立身者以學爲先，必因文而輔教。劉肅《大唐新語後論》〔註429〕。士之所貴者道，呂岩說《靈茅賦》〔註430〕。君子不患乎無才。程嬰《論窮達志》〔註431〕。垂善教於師資，劉積中《樂德教胄子賦》〔註432〕。事必資於善誘。鄭少微《傭書判》〔註433〕。公以踐履德業，游泳忠信。王棲霞《靈寶院記》〔註434〕。遠近慕其德行，來學者相繼於道。韓愈《順宗實錄》〔註435〕。其往來受業者，不可勝數。杜淹《文中子世家》〔註436〕。游道藝之門，呂牧《子擊磬賦》〔註437〕。隨從明師，李淳風《金籙流珠引序》〔註438〕。誘掖之方，劉祥道《陳銓選

〔註416〕 載《全唐文》卷二百八十。
〔註417〕 載《全唐文》卷一百五十四。
〔註418〕 載《全唐文》卷四百五十一。
〔註419〕 載《全唐文》卷七百十三。
〔註420〕 載《全唐文》卷六百三十二。
〔註421〕 載《全唐文》卷七百四十。
〔註422〕 原題《對鑿井獲鏡判》，載《全唐文》卷九百四十六。
〔註423〕 載《全唐文》卷七百六十二。
〔註424〕 原題《右補闕翰林學士梁君墓誌》，載《全唐文》卷五百二十三。
〔註425〕 原題《兗州都督於知微碑》，載《全唐文》卷二百○六。
〔註426〕 原題《刺史韋公鑱外祖信安郡王詩記》，載《全唐文》卷四百五十三。
〔註427〕 原題《京師至德觀法王孟法師碑銘並序》，載《全唐文》卷一百五十。
〔註428〕 載《全唐文》卷九百○一。
〔註429〕 原題《大唐新語後總論》，載《全唐文》卷六百九十五。
〔註430〕 載《全唐文》卷九百五十六。
〔註431〕 載《全唐文》卷九百五十三。
〔註432〕 載《全唐文》卷六百十九。
〔註433〕 原題《對傭書判》，載《全唐文》卷三百九十六。
〔註434〕 載《全唐文》卷九百二十八。
〔註435〕 載《全唐文》卷五百六十。
〔註436〕 載《全唐文》卷一百三十五。
〔註437〕 載《全唐文》卷四百四十三。
〔註438〕 原題《太元金籙金鎖流珠引序》，載《全唐文》卷一百五十九。

疏》〔註439〕。亹亹不倦。薛元超《諫皇太子牋》〔註440〕。開釋物理，覽古諭今，張元素《重諫太子承乾書》〔註441〕。講解分明，歸崇敬《辟雍議》〔註442〕。式符曲折。李紳《善歌如貫珠賦》〔註443〕。使學者以類求義，昭然易知，陸淳《春秋纂例序》〔註444〕。所講不同，同歸於理。韋處厚《進六經法言表》〔註445〕。一字一句，數義旁通。竇蒙《題述書賦語例字格後》〔註446〕。剖析毫釐，黎幹《十詰十難》〔註447〕。擇其去取。孔志約《本草序》〔註448〕。無文可質正者，則推類以明之。裴堪《祀嶽瀆親拜奏》〔註449〕。將扣兩端，馮萬石《不以采蘋爲節判》〔註450〕。若洪鐘之虛己，鄭惟忠《泥賦》〔註451〕。扣而斯應，張神安《銅鐘銘》〔註452〕。應而無窮，謝良輔《洪鐘賦》〔註453〕。隨深淺而皆盈，張蘊古《大寶箴》〔註454〕。庶學者觸類而長。趙蕤《關子明易傳敘》〔註455〕。若夫宣揚微言，指明奧義，陳喬《張天師廟碑》〔註456〕。宏敷講說之會，韋嗣立《請崇學校疏》〔註457〕。及諸弟子每諮論妙義，王太霄《元珠錄序》〔註458〕。橫經請益，虞世南《孔子廟堂碑》〔註459〕。問義不休，段成式《與溫飛卿書》〔註460〕。退而負牆，蘇琬《投諸樊寄判》〔註461〕。各持其論，

〔註439〕原題《陳銓選六事疏》，載《全唐文》卷一百六十二。
〔註440〕載《全唐文》卷一百五十九。
〔註441〕載《全唐文》卷一百四十八。
〔註442〕載《全唐文》卷三百七十九。
〔註443〕載《全唐文》卷六百九十四。
〔註444〕原題《春秋集傳纂例序》，載《全唐文》卷六百十八。
〔註445〕載《全唐文》卷七百十五。
〔註446〕載《全唐文》卷四百四十七。
〔註447〕載《全唐文》卷四百四十六。
〔註448〕載《全唐文》卷一百八十六。
〔註449〕原題《請祀嶽瀆親申拜禮奏》，載《全唐文》卷四百七十九。
〔註450〕原題《對不以采蘋爲節判》，載《全唐文》卷二百八。
〔註451〕載《全唐文》卷一百六十八。
〔註452〕原題《唐貞觀銅鐘銘並序》，載《全唐文》卷一百五十六。
〔註453〕載《全唐文》卷三百七十二。
〔註454〕載《全唐文》卷一百五十四。
〔註455〕載《全唐文》卷三百五十八。
〔註456〕原題《新建信州龍虎山張天師廟碑》，載《全唐文》卷八百七十六。
〔註457〕載《全唐文》卷二百三十六。
〔註458〕載《全唐文》卷九百二十三。元，當作「玄」。《玄珠錄》二卷，唐王晖講述，門人王大霄集錄，載《正統道藏》太玄部。
〔註459〕載《全唐文》卷一百三十八。
〔註460〕載《全唐文》卷七百八十七。
〔註461〕原題《對投諸樊寄判》，載《全唐文》卷三百六十三。

常存心《持論攻擊判》〔註462〕。公依方辯答，咸出問表，皆得所未聞。史承節《鄭康成祠碑》〔註463〕。遂使疑袪理悟，史徵《周易口訣義序》〔註464〕。渙然冰釋。獨孤鉉《碎琥珀枕賦》〔註465〕。聽者忘疲，盧照鄰《南陽公集序》〔註466〕。既虛來而實歸。呂令則《義井賦》〔註467〕。故得怡然有孚，相悅以解。李應《爲其師掃判》〔註468〕。商確經奧，裴孝源《貞觀畫史序》〔註469〕。服高義而景從。劉孝孫《詩英華序》〔註470〕。猶駕車者必知康莊，操舟者必知河海。皮日休《移成均博士書》〔註471〕。所以勤勤懇懇，顧德章《詳議東都太廟狀》〔註472〕。樂聞人爲學。陸龜蒙《甫里先生傳》〔註473〕。主張後進，以磨定文章，孫樵《與友人論文書》〔註474〕。講評孜孜，皇甫湜《韓文公誌》〔註475〕。俾立乎黌塾，羅讓《樂德教冑子賦》〔註476〕。各有所業次第。崔協《請錢充公使奏》〔註477〕。且束脩自行，李仲雍《觀生束脩判》〔註478〕。支贍不充，後唐莊宗《許求外職勑》〔註479〕。欲附學讀書，亦聽。代宗《增修學館判》〔註480〕。公按其程課，於兢《琅琊王德政碑》〔註481〕。研究深微，陳岳《春秋折衷論序》〔註482〕。率虛神靜思以取之，王紹宗《與人書》〔註483〕。皆考經義，以一貫之。王希明《太乙金鏡式經序》〔註484〕。其文甚著，王琳《明堂告朔

〔註462〕原題《對持論攻擊判》，載《全唐文》卷三百五十六。

〔註463〕載《全唐文》卷三百三十。

〔註464〕載《全唐文》卷九百〇二。

〔註465〕《全唐文》卷七百二十二。

〔註466〕載《全唐文》卷一百六十六。

〔註467〕載《全唐文》卷九百五十六。

〔註468〕原題《對爲其師掃判》，載《全唐文》卷六百十五。

〔註469〕原題《貞觀公私畫史序》，載《全唐文》卷一百五十九。

〔註470〕原題《沙門慧淨詩英華序》，載《全唐文》卷一百五十四。

〔註471〕載《全唐文》卷七百九十六。

〔註472〕原題《上中書門下及禮院詳議東都太廟修廢狀》，載《全唐文》卷七百六十五。

〔註473〕載《全唐文》卷八百〇一。

〔註474〕載《全唐文》卷七百九十四。

〔註475〕原題《韓文公墓誌銘並序》，載《全唐文》卷六百八十七。

〔註476〕載《全唐文》卷五百二十五。

〔註477〕原題《請令國子監學生束脩光學等錢充公使奏》，載《全唐文》卷八百三十九。

〔註478〕原題《對觀生束脩判》，載《全唐文》卷九百五十五。

〔註479〕載《全唐文》卷一百〇四。

〔註480〕載《全唐文》卷四十六。《全唐文》所載，「書」下有「者」字。

〔註481〕原題《琅琊忠懿王德政碑》，載《全唐文》卷八百四十一。按，《全唐文》作「桉」。

〔註482〕載《全唐文》卷八百二十九。

〔註483〕載《全唐文》卷二百〇三。《全唐文》所載，「率」下有「意」字。

〔註484〕原題《全唐文》卷三百九十八。

議》〔註485〕。**既合時宜**。劉藏用《恤刑策》〔註486〕。**妙思縱橫**，司馬太貞《紀功碑》〔註487〕。**故不失於錙銖**，李中和《平權衡賦》〔註488〕。**愜心者貴當**。李諲《妒神頌》〔註489〕。**諸試帖**，趙匡《舉選議》〔註490〕。**發揮新意**，梁德裕《易縣候臺記》〔註491〕。**實得大方**。李令琛《書史百家策》〔註492〕。**如輪扁之斲輪**，張懷瓘《評書藥石論》〔註493〕。**得心應手**。史重厚《溧陽侯廟記》〔註494〕。**待修改訖**，韋萬石《定樂舞奏》〔註495〕。**利器莫先**。余知古《謝段公五色筆狀》〔註496〕。**或兩句可嘉，或一篇堪獎**。顧雲《投戶部鄭員外啓》〔註497〕。**亦因機而設教**，張果《道體論序》〔註498〕。**示其激勸**，馮伉《解補學生奏》〔註499〕。**引而伸之**。杜鴻《郭公屏盜碑》〔註500〕。**由是業文之士**，許孟容《穆公集序》〔註501〕。**各呈材而切磋**。朱休《駕幸太學賦》〔註502〕。**隨大匠之雕刻**，朱鄴《扶桑賦》〔註503〕。**永願服膺而已**。浩虛舟《解議圍賦》〔註504〕。**公之為人也**，吳畦《韓公碑》〔註505〕。**教尊義立**，程休《澤宮置楅判》〔註506〕。**磨礱規矩**，仲之元《玉賦》〔註507〕。**人望而敬之。至於燕遊觴詠之**

〔註485〕 載《全唐文》卷一百六十九。
〔註486〕 原題《對恤刑策》，載《全唐文》卷一百六十三。
〔註487〕 原題《全唐文》卷一百六十二。
〔註488〕 載《全唐文》卷五百九十四。
〔註489〕 載《全唐文》卷四百八。
〔註490〕 載《全唐文》卷三百五十五。
〔註491〕 原題《重建易縣候臺記》，《全唐文》卷三百五十六。
〔註492〕 原題《對書史百家策》，載《全唐文》卷九百五十五。
〔註493〕 載《全唐文》卷四百三十二。
〔註494〕 原題《重建司空溧陽侯廟記》，載《全唐文》卷七百九十一。
〔註495〕 載《全唐文》卷一百八十六。
〔註496〕 載《全唐文》卷七百六十。
〔註497〕 載《全唐文》卷八百十五。
〔註498〕 載《全唐文》卷九百二十三。
〔註499〕 原題《科處應解補學生奏》，載《全唐文》卷四百三十八。
〔註500〕 原題《大唐推誠翊戴功臣金紫光祿大夫檢校司徒使持節衛州諸軍事衛州刺史兼御史大夫上柱國太原縣開國男食邑三百戶郭公屏盜碑銘》，載《全唐文》卷八百五十九。
〔註501〕 載《全唐文》卷四百七十九。
〔註502〕 載《全唐文》卷九百四十七。
〔註503〕 載《全唐文》卷九百○一。
〔註504〕 載《全唐文》卷六百二十四。
〔註505〕 原題《唐贈左散騎常侍汝南韓公神道碑》，載《全唐文》卷八百五。
〔註506〕 原題《對澤宮置楅判》，載《全唐文》卷四百三十五。
〔註507〕 《全唐文》卷九百五十七。

間，則其貌溫然如春。白居易《皇甫公誌〔註508〕》。門人等，柳識《元靜先生碑》
〔註509〕。負笈從師，王勃《山亭興序》〔註510〕。庇其宇而忘寒暑。劉待價《獨孤
府君碑》〔註511〕。遊娛燕饗，必召同席。李貽孫《歐陽詹集序》〔註512〕。饌取於豐，
劉同升《大夫祭判》〔註513〕。嘗醪有加。王延昌《靈源公碑》〔註514〕。醉德寫誠，
房琯《上張燕公書》〔註515〕。甘有同於沆瀣。裴清《進金沙泉表》〔註516〕。或因宴
集，命坐與話論，大抵根於教誘。韋絢《嘉話錄序》〔註517〕。或論文章，談名理，
宋尚宮《牛應貞傳》〔註518〕。標諸前典，是謂格言。韓彥惲《祫禘議》〔註519〕。願
將此以書紳，賈曾《水鏡賦》〔註520〕。染絲斲梓，功在初變。陸元朗《經典釋文序》
〔註521〕。薰陶耳目者，杜良《唐文皇畫像記》〔註522〕。少而習之，其心安焉。司
馬貞《孝經注議》〔註523〕。門生受業，皆一時英俊，柳冕《謝杜相公書》〔註524〕。
而皆以禮自持，竇從直《盧公夫人誌》〔註525〕。祈歆逾深，王適《潘尊師碣》〔註526〕。
實以師氏為請益依歸之所云。趙德《昌黎文錄序》〔註527〕。至於開誘後學，旌別
群才，時皆見其獎之之過也，而莫知其辨之之精也。裴度《劉府君碑》〔註528〕。

〔註508〕原題《唐銀青光祿大夫太子少保安定皇甫公墓誌銘並序》，載《全唐文》卷六
百七十九。

〔註509〕原題《茅山紫陽觀元靜先生碑》，載《全唐文》卷三百七十七。

〔註510〕載《全唐文》卷一百八十。

〔註511〕原題《朝議郎行兗州都督府方與縣令上護軍獨孤府君碑銘並序》，載《全唐文》
卷二百七十八。

〔註512〕原題《故四門助教歐陽詹文集序》，載《全唐文》卷五百四十四。

〔註513〕原題《對大夫祭判》，載《全唐文》卷三百三十。

〔註514〕原題《河瀆神靈源公祠廟碑》，載《全唐文》卷四百三十五。

〔註515〕載《全唐文》卷三百三十二。

〔註516〕載《全唐文》卷四百五十七。

〔註517〕載《全唐文》卷七百二十一。

〔註518〕載《全唐文》卷九十八。

〔註519〕載《全唐文》卷八百四十七。

〔註520〕載《全唐文》卷二百七十七。

〔註521〕載《全唐文》卷一百四十六。

〔註522〕載《全唐文》卷八百六十。

〔註523〕原題《孝經老子注易傳議》，載《全唐文》卷四百〇二。

〔註524〕原題《謝杜相公論房杜二相書》，載《全唐文》卷五百二十七。

〔註525〕原題《唐故河南府司錄盧公夫人崔氏墓誌銘》，載《全唐文》卷四百三十
八。

〔註526〕原題《續唐故中嶽體元先生潘尊師碑頌》，載《全唐文》卷二百十五。

〔註527〕載《全唐文》卷六百二十二。

〔註528〕原題《劉府君神道碑銘幷序》，載《全唐文》卷五百三十八。

一經品題，便作佳士。李白《與韓荊州書》〔註 529〕。晝夜淬礪，舒元輿《砥石命》〔註 530〕。各勤爾能。李敬方《湯泉銘》〔註 531〕。皆日就月將然，崔黃中《新井記》〔註 532〕。積有年歲。富嘉謨《賀赦表》〔註 533〕。始其學也，則師資一同。及爾成功，乃菁華各擅。蔡希綜《法書論》〔註 534〕。是以及門之子，林滋《文戰賦》〔註 535〕。莫不咸騁藝能。陳子良《爲王季卿與王仁壽書》〔註 536〕。入室升堂，孟賓于《碧雲集序》〔註 537〕。敬業服勤。哥舒恒《毀方瓦合判》〔註 538〕。不遷見異，平佽《田種五菜判》〔註 539〕。師逸而功倍。賈餗《教猱升木賦》〔註 540〕。資於父以事師，王履貞《辟雍賦》〔註 541〕。盡心於造次之時。樂朋龜《蕭遘判度支制》〔註 542〕。顛沛必於函丈，苗神客《乙速孤府君碑》〔註 543〕。在三如一。張瑗《觀生束脩判》〔註 544〕。足以激揚時俗，光闡儒門，趙不爲《申公杜門判》〔註 545〕。若夫發跡揚名，杜希遁《大還丹論跋》〔註 546〕。栽桃李者早華，崔敦禮《松賦》〔註 547〕。及門人指其登龍。張元晏《謝奉常僕射啓》〔註 548〕。接武鳴躍，息夫牧《宴蕭十丈序》〔註 549〕。由是得諸生，每歲累及薦擢於有司。周墀《國學官事書》〔註 550〕。夫筮仕觀光，顏

〔註 529〕載《全唐文》卷三百四十八。
〔註 530〕原題《貽諸弟砥石命並銘》，載《全唐文》卷七百二十七。
〔註 531〕載《全唐文》卷七百三十九。
〔註 532〕原題《觀風驛新井記》，載《全唐文》卷七百十三。
〔註 533〕原題《爲建安王賀赦表》，載《全唐文》卷二百三十五。
〔註 534〕載《全唐文》卷三百六十六。
〔註 535〕載《全唐文》卷七百六十六。
〔註 536〕載《全唐文》卷一百三十四。
〔註 537〕載《全唐文》卷八百七十二。
〔註 538〕原題《對毀方瓦合判》，載《全唐文》卷七百四十。
〔註 539〕原題《對受田兼種五菜判》，載《全唐文》卷三百九十八。
〔註 540〕載《全唐文》卷七百三十一。
〔註 541〕載《全唐文》卷五百四十六。
〔註 542〕載《全唐文》卷八百十四。
〔註 543〕原題《大唐故右虞候副率檢校左領軍衞將軍上柱國乙速孤府君碑銘幷序》，載《全唐文》卷二百〇一。
〔註 544〕原題《對觀生束脩判》，載《全唐文》卷八百九十八。
〔註 545〕原題《對申公杜門判》，載《全唐文》卷四百〇一。
〔註 546〕原題《大還丹金虎白龍論跋》，載《全唐文》卷八百十七。
〔註 547〕題《種松賦》，載《全唐文》卷一百三十五。
〔註 548〕原載《全唐文》卷八百十八。
〔註 549〕原題《冬夜宴蕭十丈因餞殷郭二子西上詩序》，載《全唐文》卷四百四十二。
〔註 550〕載《全唐文》卷七百三十九。

元孫《干祿字書序》〔註551〕。儒術爲貴。褚亮《陸德明贊》〔註552〕。青衿之俊，賈公彥《儀禮注疏序》〔註553〕。必致先登。吳越文穆王《乞復父舊號表》〔註554〕。其經學出身，後唐閔帝《准優經學詔》〔註555〕。比明經出身。後唐末帝《優賜勸進人詔》〔註556〕。拔萃出群者，李絳《請崇國學疏》〔註557〕。標爲貢首。韋執中《海人獻冰紈賦》〔註558〕。擢進士第者，楊嗣復《權文公集序》〔註559〕。廉孝、賢良之儀表。梁朱賓《梁府君誌》〔註560〕。取必穿楊，張叔弼《引弓不中判》〔註561〕。而皆以墨妙詞芬，策名試第。劉崇望《授崔凝沈文偉翰林學士制》〔註562〕。少則受業，長而出仕，魏元同《請各擇僚屬疏》〔註563〕。勗以素絲之總。張良器《素絲賦》〔註564〕。故其取類也遠，寓興也深。苗秀《登春臺賦》〔註565〕。稽古作程，李夷亮《南風之薰賦》〔註566〕。將播厥師訓，王福時《家書雜錄》〔註567〕。則立身行道之事，王覿《十八學士圖記》〔註568〕。砥名勵節，高邁《濟河焚舟賦》〔註569〕。必資於師。張籍《上韓昌黎第二書》〔註570〕。伯起關西，賈承暉《持論攻擊判》〔註571〕。人惟標準，史嶷《山陰侯史君碑》〔註572〕。公之謂矣。韓凝《齊

〔註551〕載《全唐文》卷二百〇三。

〔註552〕載《全唐文》卷一百四十七。

〔註553〕載《全唐文》卷一百六十四。

〔註554〕載《全唐文》卷一百三十。

〔註555〕原題《准優經學出身選任詔》，載《全唐文》卷一百十三。

〔註556〕原題《優賜勸進人等詔》，載《全唐文》卷一百十三。

〔註557〕載《全唐文》卷六百四十五。

〔註558〕載《全唐文》卷五百二十四。

〔註559〕原題《丞相禮部尚書文公權德輿文集序》，載《全唐文》卷六百十一。

〔註560〕原題《大唐故朝議郎行澤王府主簿上柱國梁府君並夫人唐氏墓誌銘並序》，載《全唐文》卷二百三十四。

〔註561〕原題《對引弓不中判》，載《全唐文》卷九百五十二。

〔註562〕原題《授中書舍人崔凝右補闕沈文偉並守本官充翰林學士制》，載《全唐文》卷八百十二。

〔註563〕原題《請吏部各擇僚屬疏》，載《全唐文》卷一百六十八。

〔註564〕載《全唐文》卷七百六十二。

〔註565〕載《全唐文》卷四百五十七。

〔註566〕載《全唐文》卷五百九十四。

〔註567〕原題《王氏家書雜錄》，載《全唐文》卷一百六十一。

〔註568〕載《全唐文》卷二百六十九。

〔註569〕載《全唐文》卷二百七十六。

〔註570〕載《全唐文》卷六百八十四。

〔註571〕原題《對持論攻擊判》，載《全唐文》卷四百〇四。

〔註572〕原題《晉山陰侯史府君神道碑》，載《全唐文》卷二百七十六。

蓋廟碑》〔註 573〕。夫學無師授，如不由戶而出。陸羽《懷素傳》〔註 574〕。其宿
學巨儒，南唐先主《舉用儒史詔》〔註 575〕。考其傳授，齊推《靈飛散傳信錄》〔註 576〕。
從古以然，李蒙《耤田賦》〔註 577〕。具在於緗帙也。南唐後主《送鄧王序》〔註 578〕。
公禮義之興，中和所蘊，張式《徐公碑》〔註 579〕。斯實人倫之師表，令狐德棻
《於君碑》〔註 580〕。有教授之恩。蕭穎士《登臨河城賦》〔註 581〕。以公之德，可
以反澆漓；以公之仁，可以厚風俗。許志雍《王公誌》〔註 582〕。公之興學也如此，
李大亮《昭慶令清德頌碑》〔註 583〕。仁聲之感物也如此，韋辭《修浯溪記》〔註 584〕。
其誠切動人如此，李礎《泗州鼓角樓記》〔註 585〕。其服人有如此，張楚金《透撞
童兒賦》〔註 586〕。其才藝也又如此。楊凝式《吳越王碑》〔註 587〕。宏達不器，
包容無方。薛稷《鄭府君碑》〔註 588〕。後進英髦，咸資準的。李善《進文選注表》
〔註 589〕。百行之美，實無闕焉。李潯《徐太夫人誌》〔註 590〕。孝悌之至，達於
神明。李舟《獨孤常州集序》〔註 591〕。積善之家，必有餘慶。鄭仁表《孔府君志》
〔註 592〕。公有厚德，王叔平《王公誌》〔註 593〕。信天理以自然。陳仲師《鵲巢背

〔註 573〕原題《漢齊蓋廟碑》，載《全唐文》卷二百○八。
〔註 574〕原題《僧懷素傳》，載《全唐文》卷四百三十三。
〔註 575〕載《全唐文》卷一百二十八。
〔註 576〕載《全唐文》卷七百十六。
〔註 577〕載《全唐文》卷三百六十一。
〔註 578〕原題《送鄧王二十六弟牧宣城序》，載《全唐文》卷一百二十八。
〔註 579〕原題《大唐故銀青光祿大夫彭王傳上柱國會稽郡開國公贈太子少師東海徐公
　　　　神道碑銘》，載《全唐文》卷四百四十五。
〔註 580〕原題《大唐故柱國燕國公於君碑銘并序》，載《全唐文》卷一百三十七。
〔註 581〕載《全唐文》卷三百二十二。
〔註 582〕原題《唐故江南西道觀察判官監察御史裏行太原王公墓誌銘》，載《全唐文》
　　　　卷七百七十三。
〔註 583〕原題《昭慶令王璠清德頌碑》，載《全唐文》卷一百三十三。
〔註 584〕載《全唐文》卷七百十七。
〔註 585〕原題《泗州重修鼓角樓記》，載《全唐文》卷八百○三。
〔註 586〕載《全唐文》卷二百三十四。
〔註 587〕原題《大唐故天下兵馬都元帥尚父吳越國王謚武肅神道碑銘並序》，載《全唐
　　　　文》卷八百五十八。
〔註 588〕原題《唐故洛州洛陽縣令鄭府君碑》，載《全唐文》卷二百七十五。
〔註 589〕載《全唐文》卷一百八十七。
〔註 590〕原題《吳越故東海徐太夫人墓誌》，載《全唐文》卷八百六十。
〔註 591〕載《全唐文》卷四百四十三。
〔註 592〕原題《左拾遺魯國孔府君墓誌銘並序》，載《全唐文》卷八百十二。
〔註 593〕原題《唐故監察御史裏行太原王公墓誌銘并序》，載《全唐文》卷六百十四。

太歲賦》〔註594〕。識者咸謂純孝殊祥，又重之以陰德，其門必大也。王起《馮公碑》〔註595〕。宗族盛茂，旁蔭遠映。樊宗師《絳守園池記》〔註596〕。合浦珠生，寧齡先《合浦珠還狀》〔註597〕。鳳凰有雛。閻朝隱《馮府君碑》〔註598〕。將繼代以承家，楊棲梧《立庶子判》〔註599〕。以展象賢之慶。石倚《立庶子判》〔註600〕。盛德有後，其若是乎？裴寂《勸進疏》〔註601〕。公天授和粹，褚藏言《竇群傳》〔註602〕。自全其天。宋璟《梅花賦》〔註603〕。故含和而內融，吳冕《昭文不鼓琴賦》〔註604〕。舒卷以時，郭炯《西掖瑞柳賦》〔註605〕。與物無競。王顏《白雀賦》〔註606〕。至人恬澹，張鳴鶴《空賦》〔註607〕。亦足以養高頤神。劉軻《與馬植書》〔註608〕。不以外物累心，則神全而守固。施肩吾《座右銘》〔註609〕。凝神多暇，閻伯璵《射宮試貢士賦》〔註610〕。仁者靜而自閒。張仲素《窗中列遠岫賦》〔註611〕。養性以安其體，魏歸仁《宴居賦》〔註612〕。身安而後坦慮，顧況《送李八郎序》〔註613〕。既安則壽考生焉。劉蕡《直言極諫策》〔註614〕。公形清而視明，令狐楚《李公碑》〔註615〕。

〔註594〕載《全唐文》卷七百十六。

〔註595〕原題《銀青光祿大夫檢校禮部尚書使持節梓州諸軍事兼梓州刺史御史大夫充劍南東川節度副大使知節度事管內觀察處置靜戎軍等使上柱國長樂縣開國公食邑一千五百戶贈吏部尚書馮公神道碑銘並序》，載《全唐文》卷六百四十三。

〔註596〕載《全唐文》卷七百三十。

〔註597〕載《全唐文》卷四百三十八。

〔註598〕原題《亳州錄事參軍事上騎都尉馮府君紀孝碑》，載《全唐文》卷二百〇七。

〔註599〕原題《對捨嫡孫立庶子判》，載《全唐文》卷四百三十六。

〔註600〕原題《對捨嫡孫立庶子判》，載《全唐文》卷四百三十六。

〔註601〕載《全唐文》卷一百三十二。

〔註602〕載《全唐文》卷七百六十一。

〔註603〕載《全唐文》卷二百〇七。

〔註604〕載《全唐文》卷九百四十六。

〔註605〕載《全唐文》卷六百二十。

〔註606〕載《全唐文》卷五百四十五。

〔註607〕載《全唐文》卷九百五十一。

〔註608〕載《全唐文》卷七百四十二。

〔註609〕載《全唐文》卷七百三十九。

〔註610〕載《全唐文》卷三百九十五。

〔註611〕載《全唐文》卷六百四十四。

〔註612〕載《全唐文》卷二百六十。

〔註613〕原題《送宣歙李衙推八郎使東都序》，載《全唐文》卷五百二十九。

〔註614〕原題《對賢良方正直言極諫策》，載《全唐文》卷七百四十六。

〔註615〕原題《大唐故朔方靈鹽等軍州節度副大使知節度事管內支度營田觀察處置押蕃落等使銀青光祿大夫檢校刑部尚書兼靈州大都督府長史御史大夫安定郡王贈尚書左僕射李公神道碑銘並序》，載《全唐文》卷五百四十三。

守顯然之氣，容色不改。盧道元《肘後玉經方序》〔註616〕。志靜氣正，薛易簡《琴訣》〔註617〕。睟容有光，李君房《白獸尊賦》〔註618〕。輔道以延年，呂令問《雙石榴賦》〔註619〕。將因此而致福，蘇瓌《諫元宗疏》〔註620〕。足見長生之道焉。裴鉉《進延壽赤書表》〔註621〕。征諸故事，辛則然《掌甕擅放判》〔註622〕。將徵上瑞，昭宣帝《許宰臣以下遊宴詔》〔註623〕。莫尚儒宗，昭宗《修葺國學詔》〔註624〕。誠以德充氣融，道義純備者矣。盧士车《段干木廟記》〔註625〕。恭維先府君，崇重友道，柳宗元《妻楊氏誌》〔註626〕。淮海、惟揚，敬括《豫章賦》〔註627〕。白沙鄰好，韓希銑《去官判》〔註628〕。惟公李百藥《房公碑》〔註629〕。尤為近切。韋執誼《翰林院故事記》〔註630〕。士之相知，陶翰《送崔二十一序》〔註631〕。合志為友，田南硤《升高判》〔註632〕。在於道義，徐齊聃《諫突厥給事疏》〔註633〕。為莫逆之交。呂才《東皋子序》〔註634〕。寒暑遞遷，崔希逸《藏冰不固判》〔註635〕。遠隔千里。韋雲起《諫征王世充疏》〔註636〕。新安江水，劉長卿《盧公夫人誌》〔註637〕。久要不忘，

〔註616〕原題《太上肘後玉經方序》，載《全唐文》卷九百二十八。
〔註617〕載《全唐文》卷八百十八。
〔註618〕載《全唐文》卷五百三十六。尊，《全唐文》作「樽」。
〔註619〕原題《府庭雙石榴賦》，載《全唐文》卷二百九十六。
〔註620〕原題《與宋璟同諫元宗疏》，載《全唐文》卷一百六十八。元，當作「玄」。
〔註621〕載《全唐文》卷三百六十三。
〔註622〕原題《對掌甕擅放穿墻流惡判》，載《全唐文》卷九百四十八。
〔註623〕載《全唐文》卷九十三。微，《全唐文》作「臻」。
〔註624〕載《全唐文》卷九十一。
〔註625〕載《全唐文》卷一百五十六。
〔註626〕原題《亡妻宏農楊氏誌》，載《全唐文》卷五百九十一。維，《全唐文》作「惟」；崇重，《全唐文》作「重崇」。
〔註627〕載《全唐文》卷三百五十四。
〔註628〕原題《對去官判》，載《全唐文》卷九百四十九。
〔註629〕原題《唐故都督徐州五州諸軍事徐州刺史臨淄定公房公碑》，載《全唐文》卷一百四十三。
〔註630〕載《全唐文》卷四百五十五。
〔註631〕原題《送崔二十一之上都序》，載《全唐文》卷三百三十四。
〔註632〕原題《對升高判》，載《全唐文》卷四百○一。
〔註633〕原題《諫突厥酋長子弟給事東宮疏》，載《全唐文》卷一百六十八。
〔註634〕原題《東皋子後序》，載《全唐文》卷一百六十。
〔註635〕原題《對藏冰不固判》，載《全唐文》卷三百五。
〔註636〕原題《諫征王世充表》，載《全唐文》卷一百三十四。
〔註637〕原題《唐睦州司倉參軍盧公夫人鄭氏墓誌銘》，載《全唐文》卷三百四十六。

王子先《進賢冠賦》〔註638〕。有古人歲寒之心。張次宗《薦崔芸狀》〔註639〕。內懷恂欸，形於翰墨，房彥藻《爲李密檄竇建德文》〔註640〕。良有以也。徐賢妃《諫太宗疏》〔註641〕。顧惟愚懷，韋展《日月如合璧賦》〔註642〕。憶昔過庭，王績《遊北山賦》〔註643〕。以學行文翰稱者，裴敬《李翰林碑》〔註644〕。義推先執。杜牧《沈公狀》〔註645〕。自念髫齔之後，劉崇遠《金華子序》〔註646〕。雖曠不展拜，而心常慕仰，吳保安《與郭仲翔書》〔註647〕。想睹光儀。郭仲翔《與吳保安書》〔註648〕。近年以來，艾穎《請復入閣起居表》〔註649〕。摳衣捧席，崔恭《梁補闕集序》〔註650〕。與公相見。殷亮《顏魯公狀》〔註651〕。自一接拜，宋儋《報友書》〔註652〕。辱公感舊，遂不見遺，李德裕《鄒平公資福院記》〔註653〕。允副夙誠。李巽《駁鄭珣瑜諡議》〔註654〕。乍從容以周旋，盧論《彈棊賦》〔註655〕。每容侍話，李綽《尚書故實序》〔註656〕。公相待甚厚，談笑怡如。任華《與杜中丞書》〔註657〕。含光蘊德，容貌若虛。李騭《徐襄州碑》〔註658〕。溫良之德，竇臯《述書賦下》〔註659〕。涵澈於神宇。李方郁《修中嶽廟記》〔註660〕。蒙垂盼飾，致在褒稱。溫庭筠《上蔣

〔註638〕載《全唐文》卷九百五十二。
〔註639〕原題《薦前澧州刺史崔芸狀》，載《全唐文》卷七百六十。
〔註640〕載《全唐文》卷一百三十四。
〔註641〕原題《諫太宗息兵罷役疏》，載《全唐文》卷九十五。
〔註642〕載《全唐文》卷一百八十九。懷，《全唐文》作「懵」。
〔註643〕載《全唐文》卷一百三十一。
〔註644〕原題《翰林學士李公墓碑》，載《全唐文》卷七百六十四。
〔註645〕原題《唐故尚書吏部侍郎贈吏部尚書沈公行狀》，載《全唐文》卷七百五十六。
〔註646〕原題《金華子新編序》，載《全唐文》卷八百六十一。
〔註647〕載《全唐文》卷三百五十八。
〔註648〕載《全唐文》卷三百五十九。
〔註649〕載《全唐文》卷八百六十。
〔註650〕原題《唐右補闕梁肅文集序》，載《全唐文》卷四百八十。
〔註651〕原題《顏魯公行狀》，載《全唐文》卷五百十四。
〔註652〕載《全唐文》卷三百九十六。
〔註653〕原題《丞相鄒平公新置資福院記》，載《全唐文》卷七百八。
〔註654〕出自《請符載書》，載《全唐文》卷五百二十六。《全唐文》錄李巽《駁尚書右僕射鄭珣瑜諡議》、《又議》，次爲《請符載書》，劉毓崧誤檢。
〔註655〕載《全唐文》卷三百六十五。
〔註656〕載《全唐文》卷八百二十一。
〔註657〕原題《與京尹杜中丞書》，載《全唐文》卷三百七十六。
〔註658〕載《全唐文》卷七百二十四。
〔註659〕載《全唐文》卷四百四十七。
〔註660〕載《全唐文》卷五百十。

侍郎啓》〔註661〕。謬以文字爲公之知，陳谿《彭州新置唐昌縣記》〔註662〕。過垂
獎諭。後唐太祖《報王建書》〔註663〕。耳目相接，陳岵《朝廷卓絕事記序》〔註664〕。
見公之行事，呂夢奇《李招討碑》〔註665〕。仰景行之彌高。盧坦《與李拾遺書》
〔註666〕。俯遂微誠，穎王璟《請改修聖德頌表》〔註667〕。固難以縷陳而悉數
之，試概舉其略。鞏伯壎《奇石山磨崖記》〔註668〕。才非敏贍，孫翃《文辭雅麗
策》〔註669〕。甚愧不文，樂史《仙鵝池記》〔註670〕。諒鄙人之罄思。呂指南《太
常觀樂器賦》〔註671〕。文不逮誠，王繼功《致執政書》〔註672〕。文不逮意，張仲
宣《運籌決勝策》〔註673〕。以爲前輩綴集。歐陽詢《藝文類聚序》〔註674〕。唐文
可愛，來鵠《聖政紀頌》〔註675〕。今所編錄，武元衡《劉郎中集序》〔註676〕。用
成斯文。王嵩岳《孔子石硯賦》〔註677〕。纂組非工，韓偓《御試繳狀》〔註678〕。
而事皆從實。吳兢《請總成國史奏》〔註679〕。所希耆德，睿宗《與劉仁軌書》〔註680〕。
自天祐之。李鼎祚《周易集解序》〔註681〕。日引月長，柳伉《請誅程元振疏》〔註682〕。
得之者壽。吳崇《重修開元天寶觀記》〔註683〕。恢徵士之典，飾蒲輪之儀，樊衡

〔註661〕載《全唐文》卷七百八十六。
〔註662〕原題《彭州新置唐昌縣建德草市歇馬亭鎮並天王院等記》，載《全唐文》卷八
　　　　百〇四。
〔註663〕原題《報西川王建書》，載《全唐文》卷一百三。
〔註664〕載《全唐文》卷六百八十三。
〔註665〕原題《後唐招討使李存進墓碑》，載《全唐文》卷八百四十。
〔註666〕原題《與李渤拾遺書》，載《全唐文》卷五百四十四。
〔註667〕原題《請改修龍池聖德頌表》，載《全唐文》卷一百。
〔註668〕載《全唐文》卷九百。
〔註669〕原題《擢第應文辭雅麗科對策並問》，載《全唐文》卷三百〇三。
〔註670〕原題《仙鵝池祈眞觀記》，載《全唐文》卷八百八十八。
〔註671〕載《全唐文》卷九百五十六。
〔註672〕載《全唐文》卷八百五十二。王繼功，《全唐文》作「王繼恭」。
〔註673〕原題《對知合孫吳可以運籌決勝策》，載《全唐文》卷四百七。
〔註674〕載《全唐文》卷一百四十六。
〔註675〕載《全唐文》卷八百十一。
〔註676〕原題《劉商郎中集序》，載《全唐文》卷五百三十一。
〔註677〕載《全唐文》卷九百五十二。
〔註678〕載《全唐文》卷八百二十九。
〔註679〕載《全唐文》卷二百九十八。
〔註680〕載《全唐文》卷十九。
〔註681〕載《全唐文》卷二百〇二。
〔註682〕載《全唐文》卷四百五十七。
〔註683〕載《全唐文》卷八百八十九。

《爲宇文戶部薦隱淪表》〔註684〕。乘几杖之榮，中宗《令張東之母辭封爵詔》〔註685〕。庠序昌而教化行，李觀《請修太學書》〔註686〕。有以昭儒者之度，仲子陵《五色琴弦賦》〔註687〕。且示四方盛德。張行成《請太子監國疏》〔註688〕。學者得以取法焉。張參《五經文字序例》〔註689〕。

〔註684〕載《全唐文》卷三百五十二。蒲輪，《全唐文》作「蒲車」。
〔註685〕載《全唐文》卷十六。
〔註686〕載《全唐文》卷五百三十二。
〔註687〕載《全唐文》卷五百十五。
〔註688〕載《全唐文》卷一百五十六。
〔註689〕載《全唐文》卷四百五十八。

卷十六

王魯園先生〔註1〕八十壽序　集唐文

〔註1〕方宗誠《柏堂集續編》卷十二《王魯園先生傳》（嚴雲綬、施立業、江小角主編《桐城派名家文集》第 9 冊《方宗誠集》，安徽教育出版社 2014 年版，第 377～379 頁），云：

先生姓王氏，名琛，字魯園，懷寧人。先世明初以武功顯襲世職。四世後多以文學知名。父贈公有厚德。先生天性純篤而迥異過人。十齡時，遍抹寺院題壁詩皆當師喜。贈公大怒曰：「是浮薄行，不可長也。」自是守身謹慎異常。高祖以下五世同居，贈公誨以無任氣，宜深涵養。先生識之，終身孝友睦媚無間言。逮事祖母方太恭人，常依依如還提。母程恭人病瘍，頃刻不違左右，遣之去則飾辭以慰母心。

自少爲文務根柢，不趨時詭遇以求速成。年十七，爲學使山陽汪文端公所知，試冠其曹。嘉慶戊寅中式順天鄉試，復出文端之門。道光壬辰成進士，用戶部主事，司山東釐務，江蘇貢賦兼帶廣西銅連，補雲南司主事，薦升廣東司員外郎中，兼管捐納房，所處皆世俗所謂腴地也。時屢更制，吏因緣爲奸，司事者獲譴。先生素清正，洗心釐別，無敢干以私，亦無有議其刻者。處職二十餘年，無纖毫註誤。

咸豐四年，以京察一等授湖南寶慶府知府，權衡州。衡爲楚、粵門戶，水陸交會。外禦粵寇，內平奸民。常先事而爲之防，所屬七縣迄無一失。始賊陷郴、桂，治兵者濫殺不辜，欲窮搜以邀功。由是餘匪隱聚山谷間，謀投粵寇。先生剴切宣示，予以自新，令各歸取族鄰保狀，永免牽累。讀者感泣，誓爲良民。後先生去任月餘，兵勇有謀亂者，獲數十人鞫之，衡西無一從者。故衡人益追感不忘。然時當大亂，當事者多主嚴毖，而先生務持寬平，意不合，遂乞假去職。先是，以平奸民功，屬吏皆超遷，大府擬疏請加先生道銜，辭之，曰：「以民命博薦擢，非所願也。」

生平以仁民澤物爲心。通籍時，家居不履公門。惟歲大祲，嘗助邑令振貸，徙行鄉里察戶口，別等差，汰浮冒，期實惠及民。總修邑乘，實事求是，而於節

　　夫君子進德修業，崔陟《鴻漸賦》。莫不濟時爲要，利物爲先。高無際《井賦》。德充慶延，周翰《顏無繇贊》。以登仁壽之理。劉珣《渭水象天河賦》。漢宣帝曰：「與我共理者，惟良二千石乎？」褚遂良《諫以皇子任刺史疏》。在昔賢守，惟孟與吳，陳元伯《貪泉銘》。盛德日新，柳道倫《進善旌賦》。修善致福。盧綽《箴天論》。及出領方面，韓雲卿《平淮碑碣》。用清白端正之治，皇甫湜《吉州刺史廳壁記》。潔行檢身，王覿《十八學士圖記》。在郡有善政，郡人愛之，劉約《請王叔約歸宗奏》。猶懷仁壽之施。郝處俊《僧道拜君親議》。惟仁也，故能昭泰。惟壽也，故能長久。史翽《仁壽鏡賦》。是以自天祐之，尹愔《五廚經氣法序》。介福維祺。陳齊卿《升高判》。神之聽之，韋巡《太室擇嗣判》。明久長之益壽。崔融《賀白狼表》。合諸天道，韋挺《功臣配饗議》。在乎修德。王宏昌《諫漢王元昌書》。以致康強，逢吉之福。裴漼《諫信用方士疏》。理惟其常，於儒卿《越關判》。古則然矣。賈廷瑤《太室擇嗣判》。靜思今者，王元貞《祭祀判》。太原公盧求《成都記序》。即其人也。葉法善《報弟子仲容書》。惟公令狐德棻《於公碑》。姓王氏，薛收《文中子碣》。其冑出於太原，閻邱均《王府君碑》。本家於祁，王績《遊北山賦序》。故鄉有太原之號。楊烱《都督王湛碑》。其先漢徵君霸，挈身不仕，高尚鎮天下。杜淹《文中子世家》。自茲以後，孫嘉之《書史百家策》。德行惠績，備列前書。梁文矩《進石光贊封事奏》。令緒昌源，煥乎已遠，崔行功《孔

孝及事關倫紀者，尤審慎焉。安化陶文毅公撫安徽，汶上劉玉坡制軍守安慶，咸推重之。官京師時，每安徽饑，即倡同鄉官輸金助振，並條列利弊情形、防患備荒諸策，與官皖者言之，多見施行。尤喜振孤寒之士，教育成就數十人，而官內外二十餘年，未嘗寄一錢家中以爲生計。守衡未逾兩載，軍務繁興，公費多裁充兵餉。先生念書院、育嬰堂爲教養所繫，加意經理，得無廢壞。去之日，士民攀轅泣送者數百人，制匾公堂，頌其德，曰穆如清風，又曰學道愛人。知者咸以爲無溢美也。貧窶無能爲歸，乃之河南。歷主周南、宛南書院，最後節相曾公延歸主安慶敬敷書院，盡心教士，士心歸之。

同治六年十二月十一日卒，年八十有三。妻朱恭人有賢行，前卒。子五人：希傑，優貢生，官懷遠訓導，壽州學正；支蟠，優貢生，道光某科舉人，官高陽縣知縣，皆有政績；支釗、支紛皆縣學生，早卒；今惟紹曾一人存，湖北候補州判。孫存者十一人，曾孫五人。

方宗誠曰：先生外和而內剛，跬步必於禮法，待人肫誠仁恕，而事所不可，則侃侃教戒無唯阿，京師人多以道學目之。然先生實未嘗講學，蓋生質醇厚出於自然，洵所謂老成人也。余少所交多耆宿，皆久凋謝。近十餘年來，所見吾鄉先進，惟吳竹如侍郎之正學，王子懷侍郎之清節，與先生之質行，爲後進典型。先生與二公交最久，王公先卒而先生繼之。今惟吳公一人存耳。先生居平不近利，猶不矜名，獨卒前數日謂余曰：「子知我者，其爲我家傳存族譜中！」烏呼！其可悲也已。

據此可知本文作於同治三年（1864）。

宣公碑》。析以諸房。吳越王錢鏐《大宗譜序》。公之先韓凝《齊蓋碑》。世居溫，衛憑《正一先生廟碣》。在於河內。張楚《與達奚侍郎書》。汝南綱紀，封利建《李公德政碑》。詳其指揮。閻寬《溫湯御球賦》。公之十三世祖也。李百藥《房公碑》。舒州徐鉉《舒州文宣王廟碑》。爲名郡，疆土綿遠，鄭吉《楚州南門記》。將付斯任，尤精其人。王仲舒《謝荊南節度使表》。懷寧縣界，崔元翰《賀舒州甘露表》。悉在指揮之下，鄭畋《切責高駢詔》。子孫因家焉，今爲縣人也。史嶷《山陰侯碑》。枌榆之地，於知微《於大獻碑》。以盛門爲右姓。柳芳《姓氏論》。公門傳孝義，胡晧《姚府君碑》。無分居異財。韋貫之《高崇文碑》。族茂宗榮，潘炎《李樹連理賦》。肥家以忍順，柳玭《家訓》。謹遵先範，顏揚庭《上匡謬正俗表》。著之格言，韓儀《授李成慶夏州節度使制》。佩以周旋，王說《三公佩刀入閤判》。飭身正事。劉承慶《直言疏》。公以幼承教義，早聞詩禮。苗神客《乙速孤府君碑》。太夫人高明整肅，有慈有威。顏眞卿《臨淮王碑》。母也賢只，教之勤斯。仲子陵《斷織賦》。公奉親以孝，鄭餘慶《賈僕射碑》。夙有至性，席豫《楊府君碑》。諒稟之於自然。鄭惟忠《泥賦》。祖母張九齡《徐公碑》。嘉其至誠，歐陽玭《野人獻日賦》。竟三餘而勤藥餌，孫思邈《千金翼方序》。至誠所感，陳羽《明水賦》。感而遂通。賈稜《明水賦》。神之至誠，罔或不降。鄭齊《望歸胙判》。連光於維斗，婁元穎《泰階六符賦》。映星躔之的的。王損之《曙觀秋河賦》。光芒射天，孫樵《祭梓潼帝君文》。有如列宿高懸，王冰《素問序》。爲世魁傑。裴延翰《樊川集後序》。是資昭報，張利貞《不供祭用判》。果成其遠大，薛逢《上崔相公啓》。良亦異聞。廉粲《春不修鑒判》。七歲張說《尹先生誌》。嗜學從師，雍陶《學然後知不足賦》。能以所聞，曲問其義。韓昶《自誌》。迨及童年，陳元光《請建州縣表》。勵志精勤，薛詢《侯眞人降生臺後記》。惟古訓之是式。張嗣初《鄉老獻賢能書賦》。其文學也，家承儒範，皮光業《吳越王廟碑》。根於經義。李罕《李公去思碑》。偏覽史籍，尤工綴文。杜確《岑嘉州集序》。爲士友所重，李絳《王尙書碑》。許以高流。王縉《進王維集表》。一見文章，並深提拂。徐浩《張公碑》。由是聲名大振於州里。黃滔《陳先生集序》。歲次壬戌，上官儀《冊殷王旭輪文》。舉秀才第一。權德輿《贊皇公集序》。中年考校，僉我大成。滕王湛然《寶少傳碑》。壬申，崔尙《馮公碑》。復以高第，崔郾《高公德政碑》。超然出群。趙匡《舉選議》。廩儲有備，馬總《代李僕射乞觀表》。宜從超等之褒。昭宗《改元天復赦文》。洎貢藝闕下，蘇鶚《杜陽雜編序》。遊太學。韓休《蘇頲文集序》。戊寅，孫處元《順祐王廟碑》。以孝廉上第，溫璠《淨觀聖母記》。爲時所稱。張彥遠《法書要錄序》。壬辰歲，柳識《潁陽祠獻酬文》。登進士第，張景《河南縣尉廳壁記》。授戶曹，李商隱《白公碑》。實委司徒之官。張鷟《戶部侍郎奏判》。懿夫粉署清華，張耀

《井賦》。郎官上應列宿，蕭至忠《陳時政疏》。有持算主事者，王霈祖《二疏圖記》。舉本司公事，夏侯坦《申明關防奏》。皆得以議之。蔡詞立《虔州孔目院食堂記》。公之在地官也，杜黃裳《顧公碑》。山東蒸黎，德施普洽，宋璟《論修德刑疏》。專斷於一司。魏元同《請各擇僚屬疏》。其於疆理，各有區分，樊系《列侯實封判》。爲嶺南西道。懿宗《分嶺南爲東西道制》。雖在別司，李啓《請定途遇儀式判》。兼掌尤重。劉崇望《授李授光祿少卿制》。粵以癸卯之歲，陸元朗《經典釋文序》。準式李遵《奏限官職田狀》。爲補闕元稹《上裴柏公書》。雲南安撫，樂朋龜《賜陳敬瑄鐵券文》。式資康濟之材。穆宗《元稹平章事制》。乙巳，陳鴻《大統紀序》。加以員外，李嶠《請減員外官疏》。嶺隅之東，苗紳《韋丹像贊》。實曰司存。范鳴鶴《典同度管判》。以丙午之歲，徐嶠《金仙長公主碑》。遷郎中。武平一《東門頌》。山西一道，李諲《妒神頌》。公於是領錢穀之要。高適《送竇侍御序》。每一司之內，共集議商，竇貞固《請定舉士官賞罰奏》。和而不同。白行簡《石韞玉賦》。故議定於內而事修於外。韋執誼《翰林院故事記》。明習政理，張行成《請太子監國疏》。詳據舊章。李勣《請遷主祔廟疏》。蓋弛張之道因時，而沿革之宜可識。周存《觀太學射堂賦》。事無鉅細，公必躬親。殷鵬《羅公誌》。當進牘之時，竇紃《五色筆賦》。申畫一之法。柳澤《諫復斜封疏》。人吏斂手，莫敢爲非。楊巨《虞鼎誌》〔註2〕。貢賦所均，張元素《諫修乾陽殿疏》。鹽鐵度支。吳武陵《諫竇易直書》。通淮湖之運漕，劉寬夫《汴州糾曹廳壁記》。重修格式，務於簡當。狄兼謨《請次制勅》。奏公家之利，韓瑗《理褚遂良疏》。知無不爲。王縉《魏鄭公諫錄序》。況近年以來，風塵屢擾，李蔚《諫飯僧疏》。經費不足，宋務光《請減滑州封戶疏》。亦請據行事通融。韋萬石《定樂舞奏》。義在隨時，唐南華《修河隄不溉田判》。式崇大體。張廷珪《請準式折免表》。惟名與器，不可假人。于休烈《請不賜吐蕃書籍疏》。道在守官，鄭昉《請命服判》。當官正色，不畏彊禦，李舟《獨孤常州集序》。僚友欽之。薛長孺《張少卿誌》。以公人才地望，陶穀《史太保碑》。優游華省，蘇絳《賈司倉誌》。二十餘年。敬讓《請致仕侍親表》。後來者多升上位，時論殊以爲屈，公處之怡然。姜晞《姜遐碑》。己酉，王福時《錄關子明事》。以郎中滿歲，施敬本《駁封禪禮奏》。判戶部事。沈詢《魏謩拜相制》。戶部尙書以下，齊抗《元日朝班儀注奏》。有所薦進，李安期《用才當忘親讎論》。以公當其選。歐陽詹《馬公誌》。宣宗皇帝求理之切，錢珝《爲崔相公論京兆除授表》。召見顧問，呂元膺《論公碑》。鑒臨斯及。羅讓《井渫不食賦》。天子念公之勤，董侹《閭先生碑》。德音褒美。范傳正《李公碑》。天顏賜喜，張楚金《透撞童兒賦》。題柱恩深。季子康《讓劍判》。至於癸丑，崔翹《請封

〔註2〕原題作《唐御史裏行虞鼎墓誌銘》，載《全唐文》卷八百十九。

西嶽表》。徵乎考績裴騰《字詁判》。第一等，付吏部。劉祥道《銓選六事疏》。甲寅歲，馮宿《殷公家廟碑》。簡在宸衷。元錫《蘇州刺史謝上表》。位爲郡守，魏元忠《上高宗封事》。委寄非輕。裴皞《請刺史經三考許替移奏》。往湖南，元宗《宣慰湖南制》。九嶷北麓，三湘南瀯，張謂《虞帝廟碑》。惟邵伯崔敷《邵伯祠記》。循良是屬，寄千里以專城。嚴識元《楊至本碑》。露冕搴帷，王友方《司倉拔薤父老送錢判》。俾公康乂。公於是始有剖符之寄。盧虔《高公碑》。文宗皇帝臨軒歎賞，面許重事以遣之。楊倞《馬公碑》。將欲之郡，嚴綬《信安王詩記》。方伯連帥，順宗《即位赦文》。惟德是依，惟才是求，德宗《臺衡銘》。量時署官，權寅《獻鬯酒不供判》。改衡州，劉禹錫《呂君集序》。知府事。崔行先《爲王大夫謝賜改名表》。惟南之鎮，皮日休《霍山賦》。衡山作嶽，元結《九疑山圖記》。上應南極，杜楚賓《白石鹿記》〔註3〕。鎮衡陽之一都。常袞《加韋之晉御史大夫制》。衡陽苞湖，地繁賦闊。李虞仲《授裴浰等刺史制》。控五嶺封疆之要，刁尚能《南城縣羅城記》。連帥倚爲右屏。張保和《撫州子城記》。撫其四封，必資碩望。蔣伸《授王宰李拭節度使制》。詢於眾議，非公莫能。李程《李光顏碑》。九月，高紹《修季子廟記》。公下車問俗，觀風立政。陳子昂《楊府君碑》。五馬初來，李子卿《國公嘉禮判》。當是時也，虞世南《獅子賦》。五嶺煙騰，狄仁傑《諫造大象疏》。干戈未息。裴行儉《兵事疏》。下車未幾，孫昱《郭府君碑》。赤眉始結，白波猶侮。史仲謨《溧陽侯頌》。人心驚駭，賈至《送蔣十九序》。公獨晏如。殷文圭《廬州羅城記》。設策除凶，劉璿《馬驚師徒判》。建衡山一營，劉津《新城記》。號令前驅。奚敬元《史公碑》。又召境內舉武藝者，令狐峘《顏魯公誌》。團結鄉社之人，名爲義營。竇儼《上治道事宜疏》。分命鄉民，設其警候，李昉《任公屛盜碑》。守其要害，劉源《請置銀川監牧奏》。必有隄防。王茂元《奏吐蕃事宜狀》。指蹤之勞，房彥藻《爲李密檄竇建德文》。公獨當一面。宋申錫《李公德政碑》。義勇之士，盧俌《論突厥疏》。兩翼掩進，前後夾攻，樊衡《破契丹露布》。獲賊赤頭郎。李德裕《請准軍功格狀》。魁首既並伏誅，徐有貞《駁論徐餘慶奏》。所庇護居人不知其數。潘稠《請移眞源縣奏》。人唯安堵，物荷昭蘇，章震《巢湖廟記》。揚氛而氛祲塵銷，胡曾《上路相公啓》。繄公之力也。嚴郢《駁太常諡議》。乙卯，置鋪警巡，張守吉《請量減重囚封事》。日夜戒嚴，劉郇《陳軍中事宜疏》。皆所以防萌杜漸。唐臨《劾杜如晦奏》。蓋緣府界闊遠，山谷重深。劉彤《論驛馬疏》。又緣累歲以來，嶺南用兵，夏侯孜《戶部積欠奏》。同惡相濟，郭震《劾趙彥昭奏》。轉相煽合，朱子奢《能仁寺碑》。實繁有徒。王澄《請禁不務農桑奏》。密計凶謀，薛元超《諫太子牋》。潛申約結。顏師古等《慈寺碑》。況此賊逋藏藪澤，

───────────

〔註3〕原題作《雷鄉縣白石鹿記》，載《全唐文》卷三百七十四。

王景崇《誅蘇祐疏》。熒惑人心。崔蠡《劾李聽疏》。若縱奸人，嚴礪《奏崔河圖狀》。內必生變。張公謹《條突厥可取狀》。委其能吏，邊光範《請簡都督刺史疏》。備知蹤跡。鄭受益《再論張彥澤疏》。俾罪人斯得，正是刑名，劉寬《諫中官打人表》。玉石大分，黑白無誤。鄭薰《祭梓華神文》。既殲元惡，不問其餘。陳去疾《王師如時雨賦》。先務招懷，蕭俛《對穆宗問兵法疏》。明立文案。孔崇弼《請禁乾沒什物奏》。脅從罔治，孫伏伽《諫遷配王世充竇建德黨與疏》。因而撫之。溫彥博《安置突厥議》。伏罪效誠，高郢《請致仕表》。請從寬典。儀宗哲《惰農判》。安彼反側，張蘊古《大寶箴》。咸與維新。陸贄《原宥河中將士詔》。衡州凋蔽累年，呂溫《代李中丞薦狀》。自公之暇理於茲，張友正《歙州披雲亭記》。則闔境蘇息。馬周《請簡擇縣令疏》。訪郡之長老，李瀆《荇溪新亭記》。前所不便及所願欲而不得者，韓愈《新修滕王閣記》。因宜制節，叔孫元《觀仲冬時令賦》。變而通之。崔沔《請勿廢仙州議》。緩其賦，使其人舒；平其役，使其人勸。陸長源《戴公去思碑》。商農工賈，孚信不遺。鄭子春《北嶽廟碑》。而以爲政之本，學校居先。張嘉貞《李懷仁德政碑》。以平律校郡士，懷才負藝者踊躍至公。劉蛻《上裴侍郎書》。吐穎呈鋒。獨孤申叔《處囊錐賦》。於是集青衿之侶，王履貞《太學壁經賦》。簡試取其尤精上者。楊瑒《諫限明經進士疏》。獎勸多方，姜立祐《樂師請考判》。觀風之道斯宏。梁洽《晴望長春宮賦》。士趨於門，猶恐不及。李紓《朱府君碑》。雖文翁化蜀，李觀《與獨孤使君書》。何以尚茲。李從謙《夏清侯傳》。古者牧守政成，擢登三事。寧原悌《論時政疏》。惟公靖民，盧士成《段干木廟記》。功既成矣。劉允濟《明堂賦》。牧伯之賢也，李陽冰《庾公德政頌》。皆嘉公之能奏課第一，公未受賞。王維《裴齊州遺愛碑》。直道而行，馮萬石《文詞雅麗策》。城府洞開，王虔休《進市舶使院圖表》。豈趨世利？裴炎《猩猩銘》。公自以爲通塞繫於命，褚藏言《竇群傳》。去就有禮，姚思廉《止足論》。必當揖二疏高風，李季貞《石門山記》。所以不矜其功庸，不事乎權變。陳山甫《有征無戰賦》。掛冠投紱，裴朏《裴君誌》。罷郡之日，韋瓘《浯溪題壁記》。郡人乞留。令狐緒《請停汝郡人碑頌奏》。歎歌邵之徒勤，想借寇之無及。李宣《立生祠判》。角巾私第，常無欲《吏脫幘判》。乃君子之行藏。甘子布《光賦》。矧公遐情浩然，武元衡《劉郎中集序》。至於衡山，李渤《侯司空廟記》。遂遍閱古碑及《衡山圖經》、《湘中記》，李沖昭《南嶽小錄序》。憇祝融之雲峰，弄茱萸之湍水。李白《送戴十五歸衡嶽序》。攜賓寮於林下，李徵古《廬江宴集序》。不廢謳吟。顧雲《投西邊節度使啓》。勝概可尋，吳與《漳州圖經序》。放懷邱壑。鄭處約《李群玉校書郎制》。歲次戊午，鄭欽悅《復任升之書》。公俶裝遵遠，婁師德《契苾府君碑》。輶軒將馳。陶翰《送封判官序》。衡人曰：沈亞之《與同州試官書》。「公來

如太華之安，李昊《羊馬城記》。自臨此郡，段成式《好道廟記》。惟衡也，張賈衡《誠懸賦》。不見煙塵。劉長卿《餞韋使君序》。公實活我。今公去郡，舒元輿《鄂政記》。是宜播公之美，白敏中《修堯祠記》。以表微誠。」鄭絪《進奉狀》。君子之德如風，蔣防《草上之風賦》。必詠穆如之頌。王士源《孟浩然集序》。愛人若己，李琪《吳越王生祠碑》。能傳鄒魯之學。蕭定《文宣王廟記》。本立道生，魏式《工先利器賦》。清白著矣，歌詠興焉。孟賓于《碧雲集序》。莫不歡忻踊躍，韋承慶《上東宮啓》。等列標名。韋澳《不分等第榜文》。即建標而特起，張蒙《李公功德頌》。俾傳來者。韋夏卿《東山記》。彼都人士，瞻佇城隅，楊譽《紙鳶賦》。或觸於郊，或餞於境，孫逖《裴公德政碑》。觀者如堵。盧象《送賀秘監序》。父老歡息，徐鍇《先聖廟記》。挈壺漿，捧簞醪，白居易《李公家廟碑》。攀轅而送。劉待價《獨孤府君碑》。諠嘩塞路，蘇圖元《崔令尹頌德記》。異口同音，劉從諫《二蕭眞僞奏》。延頸企踵而望之也。盧肇《上王僕射書》。追留再三，王延翰《天尊畫壁贊》。或呼或立，且行且止。公敦諭慰勉之數四。李明啓《築城連署記》。雖樵兒牧豎，沈光《李白酒樓賦》。道路號歡，若無所歸。賈餗《贊皇公德政碑》。其得人心也如此。魯洎《杜刺史誌》。何施而臻此歟？穆質《直言極諫策》。實由政之所及，德之所致。潘滔《文公祠記》。去思之美，無謝於古人。張次宗《請立李德裕德政碑狀》。聲名遠彰，朝野籍甚，群公側席者多矣。徐堅《裴公誌》。師資之道，張子琳《觀生束脩判》。德義可尊。康季子《事貌相似判》。登如龍之門，朱灣《別崔使君書》。蒲輪遠聘。褚亮《十八學士贊》。己未，杜光庭《麻姑洞記》。留洛陽。李紳《追昔遊集序》。掌教，陳致雍《入學議》。函席就橫經之道，李乂《成都令勸學判》。化清洛之溫然。鄭宗洛《溫洛賦》。庚申年，羅隱《鎮海軍使院記》。自洛陽，符載《送崔副使序》。可以適南陽。喬潭《霜鐘賦》。數年之間，盧藏用《陳子昂傳》。啓迪後進。楊齊宣《晉書音義序》。教人之本，則義理爲先。顧少連《經義錄紙奏》。履道自居，蕭鈞《顏勤禮讚》。士流模楷。閻朝隱《馮府君碑》。課以經義，賀蘭恒《卒史有文學判》。考試所業長短，李守瓊《禁沙門著紫奏》。及品格高下，列爲先後。裴孝源《貞觀畫史序》。朝夕講貫，李行修《請置詩學博士疏》。垂此作式。呂鏄《金馬式賦》。後進有才而業未就者，教誨誘掖之，惟日不足，崔祐甫《張公碑》。士亦感類而相從，張昌齡《高潔之士策》。希匠石以裁成，張勝之《木從繩賦》。動皆執禮。韓述《新平王誌》〔註4〕。洛陽才子，駱賓王《和詩啓》。南陽貴士。呂才《敘錄命》。振彼高價，膺茲美名。張慶餘《青玉案賦》。由是得諸生，每歲累及薦擢於有司。周墀《國學官事書》。其餘顧盻曾假吹噓成名，布於詞場及內外之列者，不可勝紀。殷亮《顏

〔註4〕按：語見常袞《奉天皇帝長子新平郡王墓誌銘》，載《全唐文》卷四百一十九。

魯公狀》。登公之門，李膺之門也，顧況《陶氏集序》。惟鑒別之精也。張懷瓘《書估》。
癸亥歲，韓熙載《宣州新城記》。春秋將及於八旬。吳越王錢傳瓘《乞復父舊號表》。懸
車故鄉，扈載《景公碑》。怡性林泉。寇同《吳府君誌》。以公夙著廉勤，呂夢奇《李
招討碑》。不事產業，劉全白《李君碣》。宦遊既久，劉太眞《杜府君碑》。田園將蕪。
熊季成《田種五𥟖判》。言歸舊廬，於敬之《王先生碑》。終甘㴱隘，郭正一《對鄙肆策》。
維桑及梓。庾光先《兩貫判》。公每懷敬止，姚崇《於都督碑》。於鄉黨則謙似不能言，
張賁然《茹公碑》。不以德行尙人，人自敬畏。杜牧《韋公碑》。乃詢事考言，田義晊
《先聖廟堂碑》。皆有條貫。陳鴻祖《東城老父傳》。而編錄之內，高儉《文思博要序》。
無稽必正，孔志約《本草序》。欲使信而有徵。孔穎達《易正義序》。爰自兵亂，以迄
於今，王延昌《靈源公碑》。忠臣義士，袁楚客《規魏元忠書》。搜訪矜恤，中外所急，
蘇端《駁楊綰諡議》〔註5〕。互陳聞見，同異甚多。李延壽《上南北史表》。公乃詳究
本末，尋訪源流。李騭《徐襄州碑》。其於忠義也，朱敬則《五等論》。不厭其詳，洪
纖並舉。王德璉《饒州記序》。使忠臣義士知勸，高釴《論於頔諡議》。激懦夫烈士之
節，警貞女孝子之心，梁德裕《重建易縣候臺記》。其勤至矣。司馬貞《補史記序》。
公有文章若干卷，深茂古老。柳宗元《秘書陳公狀》。凡所著述，劉子元〔註6〕《自
敘》。言簡而理當，文約而義豐。屈蟠《折疑論序》。又述作之外，修集家譜。于邵
《河南于氏家譜後序》。王氏盛業，張魏賓《王處士誌》。其蔭也廣。敬括《豫章賦》。枝
分派別，韋述章《仇府君碑》。祠堂在焉。張鷟《仙都山賦》。公本之禮經，于公異《吳
岳祠堂記》。得高曾之規矩，長孫憲《修火利判》。依舊式修續，柳璟《請續修圖譜奏》。
故有家傳族譜族圖。趙瑩《論修唐史奏》。嘗纂《家範》數千言，梁肅《送皇甫七序》。
以大宗率譜屬，以小宗通閫饌。裴耀卿《竇希球碑》。禮不忘本，王翰《兩貫判》。
古之制也。李杭《請置判懸判》。公之網羅遺典，史承節《鄭康成祠碑》。爰考圖經，
徐知證《太乙眞人廟記》。雜出於傳聞，崔龜從《昭亭神祠記》。年深事遠，章乾度《駁
房式諡議》。博採群志，李翰《王侍郎贊》。搜諸史籍，韋續《五十六種書序》。耳目耆
舊所及，陳叔達《答王績書》。足是證明。韋安仁《駁封禪舊儀議》。遂參校是非，較
量同異，顏元孫《干祿字書序》。其或善未書、能未紀者，罔不畢錄。楊夔《烏程縣
修建廨宇記》。秉公心而排群議，裴度《劉府君碑》。確爾不回。浩虛舟《木雞賦》。清
濁分流，趙元一《奉天錄序》。悉從釐正。賈耽《進華夷圖表》。編而作志，褚廷誨《㗧

〔註 5〕語見梁肅《代太常答蘇端駁楊綰諡議》，載《全唐文》卷五百一十七。「搜訪矜
　　　恤」之「矜」，原作「旌」。
〔註 6〕按：劉知幾，字子玄。

星曆判》。厥功茂焉。獨狐及《呂諲諡議》。公志尚純一，行必中正，常仲儒《修文宣王廟碑》。乃縉紳之領袖。吳融《授王摶平章事制》。以清潔爲貴，張省躬《祭星判》。未嘗干有司。陸龜蒙《復友生論文書》。昔者巨浸橫流，宋之問《祭禹廟文》。事緣共理，康子季《樂置判懸判》。療饑拯溺，須及其時。魏知古《諫營道觀疏》。隨其所宜，量定多少。趙贊《常平倉議》公費不足，孜孜爲之。路岩《渾公碑》。指困推誠，梁朱賓《梁府君碑》。則事無不濟。劉怦《與朱滔書》。此乃行古之道，王智明《不受徵判》。有益於人。李巽《請於郴州鑄錢奏》。惟此舒人，李翶《別灊山神文》。集於京師，牛希濟《薦士論》。修其候館。趙良玉《道路判》。公乃剗闊其地，作爲新廳。趙璟《鄂州新廳記》。親畫規模，徐太亨《丈人祠碑》。爰恢崇構。殷崇義《南唐祈仙觀記》。爾乃經營是設，韓徹《黃金臺賦》。莊田園店等。敬宗《受尊號赦文》。是用拓開基址，危全諷《重修撫州公署記》。纘舊業，創新制，蕭森《永仙觀碑》。悉公重修。李碩《泗州鼓角樓記》。公於是相顯爽之宜，立卑高之程，李直方《白蘋亭記》。回俸節財，蕆事彰義。邵眞《義井記》。且知君子攸作，務於遠大，徐彥伯《汾水新船賦》。信可久之宏規。韋表微《學士院新樓記》。其居家也，崔韶《重定馬暢諡議》。克奉先業，盧禧《不受徵判》。承家之資產。豆盧詵《宗公碑》。夙有志願，銘之在心。柳伉《請誅程元振疏》。公昆仲間，鄭仁表《孔府君誌》。當同財而離居。陳京《鄭公德政碑》。乞申私讓，于志寧《讓賜地奏》。禮以展敬。陳讜言《祭地判》。奉親族以和，高孚《張君紀孝銘》。同氣之誼日隆，手足之情元厚。韋敬辨《智誠峒序》。祿俸所入，皆均親愛。許志雍《王公誌》〔註7〕。因心則友，義切天倫。張孚《臧府君碑》。君子修身，崔國輔《上何都督書》。惟茲道也可允孚，賈曾《水鏡賦》。以明和容之義。源乾曜《請行射禮疏》。夫人沛郡太夫人朱氏，李邕《竇居士碑》。輔佐君子，協和中外，李師聖《許夫人誌》。克儉克勤，竇臯《述書賦下》。實與君子同心。柳冕《答裴尚書論文書》。矜孤愍窮，寬仁厚德，戴少平《王將軍碑》。宜其阜昌盛業，蕃衍華緒。楊綰《霍國夫人碑》。有令子五人，司空圖《燕國太夫人誌》。並早承庭訓，劉巨川《杜夫人誌》。教之義方，呂元泰《陳時政疏》。務實去華，王權《請禁貢獻奢侈奏》。文儒濟美。靳翰《陸府君誌》。長子，楊炎《杜公碑》。標爲貢首。韋執中《海人獻冰紈賦》。一履學官，蕭穎士《贈韋司業書》。綏懷遠人。蕭昕《張公碑》。決去就於至誠，庾承宣《田節度碑》。宣明教化，爲導人之道。韋行儉《中天王廟記》。事關備禦，崔群《請廢宿州議》。時有登陴。宇文賞《夷攻蠻假道判》。遷臨壽春，楊憑《羅刺史德政碑》。式遏廣寇。李懌《封錢鏐越王

〔註7〕原題《唐故江南西道觀察判官監察御史裏行太原王公墓誌銘》，載《全唐文》卷卷七百一十三。

制》。循聲流於簡牘，良政在於歌謠。劉穆之《盧公清德文》。次子，陳子良《爲王季卿與王仁壽書》。登明經高科。許孟容《裴公碑》〔註8〕。京兆等試，劉軻《與陸賓虞書》。登乙卯科。蕭鄴《韋公碑》。胄筵講肄，薛廷珪《授王牘等諸王傅制》。宜令教習。竇溫顏《請肄武策》。縣令字人之本，睿宗《申勸禮俗判》。高陽、令狐楚《薦齊孝若書》。京畿之內，供億所叢。憲宗《免京兆府稅勅》。時和年豐，郭英幹《靈石銘》。人欣華黍之盛。裴光庭《賀雨表》。蓋精意所感，張惟一《金天王廟祈雨記》。誠懇而靈雨應期，稼穡獲全，異於他郡。董晉《李公德政碑》。既稱良吏，雅合名聞。康廷芝《縣令有惠化判》。第三子，穆員《穆公裴夫人誌》。下筆成文，劉昫《文苑表》。一日千里。溫大雅《爲高祖報李密書》。既幼穉之年，稟神異之性。竇儀《條陳貢舉事例狀》。逮於弱冠，德輝彰聞。張薦《答權載之書》。價重江南，溫庭筠《上杜舍人啓》。乃傳芳而永久。李子簡《天晴景星見賦》。第四子，薛稷《鄭府君碑》。識度清遠，杜甫《薦岑參狀》。有高尚之風。鄭太昊《浮漚賦》。祖述前修，員半千《達奚君碑》。傳諸子弟。劉庭琦《家僮視天判》。皆事理明切，趙知微《請勤政誠逸疏》。垂教作程。毋煚《經籍序略》。季子，李藝《李公誌》。官居別乘，王叔邕《彈崔位狀》。州佐道優展驥，趙瓚《旱暵判》。德表題輿。李大亮《王播清德頌》。漢陽郡，中宗《封五王制》。修築羅城畢功，僖宗《並築成都羅城詔》。功齊百雉。王棨《水城賦》。司馬理軍，代宗《封衛伯玉垷陽郡王制》。江漢之中，于兢《琅邪王德政碑》。拯溺橫流之滋。高宗《紀功頌》。良家子女，高祖《放宮女詔》。歸其戚屬，太宗《放宮女詔》。幸因遇於仁人。韓伯庸《幽蘭賦》。盛德傳家，王勃《上明員外啓》。宏材彌劭。李善《進文選注表》。世濟其美，侯昱《王府君碑》。貽厥孫謀。賀朝《襲代封逃判》。經業出身，武宗《加尊號赦文》。宣付史館編記。後唐明宗《宣示進嘉禾勅》。課績尤異，宣宗《改元赦文》。蒞事克勤。劉眘虛《不知名物判》。增秩進階，李吉甫《忠州謝上表》。終遠大之爲貴，陳廷章《水泉賦》。謂璀璨之瓊樹。師貞《秋露如珠賦》。乃其曾孫，文宗《授魏可則等官詔》。厥有經義，徐復《駁擬鄭珣瑜諡議》。符金滿篆。於峴《投諸樊寄判》。凡爲文章，劉崇遠《金華子序》。珠輝玉映，徐寅《歌賦》。如蘭生一葉，誰謂無芳。桂長初條，宛然嘉木。楊嗣復《九證心戒序》。公則神怡氣暢，王起《馮公碑》。逍遙道樞。張諗《蕭齋記》。其福祉也既如此，陳喬《張天師碑》。其允緒也又如此。楊凝式《吳越王碑》。夫德行者，源也；冠裳鍾鼎者，流也。陸羽《遊慧山寺記》。君子所貴乎德積於中，而化行於外。陳簡甫《宣州良吏記》。蓋德成於上，李嗣真《書品序》。福壽要津，劉端《北嶽廟碑》。實

<hr>

〔註8〕原題《唐故侍中尚書右僕射贈司空文獻公裴公神道碑銘》，載《全唐文》卷四
　　　百七十九。

由於此。楊德裔《劾奏逗留狀》。理可明徵，鄭澣《應聖公祠堂碑》。惟公盛德溫恭，雅懷寬肅。劉憲《乙速孤府君碑》。以公清正直，徐季鴒《屯留令善政碑》。輿人頌康。杜挺《初稅畝判》。厥德允修，楊紹復《尙書右丞判》。躋於仁壽。蘇頲《處分朝集使勑》。克享黃髮，優游廣堂。劉迺《冊郭子儀尙父文》。不亦宜乎？戴璿《聖祖靈應碑》。甲子，邢文本《冊河間郡王文》。年八十。盧潘萬《敬儒碑》。〔註9〕十月十二日，上官靈芝《王居士銘》。有壽星之發彩，周鈐《南郊享壽星賦》。養壽祈年。王燾《外臺秘要序》。迨至乙丑歲，張洎《張司業詩集序》。弟姪子孫，苗晉卿《郭公碑》。招親友以高會，韋應物《冰賦》。壽客滿堂，袁參《上姚令公書》。齊獻壽杯，南唐嗣主《進買宴錢表》。祝公壽考〔註10〕。盧頊《禱聰明山記》。康寧之福，郭子儀《請宣示儉德表》。方比契於松筠，李公進《幽蘭賦》。乃相與賦詩。李遠《送賀憑宰永新序》。不遠千里，南唐後主《送鄧王牧宣城序》。授簡爲序，王涯《元和姓纂序》。顧惟不佞。張皓《藏冰賦》。庚子歲，和凝《吳越王碑》。伯氏仲氏，許堯佐《壎篪相須賦》。一舉明經，同年擢第。李華《崔公碑》。延頸下風，杜之松《答王績書》。想睹光儀。郭仲翔《與吳保安書》。自一接拜，宋儋《報友書》。得申景慕。劉孝孫《詩英華序》。由是益知公懿德宏遠，必能永保貞吉。任華《與杜中丞書》。近者以來，邢文偉《減膳書》。山川既邈，韋處厚《答李德裕詔》。雖曠不展拜，而心常慕仰。吳保安《與郭仲翔書》。仰景行之彌高，盧坦《與李拾遺書》。用成斯文。王嵩岳《孔子石硯賦》。引年敬老，杜正倫《彈張瑾等文》。比野芹之獻，空願竭心。裴次元《降誕日進物狀》。顧惟愚懜，韋展《日月如合璧賦》。才非敏贍。孫翃《文辭雅麗策》。今之所撰，孫虔禮《書譜》。實採群言。杜佑《通典序》。比類相從，歐陽詢《藝文類聚序》。研章摛句。張庭芳《李嶠雜錄序》。唐文可愛，來鵠《聖政紀頌》。纂組非工。韓偓《御試繳狀》。舉其宏綱，吳兢《貞觀政要序》。綴序大略。魏徵《群書治要序》。備覈其實，陸希聲《道德經傳序》。爲之序云。盧照鄰《南陽公集序》。

潘四梅先生七十壽序　集唐文

夫詩者，孔穎達《毛詩正義序》。所以發揮時政。姜立祐《樂司請考判》。政在養民，《睿宗申勸禮俗判》。民本懷仁，錢昱《忠懿王廟碑》。仁則宜壽。韋建薛舒碑。傳曰「仁者壽」，陸龜蒙《送侯道士序》。說者云韋叔夏太社議「仁者所樂，冷朝陽《林表吳岫微賦》。以和爲主」。錢眾仲《國子舞賦》。人和則音和，趙愼言《論用樂表》。爲

〔註9〕原題《敬儒孝行狀碑》，載《全唐文》卷七百九十二。
〔註10〕可知此文作於同治四年（1865）。

政，資之以和，_{唐璿《乞解職表》。}使時和而俗阜，_{吳仲舒《南風之薰賦》。}感以和樂，_{獨孤授《放馴象賦》。}薰爲太和，_{鄭處誨《邠州節度廳記》。}證之於人則壽，_{梁德裕《易縣候臺記》。}識詩人之所謂。_{苗秀《登春臺賦》。}謂躋萬姓於仁壽，_{韋湊《諫造寺觀疏》。}詩人因賦以誡時。_{劉藏器《往代爲刑是非策》。}冀致和平，共期仁壽。_{後唐明宗《增俸錢勑》。}惟彼縣尹，是亦爲政，詩愷悌以字人。_{王緯《縣令有客判》。}運屬和平，_{崔琪《周公祠靈泉奏狀》。}納黎元於仁壽。_{辛崇敏《恤刑策》。}則詩得其任，_{李行修《請置詩學博士書》。}有仁人焉。_{郗昂《八馬坊頌》。}設教陳詩，_{范榮《觀風臺賦》。}政資和樂。_{趙陵陽《燕弓矢舞判》。}欲人之壽，_{龐嚴《直言極諫策》。}仁風先翔。_{崔沔《姚府君碑》。}澤被生靈，猶懷仁壽之施。_{郝處俊《僧道拜君親議》。}夫善政養人之術，_{崔黃中《新井記》。}自以詩中之意，_{成伯瑜《經義考》。}理心而和聲，_{邵軫雲《韶樂賦》。}歸人於至和。_{蘇源明《元包首傳》。}情之所和者氣，_{張蒙《登春臺賦》。}導揚和氣，_{田弘正《謝授節鉞表》。}通邑擅神明之稱。_{沈珣《授韋博淄青節度使制》。}利物爲先，_{高無際《井賦》。}所至蒙其福利。_{李紓《朱府君碑》。}蒼生致福，_{徐承嗣《奏歲星太白狀》。}則上天祐之。_{袁楚客《規魏元忠書》。}繇是和平自臻，福慶斯集。_{張皋《諫惑方士論》。}前代之詩，_{於頔《杼山集序》。}洽和平之理，_{《順宗放免積欠詔》。}以登仁壽之理。_{劉珣《渭水象天河賦》。}躋上壽之常道，_{岑文本《論攝養表》。}古有明徵。_{蘇俛《給地過數判》。}其來遠矣。_{鄭氏《進女孝經表》。}靜思今者，_{王元貞《祭祀判》。}滎陽公孫樵《梓潼移江記》。即其人也。_{李琪《吳越王生祠碑》。}請揚搉而言焉。_{薛元超《諫太子牋》。}

惟公周氏《曹君碑》。族潘氏，_{王適《潘尊師碣》。}其先滎陽人。_{陳濟之《鄭君誌》。}潘黃門之藻思，_{史嶷《山陰侯碑》。}文章粲然。_{裴潅《子夏贊》。}伊彼宗人，_{王志悌《大夫祭棻地判》。}洪源茂根，_{成表微《崔府君誌》。}人物昌阜。_{張廷珪《請准式折免表》。}考其郡望，_{林寶《元和姓纂序》。}江南之鄭，_{盧潘《廬江辨》。}新安人，_{孫迫方《元英先生傳》。}於歙最多。_{汪臺符《汪王廟記》。}枝分派別，_{韋述章《仇府君碑》。}惟黃之郡，_{陳致雍《李萬安諡議》。}剏制度於羅城，_{李昊《羊馬城記》。}倬彼甫田。_{石貫《觀農賦》。}承先胄之喬者，_{司馬承禎《素琴傳》。}英宗穎邁。_{上官靈芝《王居士銘》。}高曾積善，德厚流光。_{吳越武肅王《大宗譜序》。}又父祖皆有名稱，_{李勃《許仙人傳》。}世濟其美。_{侯冕《王府君碑》。}瞻言祖德，_{武同德《封君祭判》。}德門之裔也。_{周覺《到難》。}公之生也，_{范傳正《李公碑》。}驚姜之夕，_{李陽冰《李翰林集序》。}如逢蘭夢之征。_{周之翰《爲律娶妻判》。}蘭爲國香，_{仲子陵《幽蘭賦》。}維嶽降神。_{竇臯《述書賦上》。}神符夢葉，_{喬彝《幽蘭賦》。}公譽望幼挺，才器夙彰。_{王師乾《右軍祠堂碑》。}五歲讀書，_{岑參《感舊賦》。}風神穎悟，_{徐堅《裴公誌》。}受天雅性，_{李涉《南溪元岩銘》。}便措意於文。_韓

休《蘇頲集序》。年甫八歲，於敬之《王先生碑》。誦《楚詞》《文選》之言，劉秩《選舉論》。雅好屬詞，薛登《論選舉疏》。一日千里。溫大雅《爲高祖報李密書》。戊辰，王武陵《宿惠山寺序》。年十有五，李百藥《房公碑》。舉茂才，獨孤及《李公誌》。博涉多能。宋尚宮《牛應貞傳》。文詠翩翩，姜晞《姜遐碑》。風韻閒雅。王覿《十八學士圖記》。辛未，裴處權《禱何侯廟記》。年十八，胡皓《姚府君碑》。等列標名，韋澳《解送不分等第牓》。爲第一等高麗王《王建詔諭》。第一。蘇廙《十六湯品》。望高廩之盈倉，賈正義《周公祠碑》。決勝詞鋒。韓熙載《上睿帝狀》。染簡飛翰，許志雍《王公誌》。未嘗釋卷。趙蕤《關子明易傳序》。青衿敬業，宋璟《集百姓不便判》。實冠於時。唐次《祈晴文》。丙子，陳鴻《大統紀序》。鄉貢明經上第，趙儋《陳公旌德碑》。登副車，而聲猷甚暢。崔蹈《授令狐定常侍制》。壬午，張友正《披雲亭記》。到上都，《敬宗大赦文》。遊太學，馮宿《殷公家廟碑》。搢紳先生鄭少微《憫相如賦》。自名卿大夫與時髦懿士，張九齡《送王長史序》。深加器異，徐季鴒《屯留令善政碑》。許以高流。王縉《進王維集表》。麗澤之來，富嘉謨《爲張仁亶謝賜長男官表》。留連德音，毛傑《與盧藏用書》。德音相屬，蔡孚《請宣付御製詩奏》。公應用神速，不能自休，王起《馮公碑》。援筆立成，員半千《陳情表》。爲當時高唱。王諫《彭君誌》。凌雲詞賦，高邁《鯤化爲鵬賦》。且聞紙貴，李希定《丹書判》。名動京師。宋之問《與吳兢書》。石渠東觀之中，《太宗命魏王泰手勑》。校理是司，蕭穎士《贈韋司業書》。極文學之清選。王義方《請重勘李義府奏》。藏書之府，李超《請修秘書監奏》。博彙群書，胡交《修洛陽宮記》。去謬存眞，李遠《靈棋經序》。旁求援據。田敏《進印板書奏》。三史許維岳《科舉額數狀》。雕造印板，尹拙《請校勘釋文狀》。比校今世流行本，郭京《周易舉正序》。寫箚精詳。郭崇韜《請並獻書人奏》。乙酉，李荃安《天王碑》。以孝廉高第，孫逖《杜諮議碑》。俾備蓬山。顏揚廷《上匡謬正俗表》。丙戌，呂諲《霍山神傳》。秩滿，林琰《湯府君誌》。請錄奏聞，殷侑《請試史學奏》。隨例詣選。竇克構《請取前銜赴選奏》。宰當奉職，邢文偉《減膳書》。一同百里。劉崇望《授主簿制》。可以從政，逢行珪《鬻子序》。外典專城，史仲謨《溧陽侯頌》。祿及親矣。蔣儼《責田遊岩書》。吏部選集，沈既濟《選舉論》。注官日，《後唐莊宗授獻書人官勑》。始初山東，元稹《沂國公德政碑》。以親老，顏眞卿《崔孝公陋室銘記》。難違色養，孔邈《請許注擬奏》。庭闈在遠，徐浩《張公碑》。詠《蘭陔》之詩。單有鄰《歸胙判》。當守選時，杜去疾《過少府志》。河南之檄適至，陶翰《送史判官序》。山公啓事，《肅宗授顏眞卿太子少師勑》。以能賢補其闕，吳武陵《陽朔縣廳題名》。公授鄭縣，歸迎板輿。張楚《與達奚侍郎書》。往河南《元宗十道宣慰制》。赴任。崔龜從《請定驛制奏》。己丑馬總《鄆州廳壁記》。正月，張宏靖《太上皇冊文》。

公下車宰邑，視俗施教，李大亮《昭慶令清德頌》。凡聽俗理獄，魏徵《理獄聽諫疏》。隨狀推科，以情按察，崔融《選人議》。伸其屈而直其枉，張蘊古《大寶箴》。摘伏如神。李湜《沖陽觀碑》。潈洧波瀾，劉禹錫《管城新驛記》。川之性，劉蛻《山書》。窒其多訟，無逞遊詞，裴興《問羊知馬判》。蒞事惟明，公其至矣。齊論《何公德政碑》。儒爲教化之本，劉祥道《陳銓選疏》。文翁訓俗，韓儀《授韓建昌黎王制》。禮先擇士，蔣準《澤宮置楅判》。先訪於膠庠，崔行功《孔宣父碑》。召置生徒，賈至《議貢舉疏》。開士子之詞館，張嵩《雲中古城賦》。使在館習業，《代宗太學支給廚米勅》。支給課錢，盧徵《起支課料奏》。以課疏密。元行沖《釋疑》。所課也詳，魏元同《請各擇僚屬疏》。懷材者喜遇於良工，陳仲師《士風賦》。有志之士莫不增氣。潘好禮《徐有功論》。秀人偉生多從之遊，皇甫湜《韓愈碑》。連飛繼鳴，韋執誼《翰林院故事記》。並錯薪而翹楚。孟匡朝《金樽含霜賦》。夫掇芳刈楚，崔顥《薦齊秀才書》。搜擇宜精。王邱《授裴敦復中書舍人制》。辛卯，袁懷光《銅鐘銘》。大比作程，鄭璲《獻賢能書判》。貢闈取士，任贊《請州縣先考試貢舉人表》。校詞比義，韋皋《謝賜紀功碑表》。聿先精擇，賈季良《卒史有文學判》。惟掄擇之所裁，張敦實《積薪賦》。然後申送主司。蔣防《吏部議》。登上科者，高步於龍門，張鷟《監尹勤奏判》。承獎訓於鹿鳴，張元度《樂置判懸判》。賓賦所以中雋也。秦瑀《柏梁體序》。其於篇韻，皮光業《吳越王廟碑》。較其短長，孔齊參《初稅畝判》。雕琢切磨，韋慶復《鳳翔鼓角樓記》。搜羅尤異，孟賓于《碧雲集序》。因人而拂拭，張少博《石硯賦》。蓋殷勤於此。徐齊聃《諫突厥給事東宮疏》。道洽絃歌，鄭老萊《春設土牛判》。巡察使以清白聞，閻朝隱《馮府君碑》。於是採聽人謠，王琳魏《鄭公諫錄序》。征諸輿誦，陳簡甫《宣州良吏記》。入其境而稱善。邵潤之《增賚就役判》。不有卓異，曷颺頌歌。陳京《鄭公德政碑》。好錄政聲，聞於御覽。劉兼《李果贊》。乃以父老等狀上請，姚崇《于知微碑》。達於遐邇，崔敖《靈慶公祠碑》。於古有光。李農夫《幽蘭賦》。壬辰，陸長源《戴公去思頌》。三年政成，鄭叔齊《新開石岩記》。至考滿日，魏扶《請委錄事專判文案奏》。闔境耆老，潘滔《文公祠記》。衣冠士庶，柳公綽《請定驛馬限約》。倍懷感激之心，張元晏《與孫相公啓》。敬之如神明，劉黃《直言極諫策》。喜沐慈君之惠，康廷芝《縣令有惠化判》。所謂「愷悌君子，人之父母」。苗晉卿《郭公碑》。莫不途歌裏頌，賈虛己《諫封後族疏》。人皆康樂，劉允濟《明堂賦》。發洧之駕相趨，上官儀《冊江王爲鄜州刺史文》。攀臥擁轍，李明啓《築城建署記》。填街委巷，辛替否《諫造兩觀疏》。誼嘩塞路，行莫能行，蘇圖元《崔令尹頌德記》。追留再三，王延翰《天尊畫壁贊》。觀者如堵。李雲卿《三足烏賦》。非公而孰能與於此哉？張魏賓《王處士誌》。商邱之地，顧況《宋州刺史廳壁記》。繁劇所鍾，

劉穆之《盧公清德文》。調補斯任者，劉寬夫《汴州糾曹廳壁記》。非良才無以紓劇。喬潭《會昌主簿廳壁記》。當夫流潦初溢，陰霖未晴，東方虯《蟾蜍賦》。決渠濁流，韋挺《涇水贊》。田多不熟，張文琮《下建州教》。貧窶之室無以自資，韋承慶《重上東宮啓》。嗷嗷彼方，望公如歲。豆盧詵《宗公碑》。公既至理事，李方郁《修中嶽廟記》。懸善價以待樂輸，盧貞《廣成宮碑》。親勸富豪，均爲周贍，張嘉貞《李懷仁德政碑》。而賑廩同食，高果《徵什一稅判》。解黎庶倒懸之急。胡曾《賀高相公除荊南啓》。蕩析咸歸，杜曉《馮行襲德政碑》。各自遂其生成，夏方慶《風過簫賦》。則闔境蘇息，馬周《請簡擇縣令疏》。皆公之由。嚴郢《駁太常諡議》。疏達河渠，導塞提封，韓雲卿《張公碑》。時和年豐，郭英幹《靈石銘》。實荷穰穰之祐，權俌《西嶽碑記》。公申布聖澤，遍問里閭，董挺《陽山廟碑》。貞心固持，暢璀《良玉比君子賦》。斯爲烈女，蕭俶《請旌表鄭神佐女奏》。不獨旌顯前烈，亦將激勸後來。崔梲《金沙王廟記》。既俎豆而式陳，崔文臣《祭星判》。移風易俗，劉思立《劾韋萬石奏》。於是考圖牒，徵碑版，徐鍇《先聖廟記》。有若顏魯公，柏虔冉《新創千金陂記》。其跡如新，韋昌明《越井記》。鐫於貞石。楊漢公《千祿字書後記》。公隄防約束，路巖《渾公碑》。罔不式遵，王履貞《六街鼓賦》。乃以俸錢，李翰《尉遲長史草堂記》。覆以棟宇，劉宇《靈慶公祠碑陰記》。用存古蹟。許嵩《建康實錄序》。俾後人覿是碑者，抑亦昭魯公之德業也。沈顏《碎碑記》。公英斷不回，至仁有勇，殷鵬《羅公誌》。而邑中隱伏之事，皆預知其情。王俞《周易卦筮敘》。晝警夜巡，戴少平《王將軍碑》。躬親指揮，殷文圭《盧州羅城記》。又召境內舉武藝者，令狐峘《顏魯公誌》。訓齊勇士，樂朋龜《王鐸行營都統制》。惟才是用。李安期《用才當忘親讎論》。則感義前驅，駱宏義《請急攻金嶺城疏》。皆計不空施，機不虛發，魏元忠《上高宗封事》。罪人乃得，陸元朗《觀音寺碑》。俾桴鼓之稀鳴。馬貽《教吏爲鮖箒判》。山東數州，韓思復《諫捕蝗疏》。群盜所居，白晝劫人，薛逢《上李舍人啓》。爲日久矣。馮萬石《邊塞策》。公召募敢勇，蕭昕《張公碑》。扼其奔軼，崔群《請廢宿州判》。慨慷奮發，孫處元〔註11〕《順祐王廟碑》。以身先之，宋務光《直言疏》。人百其勇，士一其誠，宋申錫《李聽德政碑》。已儦藋蒲之群，許棠《戴公誌》。群兇狂顧，周章自失，樊衡《破契丹露布》。惟歲臨乎甲午，鮑防《問津臺賦》。設策除凶，劉璿《馬驚師徒判》。置鋪警巡，張守吉《請量減重囚封事》。備知蹤跡，鄭受益《再論張彥澤疏》。雲飛電掃，李靖《上西嶽書》。其速如神。薛偓《紅芭蕉賦》。巨盜既平，习尚能《南城縣羅城記》。飛章上聞，陳谿《彭城新置唐昌縣記》。

〔註11〕按：孫處玄《重修順祐王廟碑》，見《全唐文》卷266。文中作「孫處元」，係
　　　避諱。

達乎天聽，鄭希稷《笛賦》。所以擢階品第五，書考課第一，楊憑《羅刺史德政碑》。特授以刺史，周行先《爲盧中丞請朝覲表》。用表賢能。賈挺《增貲就賦判》。述去盜之由，杜鞸《郭公屏盜碑》。允宜高秩之賞，唐臨《劾杜如晦奏》。故公嫉盜之意切而誅盜之令嚴，去盜之術行而屏盜之譽顯。李昉《任公屏盜碑》。初公報政當陝，司空圖《盧公碑》。三事大夫，張昌齡《高潔之士策》。執陶鑄之鍵，李江《元包序》。方存汲引，劉承慶《直言疏》。每執謙而守約，裴耀卿《竇希球碑》。以全吾眞。裴炎《猩猩銘》。不次超昇，趙憬《審官六議表》。辭不就列，薛收《文中子碣》。恬然淡泊，沈佺期《峽山賦》。因而上請，敬括《易田加倍判》。其名益光。褚無量《請修德疏》。乙未奚敬元《史公碑》。迄於丁酉，林罕《字源序》。交代相承，歸融《劾盧周仁狀》。而鄧侯不留情，猶深於愛樹。張次宗《請立李德裕德政碑狀》。戊戌，《高宗冊張允恭鄜州都督文》。入計，柳賁《張公誌》。乘軒即路，《穆宗授韓宏中書令制》。朝天既近，承雨露而增榮，馮審《謝追赴闕廷表》。宣室對敭，《懿宗授孔溫裕節度使制》。俾洽嘉命。《宣宗授鄭朗監修崔愼由大學士制》。逾年，蔣偕《李司空論諫集序》。歲在己亥，謝偃《可汗山銘》。又於唐州側近，《憲宗安置淮西歸順百姓勅》。一縣之內，王廷《請方鎮不判縣務奏》。權時主持。龍敏《條陳臺中事宜疏》。既到官，不逾歲，而一邑自化。裴度《劉府君碑》。因人之欲，得事之宜，遊方《任城縣橋亭記》。貧弱是憂，鄭楚客《圭田判》。各從所便，張思鼎《城邑判》。人歡且舞，盧求《成都記序》。情高而俗慮難量。宋言《漁父辭劍賦》。居無何，王叔平《王公誌》。解縣印，以言歸，徐鉉《陶公誌》。乃以閒居爲樂。朱桃椎《茅茨賦》。求諸前古，裴光庭《賀執奚壽斤判》。譽擬潘安，韓子休《去官判》。名教之中，自有樂地。柳澤《上睿宗書》。優游無事，張籍《上韓昌黎第二書》。奉乎高堂，晁良貞《歸胙判》。彩服承歡，敬讓《請致仕侍親表》。眷戀徘徊。梁嵩《倚門望子賦》。今老萊生事之極，蘇頲《餞舒公歸覲序》。展於孝敬，劉公輔《士不合設壇判》。公終養焉。穆員《元公誌》。甲辰歲，馬吉甫《蟬賦》。銓選復及，康子元《參軍鵠子判》。又赴省於東。沈亞之《與馮陶書》。山東之人質，柳芳《姓系論》。詞訟紛紜，崔居簡《請停預用員缺奏》。或捃拾纖微，周知微《請禁告訐疏》。胥吏舞文，枝蔓及眾。桑簡能《請斷冤獄封事》。公推好生之德，崔郾《高公德政碑》。請詳訴者之詞，沈興宗《賜則出就判》。方定刑名，蘇令問《毀灌龍泉判》。委以折獄，柳識《草堂記》。分主當局公事。杜紹光《請置丞簿等官奏》。公之斷獄也，必原情以定罪，王維《裴僕射遺愛碑》。亦觀過而知仁。郭休賢《習星曆判》。告者誕詞，固宜反坐，崔頌《夢得籬粟判》。疲人受屈，鄭薰《祭梓華神文》。情有可矜。牛聳《被替請選判》。各有科條，須分曲直。曲勵《諫濫放囚徒疏》。多辨疑獄，多釋冤囚。李觀《浙西觀察

判官廳壁記》。俾獲罪者甘心，受罰者無怨，鄭韜光《請詳檢格律奏》。以叶均平之道。源乾曜《請出二子爲外官疏》。慎聽訟而樹彼甘棠，崔敔《邵伯祠記》。考課攸歸，勤效斯在。常無欲《直諫無他技判》。善推鞫者，故合獎酬。後唐末帝《定酬並能理冤獄詔》。其年，崔元略《李公誌》。東出鄒魯間，羅隱《陸生東遊序》。將致治平，鄭藝《徐延瓊德政碑》。顧茲缺員，李虞仲《授柏耆等郎中制》。掄才授署。王沼《被替請選判》。始公未至，元載《杜鴻漸碑》。人力凋敝，魏知古《諫營道觀疏》。慰黎甿之薄訴，林謂《萊田不應稅判》。所冀稍免煩勞。崔衍《乞左魚契合奏》。公以爲立長以爲官也，非立官以爲長也。薛稷《鄭府君碑》。安人之道貴於省事，楊齊哲《諫幸西京疏》。清身檢下，蘇瑰《中樞龜鏡》。旁酌人情，張憑《屯田不開渠判》。安業者無不歡忻。齊映《河南府論被謗表》。其生業日就，郭震《安置吐谷渾狀》。濟時之要，李元成《賢良方正策》。實日良圖。柳同《萊田不應稅判》。丙午，陳兼《文宣王廟碑》。首尾三年，《僖宗賜薛應辭詔》。政簡人和，陶然日遂其性矣。盧虔《高公碑》。歲在丁未，張保和《撫州羅城記》。棠邑鄉呂溫《陳先生表》。繭絲之稅，韋紓《栝郡廳壁記》。點吏因公以貪求，裴守眞《請重耕織表》。厚斂於人，李絳《對問進羨餘疏》。成取怨之道，高璠《初稅畝判》。百姓不堪其弊，張文瓘《諫造宮疏》。波走颷馳，羅讓《才識兼茂策》。若準常科，杜正倫《彈李子和文》。轉成繁擾。麻麟《請限年除刺史疏》。會計處置，張滂《請禁鑄銅器雜物奏》。屬之於公。李罕《李公去思頌》。公以單騎往安其民。梁肅《李公誌》。當是時也，蘇珦《縣法象魏賦》。在外人情洶洶，魏謩《請臺司覆勘疏》。逃去者半。孫平子《請祔孝和封事》。公曉喻歸本，席豫《楊府君碑》。見公皆拜。史承節《鄭康成祠碑》。公以談笑慰之，楊冕靈《石頌》。一無所問，狄仁傑《請曲赦河北疏》。且曰：「吏實爲虐，爾復何辜。於兢《琅邪王德政碑》。殲厥渠魁，徐有功《駁論徐餘慶奏》。脅從罔治。孫伏伽《諫大赦後遷配表》。得首惡，李翱《徐公狀》。唯罪一身。張仲素《賀獲劉闢表》。不日斯平，楊德裔《劾奏逗遛狀》。歡聲被野。楊於陵《謝宣慰表》。革剗前弊，王虔休《進市舶使院圖表》。乃去鄉胥之啄害良民。鄭吉《楚州南門記》。凡出剩求功，淳于希聲《請括田狀》。寘以典憲。崔譚《賜則出就判》。使仍舊貫，達奚珣《國公嘉禮判》。以順人情。韓瑗《理褚遂良疏》。但明示科條，裴潾《請罷內官充驛使疏》。平均徭賦，陳元光《漳州刺史謝表》。勸課之方得所，則生靈之賦樂輸。盧文紀《請殿最臣僚奏》。人唯定居，張璟《田中有樹判》。民安如故。」苗偉《韋丹像贊》。僉曰：公之至矣，俗詠其蘇矣。武少儀《移丹河記》。戊申歲，裴曙《祈雨感應頌》。及於寬政，楊佚《樂土判》。已經二年，劉仁軌《陳破百濟軍事表》。歡歌邵之徒勤，想借寇之無及。李宣《立生祠判》。求之於代，公實有焉。於益《白公碑》。己酉歲，舒元輿

《御史臺新造中書院記》。量時署官，權寅《獻鬯酒不供判》。感萊蕪之生塵，李德裕《積薪賦》。躬儉行簡，居無玩好，賈餗《贊皇公德政碑》。車服飲食比寒士，蕭鄴《高公碑》。其清也，鄭絪《水鏡賦》。所以字彼黎民，盧詹《請復稽課最表》。靜以理之，元結《夏侯岳州表》。為政指歸，則以抑強扶弱為意。杜宣猷《梓華府君碑陰記》。人荷其惠，吏懾其威。鄭子春《北嶽廟碑》。夫一縣之政總於令長，令長正，下吏自肅。竇儼《上治道事宜疏》。稽諸縣籍，張調《萊田不應稅判》。亦如范萊蕪之類焉，皮日休《劉棗強碑》。安得不新其耳目哉？傅奕《請革隋制疏》。庚戌歲，薛文《美涇縣小廳記》。端居多暇，許渾《烏絲闌詩自序》。瞻言署曹。裴曠《廳子判》。況鄒魯舊邦，《太子宏請樹孔廟碑疏》。處瘵則勞，呂太一《士賦》。正官又闕，姚頲《請六典分銓奏》。竹馬思迎於郭伋，陸展《授朱崇節河陽節度使制》。絪是復委前務，周墀《賀王僕射詩序》。寄以循良，韋處心《北嶽碑》。權令撫綏。何光乂《進策》。俾公旋止，眾庶相賀，李程《李光顏碑》。稚舞艾歌，紇干濆《韓允忠碑》。廣樹嘉猷，李師旦《京令問喘牛判》。戶口增益。張元素《仙壇山銘》。潘河陽之古縣，春樹花開，孫崇古《造橋判》。景物陶然，殷觀《景星觀記》。處劇若閒，張景毓《岑君德政碑》。政被風雅，符子璋《漏賦》。上琴臺而馴雉，依石鏡而翔鸞。李乂《勸學判》。有風流遐曠之懷。韋夏卿《東山記》。符子賤彈琴之化魏，季龍夷《攻蠻假道判》。則公之德政信然也。徐安貞《田公碑》。公所至，輒先求人利害，廢置所宜。韓愈《王公誌》。至之日，則詳詢舊老，溫造《瞿童述》。擇善而從。賈公彥《儀禮注疏序》。凡公之為民，於除害興利，李隲《徐襄州碑》。揆今酌古，李紳《罷役矜農判》。料事度宜，韓覃《諫營中都表》。土俗不同，劉濤《論諸道貢物疏》。各有所當。徐復《駁李巽擬鄭珣瑜謚議》。皆因俗施政而同歸於中。趙贊《張公碑》。政貴有恆，祖詠《祭闕頒誥判》。信叶和而反樸。關構日《載中賦》。民受其賜，盧士車《段干木廟記》。莫不感荷仁恩。姚璹《請卻獻獅子疏》。公之為縣也，高適《上源驛記》。以儒術通世務，張式《徐公碑》。以儒雅飭法律，長孫儉《翟公碑》。古之循吏何以加焉。董晉《李公德政碑》。歲次辛亥，劉待價《獨孤府君碑》。思樂林泉，蘇師道《司空山記》。雖齒髮未衰，呂元膺《論公碑》。而輕舉高蹈，姚思廉《止足論》。以詩酒自適，劉全白《李君碣》。淡然躡陶謝之蹤，蘇絳《賈司倉誌》。掛冠養高，吳畦《韓公碑》。所以退居邱壑。于志寧《蓋公碑》。枌榆之地，於知微《明堂令碑》。恣尋山水，杜佑《鑿山引泉記》。長林之下，蕭灑清風，王玠《程夫人碑》。逍遙不群，樊陽源《虛舟賦》。虛閒襟抱。浩虛舟《行不由徑賦》。於以暢恬和之性，陳嘏《霓裳羽衣曲賦》。灌蔬藝竹，王士源《孟浩然集序》。遊焉息焉，李徵古《廬江宴集

記》。與山翁野老相往返，歷歷談桑麻事，意泊如也。楊鉅《虞鼎誌》〔註12〕。曠哉淵乎，眞可謂樂天之君子矣。陸淳刪《東皋子集序》。

公氣含清韻，張象《劉公誌》。雋而且檢，通亦不流，段瓌《舉人自代狀》。蔚爲詞宗。杜頎《兵部尚書壁記》。必諧風雅，劉嶢《取士疏》。最嗜吟詠，劉崇遠《金華子序》。標題命篇，溫庭筠《牓國子監》。遇境必言詩，言詩必破的。褚藏用《竇鞏傳》。自雅頌風騷而下，許孟容《穆公集序》。迨於今世，李涪《刊誤序》。前輩得名之士，陳康士《琴調自序》。咸究竟其源流，賈眈《進華夷圖表》。應樂府之新聲，張何海《上五色雲賦》。酌前修之筆海，李善《進文選注表》。凡所著述，千有餘篇。盧照鄰《南陽公集序》。當其得志，倏與神會，王贊《元英先生傳》〔註13〕。意在筆先，荊浩《畫山水賦》。鑒然而韶鈞鳴。李漢《昌黎先生集序》。陽春白雪之歌，高郢《吳公子聽樂賦》。抑揚縣妙，閭伯璵《歌賦》。才華議論，歐陽詢《臨川帖》。妙藻推工，褚亮《李元道贊》。其餘言情導志、記會敘別，崔恭《梁補闕集序》。極歌詩之麗則，皇甫冉《送陸羽序》。平生雅意，妙曲先知。梁涉《琴有殺聲判》詞貴達情，李蔚《諫禁中飯僧疏》故製造其詞，發揮成曲。張渭《進長寧樂表》。梅花一枝爲之寓，黃滔《答陳磻隱論詩書》。託意奇巧，黃璞《王郎中傳》。以誌所慶。寶群《重遊惠山寺記》。其宿學巨儒，《南唐先主舉用儒吏詔》。士林經過，篇翰相屬，韋辭《修浯溪記》。佳句流傳於眾口。令狐綯《薦李群玉狀》。花牋彩筆，朱敬則《陳後主論》。夙著雄名。裴坦《貶溫庭筠勅》。乘軺之賓，李勉《滑州新驛記》。輶軒繼軌，高馮《上太宗封事》。雅什在壁，嚴綬《信安王詩記》。吟諷忘疲，韋滔《孟浩然集序》。佩以周旋，王說《三公佩刀入閤判》。商榷比擬，趙匡《舉選議》。貽諸好事，爲後學之奇翫焉。李吉甫《編次大同古銘論》。其爲當時文士推服也如此，張洎《張司業詩集序》。其爲詩家者流之稱許也如此。孫光憲《白蓮詩集序》。在昔樂官采詩，顧陶《唐詩類選序》。因物寓詞，王太眞《朱絲繩賦》。將傳後學。左光嗣《字詁判》。讀詩則知君子之諷興，崔宏慶《解詁論》。察古人之意，桓彥範《論時政表》。以爲心和則樂暢，性靜則音全，張隨《無弦琴賦》。情逸則氣高。尚衡《文道元龜》。深於詩，于休烈《請不賜吐蕃書籍疏》。足以理會八音，言諧四始。劉孝孫《詩英華序》。比興之體，柳冕《謝杜相公書》。觸類而推，元承徽《上符瑞封事》。不有發揮，孰明厥義。孟棨《本事詩序》。興言撰輯，孔志約《本草序》。遂採摭奧妙，韋縠《才調集序》。勒成一書。孫愐《唐韻序》。其議論品藻，李嗣眞《書品序》。序述指歸，毋煚《經籍序略》。或搜訪異聞。司馬貞《史記索隱後序》。國朝文人劇談卿相

〔註12〕楊鉅之文題爲《唐御史裏行虞鼎墓誌銘》，見《全唐文》卷819。
〔註13〕王贊之文題爲《元英先生詩集序》，見《全唐文》卷865。

新語，韋絢《嘉話錄序》。洪纖備舉，長孫無忌《律疏議序》。事資參考，楊倞《荀子序》。證引不同。裴贄《請祧順宗奏》。斯道也，張楚金《繩伎賦》。心源獨裁，閻楚封《良玉出匱賦》。廣記備言，趙瑩《請修唐史奏》。以繼前修。李庾《兩都賦》。能審鑒諸體，殷璠《河嶽英靈集序》。但掇其清詞麗句，韋莊《又元集序》。又能連類引證，陸希聲《北戶錄序》。區別編聯，錢珝《舟中錄序》。格律兼收，高仲武《中興閒氣集序》。師模各異。牛希濟《文章論》。其淵密奧旨，長孫巨澤《盧俚妻傳》。重規疊矩，元萬頃《嚴道議》。轍跡可尋。高儉文《思博要序》。由是博考群言，盧肇《海潮賦後序》。探微索隱，楊元操《集注難經序》。鉤深於經史，裴延翰《樊川文集後序》。遠宗毛鄭之訓論，劉昫《進文苑表》。引而申之，張參《五經文字序例》。乃知詩之爲教，李益《詩有六藝賦》。悉有條貫，張昭《進刑統奏》。所以取其正，裁其繁也。楊收《與安諗論樂意》。此制酌古沿今，長孫納言《箋注廣韻序》。義資探討，周鍼《同人於野賦》。試一商推，包佶《罔兩賦》。斯爲折衷，吳師道《賢良方正策》。啓迪後生，賈登《太室擇嗣判》。爲學者之師式。崔元翰《梁君誌》。引知名之士，杜甫《雜述》。親授詩集，陸羽《自傳》。鸞鳳杞梓，舉集其門。楊嗣復《權文公集序》。察納風雅之言，寧源悌《論時政疏》。中和之詩，王升《靈石碑》。備加甄錄，吳兢《貞觀政要序》。誠爲至論，永作通規。安重誨《郭彥夔不許改名疏》。《傳》曰：「九變復貫，知言之選」，此之謂矣。孫翌高《延福誌》。公與往來詞客詩酒講論爲樂，殷亮《顏魯公狀》。每燕時暇日，裴孝源《貞觀畫史序》。風亭月觀，美景良辰，于邵《與裴諫議書》。思寓賞以登臨，徐賢妃《小山賦》。取樂文翰，不孤風景，吳少微《洛下宴序》。視嘉山水、好風月，令狐楚《刻蘇公文記》。有片景可採，心獨娛之。李貽孫《歐陽詹集序》。吏采風流，鄭襃《望雪樓記》。度花朝與月夕，江妃《樓東賦》。嘉賓式宴，沈東美《大斝酌酒判》。酣樂之後，請賓賦詩，何延之《蘭亭始末記》。用資羽蓋之歡。歐陽炯《花間集序》。尺牘旁午，韋處厚《翰林院廳壁記》。更唱疊和。王泠然《論薦書》一邱一壑，林嵩《周樸詩集序》。無不弛駕躊躇。范攄《雲溪友議序》。而地接勝遊，蕭嵩《謝移家廟疏》。同登共覽。李遜《遊妙喜寺記》。遊覽所得，顧雲《與京邑遊好詩序》。躡步忘倦，韋迢《東林寺題名》。搜訪岩谷，彭構雲《謝遣中使送鄉表》。涉歷群山，吳子來《寫眞自贊》。遊海岱間。魏顥《李翰林集序》。乃升高訪古。沈回《武侯廟碑》。嶽之峻也，丁春澤《日觀賦》。日觀崇岩，李至遠《安侯碑》。既出凌虛，張沖虛《上枯檜再生表》。昔遊於茲，鄭琚《濟瀆記後序》。重喜登覽。段文昌《修仙都觀記》。身康力健，孫思邈《存神鍊氣銘》。心境相得，陸庶《爛柯山記》。其神晏如。衛桑《甖賦》。惟仙之居，姚揆《仙岩銘》。夙號洞天，陳喬《張天師廟碑》。諸化福地，武宗《九天保命齋詞》。白崖聯絡，朱樸《遷都議》。

長山蒼蒼。扈載《景公碑》。登夫集靈之臺，張良器《集靈臺賦》。佳色蔥蘢，陳有章《幽蘭賦》。名山古蹟，顓金《仰山加封記》。神仙會集。裴敬《李翰林碑》。靈跡猶存，狄中立《桃源觀山界記》。時人相傳，傅仁均《對王孝通駁曆法議》。是山也，楊濤《巨鼇冠靈山賦》。光彩陸離，白行簡《金躍冶求爲鎮鋣賦》。金燈熠熠，石文素《佛堂碑》。謂睹燭龍之燭影，韋琮《明月照積雪賦》。良亦異聞。廉粲《春不修鑒判》。此神功之所成，喬琮《日中有王字賦》。寧朝夕之可遇，潘炎《眞龍見賦》。求之豈易？朱子奢《昭仁寺碑》。六十餘年，昭宗《改元天復赦》。文方見，王瓘《廣黃帝本行記》。晶明克舒，沈仲《象環賦》。神所命也。虞咸《太室擇嗣判》。其來尙矣。李批《九天使者廟碑》。公以爲天道可以誠感，杜黃裳《顧公碑》。虔祈禮請，王展《白郎岩記》。神其聽之。魏繽《梓材賦》。感以此誠，李廷暉《祭社判》。而歆馨碩德是資昭報。張利貞《不供祭用判》。靈祇不愛其寶，房元齡《立碑議》。祥光下燭，崔護《日五色賦》。圓如薰籠，韋宗卿《隱山六峒記》。耀華燈於百枝，顏師古《幽蘭賦》。煥乎分五彩之輝，郭遵翟《扇賦》。迸爲珠璣。竇公衡《瀑布記》。晶瑩激射，徐晦《海上生明月賦》。競騰輝以昭晰。王奉珪《日賦》。乍煒煒以煌煌，孫頎《春儺賦》。乃知至誠感神，至誠感靈，韓運《靈棋經後序》。懇至凥誠，溫氏《爲夫謝甥表》。靈運胅響。王延昌《靈源公碑》。信乎此說實有由焉。陳子良《爲王季卿與王仁壽書》。公能以誠明動神祇，白敏中《修堯祠記》。借古人以喻公，呂周仁《泗州大水記》。衡岳雲開，王棨《回雁峰賦》。皦然可望。柳喜《日浴咸池賦》。市不改肆，韋貫之《高崇文碑》。生於海中。熊曜《琅邪臺觀日賦》。融結推功，岑居中《石橋銘》。非公不辦。呂夢奇《李招討碑》。公之德也如此，神之聽也如彼。李諲《妒神頌》。自非通靈感物，虞世南《勸學篇》。孰能若此。楊守約《夢得籬粟判》。天神聽聰明，韋安仁《駁封禪舊儀》。議理實可憑。鄭宥《字詰判》。使五福富昌，李方叔《南風之薰賦》。錫茲純嘏，徐彥伯《樞機論》。南山之壽，陳昌言《先王正時令賦》。允謂宜矣。盧昌《坐於左塾賦》。

公元夫人，張說《裴公碑》。滎陽鄭氏，杜牧《李君誌》。仁行昭著，張師素《周氏誌》。慈惠有聞，高祖《封王蘭英永壽郡君詔》。淑順傳芳，薛長孺《張少卿誌》。克昌厥後。王筠《頌德碑》。繼夫人，宏農縣太君楊氏，常袞《叔父誌》。惟吳興，楊夔《題望春亭詩序》。曰湖州，李直方《白蘋亭記》。清門茂閥，庾承宣《李公慰思述》。大家經教，秦貫《鄭府君誌》。言必稱詩，韓述《新平王誌》〔註14〕。讀書通古今，柳宗元《薛

〔註14〕 按：徐炯《〈全唐文〉誤收僞作墓誌一例考》(《理論界》2014 年第 1 期，第 120～122 頁)「發現《奉天皇帝長子新平郡王墓誌銘》一文重出並互見於常袞、韓述二人名下」，並「考定這篇墓誌文的作者是常袞，韓述文當是《全唐文》編修者依據僞作拓片重複收錄」。

君妻志》。近世詞賦合於雅者盡諷之。善鼓琴，李華《李夫人傳》。吟詠之餘，劉知古《進日月元樞論表》。以琴書爲適。崔造《與權德輿書》。天姿淑德，早有令聞，中外推之，難於擇對。劉長卿《盧公夫人誌》。孟光得擇，梁鴻有妻，王績《梁鴻孟光贊》。並文苑之羽儀。駱賓王《和學士閨情詩啓》。似閨門之悌友，王勃《慈竹賦》。媚不失舊，陸贄《與回紇可汗書》。信叶潘楊，梁朱賓《梁府君誌》。斯乃如鼓瑟琴。班肅《笙磬同音賦》。鶴侶鴻儔，風期相許。劉太眞《杜府君碑》。秦晉之匹，不能加也。李嶠《攀龍臺碑》。潘楊之好，斯爲睦矣。李白《送傅八序》。天資柔順，張元審《李夫人誌》。煦然慈仁，孫鍫《罔兩賦》。祗事舅姑，楊縮《霍國夫人碑》。旁睦娣姒。楊炯《曹君碑》。淑人君子，趙批《戚處士誌》。簪紱齊榮，麻不欺《珮賦》。研秘思於金閨，同獻壽乎瑤席。歐陽詹《春盤賦》。行成蘭室，蕭鈞《顏勤禮讚》。配德宜家。邵朗《兜率寺記》。先夫人杜淹《文中子世家》。息女擇於賢夫，允子訓於良冶，李邕《劉少保碑》。皆夫人鞠育成立，鄭渙《元府君夫人誌》。光輝內則，婁師德《契芯府君碑》。垂裕後昆，齊光義《蔣澄碑》。雁序書紳，吳越文穆王《乞復父舊號表》。踵成厥美。齊嵩《黃石公碑陰記》。雅誥既習，姚班《四上太子書》。禮資乎象賢。邊承《斐太室擇嗣判》。長子間邱均《王府君碑》。佐理高標，令名遠著，柳峴《李君誌》。鍾陵問俗，韓琮《貶紇干皋制》。及西江路上之作，詞旨清深，華采巨麗，張薦《答權載之書》。烹鮮製錦，必選賢良。賀遂良《平百濟碑》。且縣尹之職，叔孫伯《棄農判》。升黃綬之堂，魏璀《搗練賦》。方遣牧州，韋嗣立《諫濫官疏》。家承弓冶，蔣伸《授田牟靈州節度使制》。壎箎協韻，笙磬同音。石鎭《洞庭張樂賦》。次子滕王湛然《寶希瑊碑》。文行之美，與伯氏相侔。陳諫《登石傘峰詩序》。以善書，武平一《徐氏法書記》。稱於士林。柳批《戒子孫》。而深於詞賦，陳黯《送王棻序》。尤工詩句。許鼎《祖君誌》。癸卯歲，澤王溰《王公誌》〔註15〕。明經高第。鄭餘慶《賈耽碑》。至於所司教習，賈曾《上東宮啓》。胄筵講肄，爲惜分陰，薛廷珪《授賓客王傅制》。教太學生爲文章，李商隱《樊南乙集序》。進秩之典，蘇冕《謝加正議大夫表》。致位五品。李綱《諫以舞人爲常侍疏》。縣升州，李弈《登科記序》。榮同華萼，常德志《兄弟論》。加朝議大夫、劉憲《乙速孤府君碑》。轉運使。劉晏《奏練湖狀》。同者，盧士開《日月如合璧賦》。惟茲四品，李仲雲《四品女樂判》。光被綸言，蕭振《三閭廟記》。國慶覃恩，鄭雲逵《李公碑》。給誥垂美。劉允文《常熟塘碑》。固知鶴鳴子和，劉銛《徵官爲蔭判》。潘氏家風，李軫《李君碑》。餘慶資身，靳翰《陸府君誌》。滿籯非貴。雍陶《千金裘賦》。公之一門，韓凝《齊蓋碑》。鸞騫鳳振，張柬之《賢良方正策》。蘭菊齊芳。令狐德棻《於君碑》。伯姊、崔祐

〔註15〕澤王李溰之文題爲《光祿卿王公墓誌銘》，見《全唐文》卷100。

甫《獨孤公碑》。嫡女及妹姪孫女，文宗《選太子妃勑》。懿德美行，褚符《林夫人誌》。
婉娩承華，竇從直《盧夫人誌》搦管揮毫。鮑君徽《乞歸疏》詩入正聲集，白居易《王
府君誌》則正始之道存焉。武元衡《劉郎中集序》。冢婦介婦，權德輿《博陸縣君誌》。
皆明惠賢淑，有曹謝之風。魯洵《杜刺史志》。不出戶庭，璨如瓊瑤，亦一門之盛。
符載《楊府君誌》。搢紳之士以爲美談。郭納《柳公碑》。貽厥孫謀，劉端《北嶽廟碑》。
文藻特秀。李巽《請符載書》。或削觚成學，或握槧求工，李休烈《傭書判》。克擅文
場，崔琮《加招討使制》。齊名踵武，裴寂《勸進疏》。芝蘭玉樹，階庭韡韡，嚴識元
《楊志本碑》。學傳文囿，李子卿《夜聞山寺鐘賦》。將歷代而彌光。路蕩徵《包茅賦》。
伊淑德之如此，牛應貞《問影賦》。其紹續也又如此。楊凝式《吳越王碑》。故曰惟其
有之，是以似之。梁洽《海重潤賦》。永保承家之慶，李光緯《請錄功臣後裔奏》。福
蔭普壽。倪少通《廣福觀碑》。故曰福庭。元晦《疊影山記》。日引月長，柳伉《請誅程
元振疏》。老而彌吉，呂才《敘錄命》。吉祥至止，李鼎祚《周易集解序》。繁衍安泰。
裴泊《郭子儀傳論》。聞者孰不慕之。潘存實《四公子贊》。歲次癸亥〔註16〕，苗神客
《乙速孤府君碑》。秋九月德宗《畫功臣凌煙閣詔》。十日，司馬太貞《紀功碑》。養壽祈
年，王燾《外臺秘要序》。其登也鄭遙《明月照高樓賦》。七十，田義暕《先聖廟堂碑》。
以懸車之歲，陳子昂《王府君誌》。有壽星之發彩，周鈞南《郊享壽星賦》。介福維祺。
陳齊卿《升高判》。爰以令辰，鄭絪《冊太子赦詔》。稱觴獻壽。戴璿《聖祖靈應碑》。維
芳時之令月，南唐後主《卻登高文》。菊蕊浮觴之日，中宗《禁進獻奇巧製》。招親友
以高會，韋應物《冰賦》。桂酒瓊筵，于公異《吳岳祠堂記》。壽客滿堂，袁參《上姚令
公書》。齊獻壽杯，南唐嗣主《進買宴錢表》。祝公壽考。盧頊《禱聰明山記》。客有多
才博雅，席夔《運斤賦》。每作文詠，兼諸手筆，褚遂良《請節勞表》。藻麗詞清，張
廷芳《李嶠雜詠序》。莫不諷誦吟習焉。杜確《岑嘉州集序》。次年和凝《吳越王碑》。甲
子，王福畤《錄關子明事》。第二張又新《煎茶水記》。刺史武皇后《搜訪賢良記》。相見李
瀚《陳陰事奏》。舒州，羊士諤《竇府君碑》。一見如舊，李玨《牛公碑》。故與之往復，
竇叔蒙《海濤論》。始相與定交。鄭仁表《孔君誌》。久要不忘，王子先《進賢冠表》。以
信爲主。沈諒《賢良方正策》。乃爲見託，俾述斯文。許中孚《勑留啓母廟記》。顧惟
愚懜，韋展《日月如合璧賦》。才非敏贍，孫翊《文辭雅麗策》。授簡爲序，不敢固辭。
王涯《元和姓纂序》。比年以來，王孝通《上緝古算經序》。淹泊建業，李公佐《謝小娥傳》。
棻絲之務，王昌齡《上李侍郎書》。頃因閑暇，方契宿心。顏元孫《干祿字書說》。媿
乏好辭，鍾允章《雲華御室記》。集其所記，李淳風《乙巳占序》。纂彼眾說。杜光庭《墉

〔註16〕據此，此文作於癸亥（同治二年，1863年）。

城集仙錄序》。唐文可愛，來鵠《聖政紀頌》。後學得漁獵其中，張懷瓘《文字論》。於是區分類聚，劉子元〔註 17〕《史通序》。略編而次之。盧藏用《陳子昂文集序》。故淹時序，迄今方就。李延壽《上南北史表》。今者王易簡《漸治論》。丙寅劉軻《東林塔銘》。季秋，段成式《好道廟記》。繕錄馳送，陳叔達《答王績書》。遠隔千里，韋雲起《諫征王世充書》。道阻且長。李舟《與齊相國書》。延頸下風，杜之松《答王績書》。不獲拜詣。盧坦《與李渤書》。而心常慕仰，吳保安《與郭仲翔書》。想睹光儀。郭仲翔《與吳保安書》。公之功行甚多，李磎《泗州鼓角樓記》。輒陳小序，劉處靜《三師記序》。總紀其事也。趙元一《奉天錄序》。此概舉爾，覼縷不盡也，獨孤霖《書宣州疊嶂樓》。則公之厚德未易量也。任華《上嚴大夫箋》。惟公克享，黃髮優游，廣堂頤神導和，劉酒《冊郭子儀尚父文》。長生久視，蘇遊《三品神丹方序》。靈芝之侶，李律《茗侶偈》。雅奏克諧，段安節《樂府雜錄序》。志氣和平，孫虔禮《書譜》。自諧保生之仁壽。陸復禮《鈞天樂賦》。聰明純粹，卻老延年，胡愔《黃庭內景圖序》。祐福無窮，王晙《賀拜南郊表》。將臻上瑞，昭宣帝《許宰臣以下遊宴詔》。發暢雅頌，李勣《諫留神主表》。著自遐齡。史崇《妙門由起序》。詠歌升平，邱真孫《工商貨幣策》。動和鳴於彩鳳。楊發《太陽合朔不虧賦》。蟠桃拂漢，陶穀《白樂天影堂記》。方比契於松筠，李公《進幽蘭賦》。故含和而內融，吳冕《昭文不鼓琴賦》。則神全而守固。施肩吾《座右銘》。康寧之福，郭子儀《請宣示儉德表》。上壽未央。申堂構《孫府君誌》。俾夫嘉話允臧，晬容有光。李君房《白獸樽賦》。酬唱循環，吳融《禪月集序》。韻合宮商。張德升《聲賦》。挺仙才之秀麗，朱鄴《扶桑賦》。錯金彩以成章，皇甫威《迴文錦賦》。其為甚美，鄭畋《謝承旨表》。豈章句之技所可究極其旨哉？許勃《論語集解序》。

程母張太孺人七十壽序　代張君清瑞作

自劉子政撰《列女傳》首紀母儀，後世史家悉沿其例。凡通儒端士，賴賢母以有成者，皆敘次於簡編，以昭懿範。而高門華胄，奉慈訓以紹前徽，則尤極力表章，樂於稱道。是故漢代最著者有曹成之母班夫人焉，唐代最著者有柳仲郢之母韓夫人焉。蓋曹與班，族望均在扶風；柳與韓，族望均在京兆。清芬舊德，為縉紳軒冕所共推說者，謂成能揚其父世叔之名，由班夫人誨子以禮；仲郢能繼其父公綽之績，由韓夫人誨子以勤。宜其衍慶後昆，享貞壽而膺備福矣。

〔註17〕按：劉知幾，字子玄。

　　道光庚戌九月，吾友程君贊右爲賢母張太孺人稱七秩之觴，以壽序見屬
〔註18〕。清瑞與贊右同歲入泮，升堂拜母，知其宗系甚詳。竊謂程張之閥閱，
門楣與曹班柳韓相埒，並吾郡之世家也。贊右尊公席金先生銳意成名，將與
公綽爭烈，而懷才弗遇，乃與世叔同流。其抱負未獲展施，實有待於贊右之
纘述。太孺人夙昔望諸夫子者，今則轉以望諸嗣君。故望贊右紆金紫如成，
必慕班夫人之法度；望贊右秉節鉞如仲郢，必慕韓夫人之嚴明。然則贊右善
體母心，以承歡介壽，亦在乎力學敦行而已。溯贊右生於嘉慶乙亥，是歲尊
祖漱泉先生居詹事府右贊善之官，遂取爲冢孫嘉字，其貽謀垂裕，固勗以象
賢。太孺人盡孝於翁姑，久爲戚黨所重。而教子以克承先緒，則比之服勞奉
養，其孝彌宏。贊右欲顯太孺人慈孝之賢聲，有不思亢宗以濟美也歟。

　　昔後漢趙岐之祖官御史時，岐生於御史臺，因以臺卿爲字。其後仕登九
列，較御史之品秩更崇。雖其母行誼弗傳，然臺卿本深於《孟子》之書，其
母諒亦有三遷之訓，蓋子既繩其祖武，則母之德教從可知矣。今贊右之取字，
其義等於臺卿，而處境安恬，視臺卿隱伏之秋，奚啻霄壤。加以太孺人持家
勤儉，不以米鹽瑣務妨贊右講習之光陰，則其修業易於臺卿，足以事半功倍。
且臺卿之母姓氏無徵，而太孺人之母家簪紱連縣，猶子及從孫同時並爲方伯，
擬諸趙母，益覺其有光。贊右誠能爲今日之臺卿，即不媿於外家之宅相，將
見令名廣譽，所以爲太孺人聲聞之壽者，必焜耀於無窮。誰謂古今人不相及
哉！觀於南齊顧憲之擢給事而兼掌銓曹，爲其祖覬之所曾任。唐初薛元超遷
中書而專司制誥，爲其祖道衡所嘗居。覬之植嘉樹於省庭，而憲之蒙其餘蔭；
道衡視詔草於磐石，而元超步其後塵。當憲之、元超受職之年，其母俱康強，
就養用朝服爲萊衣，事蹟甚類於臺卿，而遭際則愈加舒泰。吾願贊善法憲之、
元超之學行，而祝太孺人具顧母、薛母之儀型，由是臻大耋，以蹦期頤。家
道之熾昌、孫曾之嗣續，必有與年俱進者矣。此則贊右所當自勉，以慰太孺
人之屬望也夫。

杜母褚太淑人七十壽序　集唐文

　　夫體仁居貞，獨狐良弼《路公碑》。方輿之靜也。呂牧《書軸賦》。以地之厚，負
江海之慈。王易簡《漸治論》。體和道全，柳公綽《太醫箴》。則黃裳元吉，呂太一《土
賦》。以登仁壽之理，劉珣《渭水象天河賦》。以致康強逢吉之福。裴潾《諫信方士疏》。

〔註18〕據此，此文作於道光庚戌（道光三十年，1850）。

天道應善，馮待徵《澤中得菫判》。是以福生焉。咸廙《華嶽昭應碑》。所謂積善之家，必有餘慶，李翰《王侍郎贊》。故慶祚克開，李邕《葉有道碑》。則壽以應之。彭殷賢《文辭雅麗策》。詳求往代，桓彥範《論時政表》。高堂登壽，慈顏褒如。崔殷《純德眞君銘》。仁壽之宗符，梁洽《晴望賦》。躋上壽之常道，岑文本《論攝養表》。信而有徵，何延之《蘭亭記》。允謂宜矣。盧昌《坐於左塾判》。

靜思今者，王元貞《祭祀判》。有若杜公。杜虔冉《千金陂記》。金友玉昆，李軫《李泗州碑》。交隼旟於虎符之前，連雁行於熊軾之上。嚴綬《鐫信安安王詩記》。稱觴獻壽，戴璿《聖祖靈應碑》。序天倫之樂事。李白《宴桃李園序》。而太夫人福履所介，日稱壽觴，權德輿《李公碑》。豈不宜哉？杜鴻漸《百家岩寺碑》。

太夫人謝謔《朱府君銘》。姓褚氏，徐安貞〔註19〕《元覽法師碑》。嘉興人也，李紓《朱君碑》。褚先生之苗裔。楊烱《建昌公碑》。其先邑河南之陽翟，蘇頲《褚尚書碑》。自東晉過江，魯洄《杜刺史銘》。衣冠南渡，裴度《劉府君碑》。分派逾廣，辛怡諫《百門陂銘》。遂臨浙江，盧元輔《胥山祠銘》。茂緒遐昌，上官靈芝《王居士銘》。綿聲遠繫。於敬之《王先生銘》。褚僕射遂良等，李嗣眞《書品序》。光乎篇籍，陸元朗《經典釋文序》。鍾鼎華宗，顧惟貞《蕭府君銘》。稟慶德門，《懿宗授溫璋王式節度使制》。世濟厥美矣。杜淹《文中子世家》。杜氏之先，陶唐同源，杜宣猷《杜夫人銘》。周封唐杜之國，楊炎《杜安州碑》。遠祖西漢建平侯家於杜陵。杜佑《杜城郊居記》。杜氏大家，世有顯人，韓愈《河南尹杜君銘》。祁公之德，高瑀《使院石幢記》。編諸史冊。源涓《上雲氣圖奏》。自茲以後，孫嘉之《書史百家策》。竹箭爲美，亦飛譽於東南。諸葛若驚《括州貢士判》。獨會稽知名，顧雲《在會稽與京邑知好詩序》。茂族高門，李湜《沖陽觀碑》。嘉興爲首。顧況《嘉興監記》。六代祖陳子昂《堂弟孜銘》。尚書張彥遠《法書要錄序》。以文詞事先帝，爲翰林主人，薛廷珪《授劉崇望兵部尚書制》。世承官族。鄭潒《鄭夫人銘》。太翁封利建《李公德政碑》。依仁服義，蕭鈞《顏勤禮贊》。以豪俠聞，趙儋《陳拾遺碑》。均食剖資與人，皇甫湜《韓文公碑》。然諾信於友朋，賙給行於州里，李儉《張公碑》。惟善是樂。張泰《學殖賦》。姻族惠懷，竇從直《虞夫人銘》。積德攸鍾，餘慶斯在。路敬淳《魏夫人祠銘》。太夫人皮光業《屠將軍銘》。輔佐君子，李師聖《祁夫人誌》。肅事舅姑。梁朱賓《梁君銘》。杜氏大族其他宜爲婦禮者，不翅數十人。杜牧《祁陽公主銘》。展斯嘉禮，杜位《國公嘉禮判》。閨門肅穆，

〔註19〕 按：《輿地紀勝》卷第二《臨安府》「碑記」載：「《元覽法師碑》。《集古錄》：唐徐安正撰，褚庭誨書。碑以開元二十三年立，在杭州。」參（宋）王象之編著、趙一生點校《輿地紀勝》，浙江古籍出版社 2012 年版，第 91 頁。

寇同《吳府君銘》。四德咸備，六親雍和，秦貫《崔夫人銘》。淑愼賢明，奚敬元《史公碑》。蘊中饋內弼之美，杜黃裳《顧公碑》。副君子好士之心。王玠《程夫人銘》。節豐華而廣蔭庥，崔祐甫《滑亭新驛記》。庇本根於仙族，陳諷《連理樹賦》。以叶均平之道，源乾曜《請出二子爲外官疏》。鞠育侔於所生。劉憲《右武衛將軍銘》。

太夫人孫逖《杜諮議碑》。有賢子三人，於頔《法華院記》。公則長男也。歐陽詹《鄭公銘》。同氣之誼日隆，手足之情元厚，韋敬辨《智誠峒序》。雖田家荊樹，未足多焉。吳蛻《鎮東監軍使院制》。太夫人顧之復之，訓示加等。獨孤及《趙琚銘》。公既孤，李宗閔《馬公家廟碑》。太夫人專門戶。元稹《元君銘》。公承奉慈顏，幼有老成之量，令狐峘《顏魯公銘》。思欲續成先志。司馬貞《補史記序》。太夫人高明整肅，有慈有威，顏眞卿《臨淮王碑》。雪霽松貞，羅隱《吳公約碑》。母儀式序。令狐德棻《於公銘》。公少無所倚，沈亞之《李常侍銘》。由是依於舅族，李翶《李府君銘》。屬楚越途遙，李吉甫《忠州謝上表》。涉越水之表，登楚山之陽，周渭《金精百鍊賦》。西浮漢江，劉丹《西郭橋記》。留於外族，溫庭筠《上令狐相公啓》。得從容於筆硯，蔡希綜《法書論》。文學之外，尤工隸書。楊漢公《干祿字書後記》。草隸精深，竇蒙《題述書賦後》。法兼篆籀。薛存誠《仙石靈臺賦》。好著述，每與賢士大夫詩詞唱和。屈蟠《析疑論序》。賢士大夫，姚思廉《止足論》。詣公之門，視其昆弟三人，錢昱《忠懿王廟碑》。許以高流，王縉《進王維集表》。期之以遠大。朱敬則《請擇史官表》。其爲當時文士推服也如此。張泊《張司業詩集序》。公承積慶之繁祉，李迥秀《裴府君碑》。襲弓冶之基，鄭畋《切責高駢詔》。長養於外家，令狐楚《爲崔仲孫弟謝手詔狀》。皆稟訓瑤庭。王適潘《尊師碣》。太夫人張說《張處士碑》。示以愛慈，加之訓導，殷鵬《羅太傅銘》。有擇鄰之識，德宗《封張重政母魯國太夫人詔》。不作無益之費，張泌《上後主書》。而賓膳豐珍，呂溫《劉公碑》。古孟氏母警戒若此。舒元輿《陶母版文》。陶氏所以成大名，母賢如此。浩虛舟《陶母截髮賦》。煥爲故實，蘇珦《懸法象魏賦》。言成楷模，李燈重《與蕭十書》。其是之謂乎？戴叔倫《意林序》。公志尚純一，行必中正，常仲儒《河中府文宣王廟碑》。亦兼練達政要，張元素《重諫太子承乾書》。律令格式，趙冬曦《請明律例奏》。博引證驗，史徵《周易口訣義序》。未及弱冠，公皆達之。董晉《李公德政碑》。由是累辟使車，陳簡甫《宣州良吏記》。優游幕府，太宗《置文館學士教》。飛書走檄，援筆立成。員半千《陳情表》。公展其長材，蘇絳《賈司倉銘》。應事立斷，吳武陵《上韓舍人書》。節使嘉之，俟其碩畫。王叔平《王公銘》。公於是領錢穀之要，高適《送竇侍御序》。具析精微，常從心《持論攻擊判》。凡斷刑名，鄭思齊《駁定罪判》。能雪冤滯。魏薯《請令判官推劾奏》。僉曰公之至也，俗詠其蘇矣。

武少儀《移丹河記》。公曰韋昌謀《靈應廟記》。決事原心，王岳靈《升高判》。請從矜釋，劉仲宜《清白二渠判》。吾固受教於吾母矣。李甘寓《衛人說》。凡歷數使賓待益重，鄭餘慶《賈僕射碑》。公迫於祿養，邵說《趙公碑》。將策名以筮仕，李康成《假蔭判》。充轉運判官。孫樵《康郎中銘》。實以太夫人年高，李商隱《與陶進士書》。榮親揚名，二美兼著，張增《段府君銘》。公欣然而捧檄矣。張九齡《趙公銘》。參謀帷幄，唐臨《劾杜如晦奏》。戎幕釋材，靳翰《陸府君銘》。公攬轡遄徵，鄭藝《徐節度德政碑》。制勝樽俎之右，李震《劉將軍銘》。擒獲元惡，韓雲卿《平蠻頌》。震天聲而凱旋。樊衡《破蕃賊露布》。入覲皇都，增秩受賜。李直方《邠州使院壁記》。彩章輝煥，孟簡《建南鎮碣記》。影麗華簪，侯冽《貂蟬冠賦》。肅乎出藍之姿，縈垂組而溫潤。獨孤申叔《服蒼玉賦》。至是宦成而名立，徐鍇《陳氏書堂記》。歸迎板輿，張楚《與達奚侍郎書》。太夫人就養適乎遠。于邵《送穆法司序》。自荊徂揚，魏顥《李翰林集序》。侍太夫人板輿，馮宿《殷公家廟碑》。欣欣愛養，王績《老萊養親贊》。縉紳之士以爲美談。郭納《柳公碑》。始到江南，姚崿《大泉寺新三門記》。以才蒞職，劉秩《選舉論》。榷鹽爲本，僖宗《議鹽法詔》。事有職司。張子漸《習星曆賦》。夫煮海爲鹽，劉彤《論鹽鐵表》。近鹽之邑，田義晊《先聖廟堂碑》。其於疆理各有區分，樊系《列侯實封判》。瞻言所司，陸據《蠟饗不祀判》。分職揆務，盧貽《舉賢任選判》。至於補授沈既濟《選舉雜議》。水陸運鹽鐵判官，李絳《王尙書碑》。負海名區，王友方《拔薤送錢判》。維彼有州，萬融齊《請置判懸判》。公折簡飛書，先明大信。張式《徐公銘》。此時勸課，陸大同《報長吏令勸田疇判》。聚貨通商，陸長源《戴公銘》。商旅既安，課利自厚。裴休《請革橫稅奏》。周覽海甸，聽察甿謠。崔逸《鬱林觀東岩壁記》。去盜之術行，而屏盜之譽顯，李昉《任公屏盜碑》。所以擢階品第五、考課第一。楊憑《羅剌史德政碑》。靈花彩羽，段文昌《仙都觀記》。五色相宣，皇甫威《迴文錦賦》。戴蟬珥貂，陳致雍《王侍中銘》。孔翠曳曳，敬括《豫章賦》。已蒙殊並，蕭華《陳情表》。資望自高。魏元同《請吏部各擇僚屬疏》。自兵興以來，元結《管仲論》。大有事於淮西，李沛《大坯山銘》。合肥郡城陳鴻《廬州同食館記》。將期收復。李晟《誅田希鑒狀》。陳謀於必勝之地，張薦《答權載之書》。由是懋其成功，蘇晉《丞相少傅拜職命宴序》。捨爵策勳，李丹《名田判》。復以公勤績克聞於上。盧虔《高公碑》。故公自初命四遷，熊執易《馬公碑》。位爲郡守，魏元忠《上高宗封事》。秩二千石，盧備《置都督不便議》。捧檄入告，劉禹錫《子劉子自傳》。太夫人勉之曰：黃滔《陳先生集序》。「年壯宦遊，盧貞《廣成宮碑》。蒙恩獎擢，徐嶠《洺州帖》。祿及親矣。蔣儼《賣田遊岩書》。然君子立身，務修其本。孫虔禮《書譜》。惟當昆弟相勗，范咸《謝兄除補闕表》。策名樹績，報國榮家，崔顥

《薦樊衡書》。則立身行道之事盡在於斯矣。」王覿《十八學士圖記》公綜理殷劇，馭繁以簡，薛稷《鄭府君碑》自量移通州，嚴礪《奏崔河圖狀》。轉運使判官，常袞《授孔述睿起居舍人制》。遷泰州軍事判官兼營田鹽監，徐鉉《經堂記》。三州耆耋感公之惠訓，賈餗《李贊皇德政碑》。分司優閒，韋瓘《浯溪題壁記》。量時署官，權寅《獻啚酒不供判》。非無往例。趙頤貞《清白二渠判》。海陵諸界，蕭穎士《與崔圓書》。表於東海。沈珣《授韋博淄青節度使制》。其東亭也，劉詠堂《陽亭詩序》。置在州東，沈成福《議移睦州治所疏》。專領東臺之務，司空圖《盧公碑》。公之授也，斯實兼焉。苗神客《衛將軍銘》。權領是邦，張濯靈《應祠神廟記》。蓋以安民爲本，馮涓《諫用兵疏》。勸課之方得所，則生靈之賦樂輸。盧文紀《請殿最臣僚奏》。據其本分價錢，折納諸色斛㪷，於敏《請蠲減租稅議》。清白著矣，歌詠興焉。孟賓于《碧雲集序》。考課攸歸，勤效斯在。常無欲《直講無他技判》。特請褒異，于公異《吳岳祠堂記》。就進階資。崔棁《請並勵刺史縣令疏》。頃者戎事方殷，代宗《授劉晏平章事制》。斥堠精審，劉貺《武指》。公至是領徒夜出，韋慤《重修滕王閣記》。於焉巡警。崔琪《擊柝賦》。當此時也，裴冕《請上尊號奏》。浮居人戶張鑄《請省新戶科徭奏》。既因流寓，庾光先《兩貫判》。人雜五方。楊虛受《請禁惡錢疏》。即結聚義兵，蘇安恒《理魏元忠疏》。凡在丁壯，韋湊《諫征安西疏》。盡置軍團，戴冑《諫修洛陽宮表》。教習戰陣。李泌《復府兵議》。有備所以無患，李蒙《耤田賦》。桴鼓於是稀鳴，劉待價《獨孤府君銘》。君子謂之樂郊。李琪《吳越王生祠碑》。今年甘雨應時，劉仁軌《諫幸同州校獵表》。百穀豐就，馮紹正《賀雨表》。人和歲稔，蔣欽緒《代宰相請封禪表》。又倍他年。蕭嵩《請封嵩華二嶽表》。將宏富教之宜，用廣文儒之業。李乂《成都令勸學判》。講信勸學，崔寓《燕弓矢舞判》。寄以循良。韋虛心《北嶽府君碑》。古者牧守政成，擢登三事，寧源悌《論時政疏》。或一日而致九遷。張倚《長才廣度策》。以公人才地望，陶穀《史太保銘》。超昇不次，劉祥道《陳銓選六事疏》。榮親於八座，崔沔《光祿少卿姚君碑》。豈不盛歟？陳子良《爲王季卿與王仁壽書》。公仲弟徐浩《張令公碑》。題別駕之榮，崔嘏《授王叔政洪州別駕制》。久更吏途，兼練戎事，王仲舒《爲荊南節度使謝恩表》。以身許國，韋建《薛刺史碑》。炳乎丹青。范傳正《廣祐英濟王銘》。天子壯其忠，韋貫之《南平郡王碑》。惟茲四品，李仲雲《女樂判》。禮備而恩加焉，庾承宣《田節度碑》。仍與一子五品正員官並階，陸贄《原宥河中將士詔》。雲騎尉，李德裕《討劉稹制》。延賞推恩，楊凝式《吳越王碑》。俾百世傳襲。竇儼《上治道事宜疏》。君子曰本教爲孝，郭雄《忠孝寺銘》。資孝爲忠，賀遂亮《平百濟國碑》。以忠訓子，李百藥《房公碑》。子之忠由母之教。王維《任刺史碑》。秉忠孝之規，盧藏用《紀信碑》。其致一也。邢巨

《文辭雅麗策》。公之季弟，張孚《張府君碑》。彈冠上國，沈興宗《賜則出就判》。參佐戎藩，謝楚《爲顏中丞謝上表》。趨運倉儲。裴鉶《天威徑碑》。河工不便，河漕處處停留。裴耀卿《請廣漕運疏》。今以海運分爲兩運，狄仁傑《請拔安東表》。洪漕則通江達海，劉穆之《盧公清德文》。搖海艦於三春，王泠然《清泠池賦》。材足任於天津，陳廷章《水輪賦》。北走燕薊，柳澳《趙郡石橋銘》。太倉之粟，孫翃《文辭雅麗策》。雲帆桂楫，劉晏《遺元載書》。達於京師。倪若水《諫採捕諸鳥疏》。漕運成功，齊映《自序表》。累蒙擢拔，賈耽《進九州圖表》。官則刺史，趙憬《鄂州新廳記》。連枝同榮，元宗《鶺鴒頌》。喜集鴒原，薛逢《上薛尚書書》。雲霄自致。楊譽《紙鳶賦》。太夫人以繁祉元福，阜興德門，穆員《裴夫人誌》。載覃天恩，富嘉謨《爲建安王賀赦表》。累霑霈澤，王鐸《加穆棲梧等柱國制》。淑人君子，趙玭《戚處士銘》。恪奉絲綸，滕王湛然《寶少傅碑》。襃德進功，封希顏《六藝賦》。宜從二品。宋憬《勳品判》。爾其友于怡怡，常德志《兄弟論》。事太夫人備敬養之道，柳宗元《楊氏誌》。且夕問安，顏色必悅，段成式《韋斌傳》。受命於太夫人，且成伯舅之志，恭論外祖之烈，梁肅《呂公銘》。崇其徽章，韋良嗣《賜則出就判》。此則修善之慶，李淳風《乙巳占序》。誠足以垂範來葉。賀知章《上封禪儀注奏》。愛敬宏於錫類，駱賓王《靈泉頌》。無以加也。長孫訥言《箋注廣韻序》。太夫人張象《劉公銘》。頤神導和，劉洒《冊郭尚父文》。福慶斯集，張皋《諫惑方士》。每令節嘉賞，長筵高會，楊綰《汾陽王夫人碑》。綏我眉壽，孫頠《春儺賦》。萱樹於堂，呂諲《蓂莢賦》。詠《蘭陔》之詩，單有鄰《歸胙判》。莫不推福祚以攸永。高蓋《花萼樓賦》。

今年登七十，白居易《六贊偈序》。歲次庚申〔註20〕上官儀《冊紀王愼爲荊州都督文》。夏六月沈佺期《峽山寺賦》。十二日，鄭欽悅《復任升之書》。養壽祈年，王燾《外臺秘要序》將以期純嘏之集也。李元成《賢良方正策》。當今六月頗暑，崔融《報三原李少府書》。季夏事殷。崔蕆《諫造觀疏》。自夏徂秋，王利文《上瑞麥表》。天清氣涼。張楚《金樓下觀繩伎賦》行至八月李觀《報弟兌書》。十二日，杜光庭《歷代重道記》。邑中耆艾，孫會《蘇仙碑》。莫不途歌里頌，賈虛己《諫封后族疏》。咸登福壽之庭，李嶠《爲朝集使等上尊號表》。錦筵四開，鄭希稷《笛賦》。鏘鏘翼翼，梁獻《出師賦》。嘉賓式宴，沈東美《大斝酌酒判》。壽客滿堂，袁修《上姚令公書》。授簡爲序。王涯《元和姓纂序》。自念淺拙，段安節《樂府雜錄序》。纂組非工，韓偓《御試綴狀》。綴集前文，潁王璬《請改修龍池聖德頌表》。旁求援據，田敏《進印板書奏》。使士庶觀聽有所發揚。韋嗣立《請崇學校疏》。祝公壽考，盧頊《禱聰明山記》。歸壽於高堂，邵眞《義

〔註20〕 據此，此文作於庚申（咸豐十年，1860）。

井記》。自諧保生之仁壽。陸復禮《鈞天樂賦》。以義理言之，歸崇敬《辟雍議》。介福維祺。陳齊卿《升高判》。永保貞吉，魏徵《九成宮醴泉銘》。足見長生之道焉。裴鉉《進延壽赤書表》。

毛母匡太孺人八十壽序　代

　　昔朱丹溪以通儒而兼良醫，胥本於其母戚太夫人之訓。蓋自丹溪幼稚之日，即教以義方。及其稍長，聞同邑許白雲先生爲當代經師人師，命丹溪踵門受業，且典質簪珥以供丹溪遊學貲糧。論者謂丹溪學行克成，皆因戚太夫人延師之明、敬師之篤，不特非此母不能生此子，抑且非此母不能成此子也。而丹溪以立身行道，顯揚其親，亦能不負戚太夫人之期望。故白雲先生之弟子不止千人，而高足有名與丹溪並駕齊驅者不可多得。其所以恪遵傳訓，實由於敬奉母儀。士君子推重丹溪濟世之功，必稱頌戚太夫人課兒之善，閱五百餘歲未嘗少衰。則丹溪之能壽其親者，固非期頤所能限；而戚太夫人之永壽其名者，又豈算數所能測哉！

　　蘄水毛君熙甫以名諸生，兼工於醫，服膺丹溪之學，蓋既守尊先公偉亭先生貽謀之善，又得賢母匡太孺人慈訓之勤，故能蜚譽膠庠，馳聲鄉黨。咸豐歲，太孺人壽慶八旬，熙甫不遠千里，緘寄太孺人事略，囑其同邑郭舜民刺史請撰壽序之文。

　　余謂太孺人行誼，與戚太夫人相同者有四事焉。戚太夫人主持家政，條理井然，故丹溪少孤，由極貧而稍裕。太孺人躬親井臼，教稼課耕，故熙甫昆弟自幼即帶經而鋤，奉養不匱。此其同者一也。戚太夫人祥淑慈仁，待娣姒不殊姊妹，撫姪女不殊己女，故丹溪之家庭群從相依，最爲雍睦。太孺人深明大義，一秉至公。偉亭先生有兩弟：次弟太學生瀛翱先生無子，太孺人命熙甫爲之後；季弟邑庠生藜亭先生課徒有法，熙甫總角之時，太孺人即命就叔父問業，敬之如父。故一門和順，數十年無間言。此其同者二也。戚太夫人訓子以嚴，毫不姑息，故丹溪奉教惟謹，遂能由金華四先生以溯勉齋之傳，而紹新安之緒。太孺人撫教諸子，慈而有威。熙甫之兄幼習醫術，中年早世，閭里稱其善良。熙甫之弟於應舉之文用力甚至，雖久困小試，而向學之志不移。熙甫年踰成童，欲負笈從師，是時舜民刺史之兄雨三光祿方授徒於里塾，太孺人命熙甫偕其弟受業。四年，及光祿會試入都，覆命受業於光祿尊人璧齋贈公，首尾又將九載。入泮以後，科歲試屢列前茅，補增廣生。

鄉前輩皆期之以遠大，謂其可繼贈公、光祿之矩矱，而得先正之薪傳。此其同者三也。戚太夫人樂善好施，貧家無力贍養子女者，命丹溪助以粟帛，賴以全活者甚多。太孺人積德最深，存心甚厚。偉亭先生以儒士而邃於醫學，求診視者輒應手獲痊，所用藥材得太孺人贊襄，炮製詳慎如法，故施治尤易奏功。熙甫能讀父書，善遵先志，太孺人勉以廣行仁術，於貧乏無力者尤體恤其隱微。此其同者四也。在熙甫謙以自牧，必謂學行不足以仰企丹溪。然熙甫既念切顯揚，常存善則，歸親之意尤貴乎懋修學行，貽母氏以令名。果能力求其無愧於丹溪，則太孺人自能媲美於丹溪之母，安見戚太夫人壽世之永，遂能專美於前哉？

余與熙甫疇昔未通音問，而光祿之子階受業於余，曾向余稱述熙甫。光祿之從弟平甫嘗至光祿署中，熙甫之兄即平甫之外舅。平甫與余文深相推重，而光祿前此致書其族戚，復稱道余文。熙甫習聞過譽之談，是以謬承誶誃。若徒祝以富貴壽考為酬應之泛詞，恐有負熙甫鄭重殷拳之盛意，故竊附於古人道義之交，以贈處為頌祝焉。熙甫倘許其愛人以德，則此文或可獻諸堂上，為太孺人侑一觴歟。

劉富曾跋

　　富曾自甲寅年就吳興劉翰怡京卿聘，任校讎之役。京卿雅好儒業，志樂表揚，有汲古閣毛氏、士禮居黃氏風。搜羅海內通人名德耆宿遺著，單傳稿本而無力刊刻者，每代授梓，以廣流佈。表微闡幽，捃摭弗違，何其厚也！先君子曾著有《通義堂文集》十六卷，昔年先兄僅刻數卷，力絀未克蕆事，且所刻者亦多蠹蝕漫漶。京卿篤念世交，代爲剞劂，即命富曾爲校字。富曾年來承京卿授餐適館，有愧虛縻。今復得以人子勘校先人遺稿，藉獲流傳後世，先君子爲不朽矣。子孫銜感，永矢弗諼。茲因工刻既竣，僅跋數語，以志大德。

　　庚申年上元節揚子劉富曾謹跋。

附錄一：傳記資料

劉壽曾《先考行略》

　　先考姓劉氏，諱毓崧，字伯山，一字松崖。先世居溧水，十七世祖國學生諱春和，始由溧水遷揚州，以次子諱起寅任守備，贈明威將軍。高祖諱起泰，國學生。曾祖諱暾，占籍儀徵，補博士弟子員。祖諱錫瑜，國學生。父諱文淇，嘉慶己卯科優貢生，候選訓導，研經篤行，海內稱爲孟瞻先生者也。

　　先考質性英敏，讀書過目不忘，八、九歲時閱《通鑑》，習其句讀。年十二，以史論見賞於寶應劉楚楨先生，有「年甫一周，才堪八斗」之譽。十七歲，見山陽丁儉卿先生《毛詩》、《三禮》釋注，即籤商數事，丁先生激賞不置，謂「不愧父名之子」。稍長，蓋嗜學不倦。　道光丙申府試，太守劉鑒泉先生，以先考「時藝有根柢」，取列第一。丁酉，受知於仁和龔季思尚書，取入縣學。戊戌，以經解受知於壽陽祁相國，拔置第一，歲試一等二名，補廩膳生。庚子科試，歷城毛伯雨少宰試經解，又列第一，拔取優貢生。先是祁相國於歲試後，面諭學官，舉報優行，先祖寓書，命先考力辭，不獲。至科試時，相國內轉，少宰代之，尤加歡賞，遂膺是選。人僉謂「兩世經明行修，名副其實。」辛丑朝考，以事未赴。前後十赴鄉闈，自己未科報罷後，遂絕意進取。咸豐乙卯，客遊袁浦，河帥楊至堂先生，擬爲納粟補官，婉謝之。同治乙丑，前署廣東巡撫郭芸仙中丞，保舉人才，以先考「覃思博覽，崇尚樸學，宜置之八旗官學，責以講課」，疏入報聞。先考於中丞，無一日之雅，蒙登薦牘，自以分不克當，卒未上書陳謝。

　　天性篤摯，幼隨先祖父母，侍奉先曾祖，服勞奉養，左右無方。先曾祖壽逾九秩，及見先考食餼，喜爲家庭盛事。事親先意承顏，尤以修學立身，

爲養志之本，門內雍睦無間言，勖不孝等，諄諄以友愛爲訓。甲寅，丁先祖憂。乙丑，丁先祖母黃太孺人憂。居喪大節，悉法古禮，送終追遠，必誠必愼，逾時不忘哀。族中無主後者，歲必躬掃其墓；困乏者，量加存恤。先祖姑適陳，早嫠，先祖迎之同居，撫祖姑子芸舫先生成立。先祖既歿，先考事祖姑加謹，指授芸舫先生文法，得補諸生，爲締姻名門。就得館穀，迎養祖姑，仍月加飲助。洎祖姑病歿，力籌歸葬，不以境遇艱難，稍存推諉。姑母適田，亦早嫠，自癸丑避寇，患難相依，撫孤甥增義，以養以教，不啻親子。遇友朋急難，見義勇爲，不辭勞瘁，故人子弟孤露者，百方爲籌生計，婉加訓迪，汲汲焉望其成名，人咸感服之。

生平涉學至博，旁通諸經史百家之書，不尚墨守，惟是之求，一事一義，必洞悉古今異同之故，析及精微。凡所寓目，略能暗誦，廣座中有聞先考談論，或私取原書核之，皆無有誤。先祖湛深經術，尤致力於《左氏春秋》，所著《左傳疏證》一書，長編已具，先考思竟其業，謂：「《左氏》是非不謬於聖人，學術最正。」因歷採秦、漢已來，發明《左氏》一家要誼者，咸甄錄之，擬編爲《春秋左氏傳大義》。又以先祖所著《左傳舊疏考正》，凡孔沖遠襲取劉光伯《述議》文，悉加辯正，《自序》謂：「群經中六朝舊疏，半乾沒於唐人之手。」將次第考正，稍還舊觀，以專力《左氏》，有志未遑。先考仰承遺緒，詳加討核，爲《周易、尚書舊疏考正》各一卷。其《毛詩》、《禮記》，屬稿未成。先考說經之旨謂：「漢儒精小學，正欲明大義所當，由訓詁、聲音、文字、進求大義之通。」既承先志，論次《左氏》大義，因取《白虎通義》意，以「通義」顏其堂。而旁推群經，凡儒先說經有上可明王道、下可識人心風俗者，旁搜博採，擬編爲《經傳通義》。又謂：「六藝未興之先，學各有官，惟史官之立爲最古。不獨史家各體各類，並支裔小說家，出於史官；即經、子、集三部，及後世之幕客、書吏，亦昉於史官。班氏之志《藝文》，論述史官，未發斯旨，其敘九流，明諸子所出之官，必有所授。其中仍有分省失當者。」既析九流中，小說家流歸入史官，又辨道家非專出於史官，改爲出於醫官，名家非專出於禮官，改爲出於司士之官，又增列藝術一家，爲出於考工之官，並九流外之兵家，統爲十一家。博稽載籍，窮極根要，擬編爲《史乘通義》、《諸子通義》。劉氏之興，名賢相望，先考每以誦述景行爲心，翻閱之餘，勤加搜輯，擬編爲《彭城獻徵錄》。又編次先曾祖琢齊公以來，家狀碑版之文，爲《舊德錄》一卷。

自弱冠以來，手不釋卷，由四部群書，下逮稗官詞曲，得一書必首尾詳閱，洞見癥結，剖析精嚴，尤倦倦於表微闡幽，務得古人事外之情、言外之意，成《通義堂筆記》十六卷。為文奉「有物有序」之訓，不欲歸撫前人，而精密條達，自成體勢。於六朝、唐人議《禮》文字為近，尤達於經訓之原，以章教善俗為心。其考證之文，旁推交通，鉤沈抉隱，多用雙行夾註，俾閱者心目開爽，不以繁重為疑。記事纂言，尤以文直事核為主。論詩極見其深，然不輕作，偶有吟詠，皆秩然有德之音。著有《通義堂文集》十六卷、《詩集》一卷、《詩、文外集》各一卷。尤精校讎之事，自出遊及家居，所主多專司校書，刊訛訂謬，搜逸撮殘，視己所撰述，尤加矜慎。惟乙丑歲，館曾沅甫中丞書局，校勘《王船山先生遺書》，論次《船山年譜》二卷，得署己名，局中亟欲刊行，先考尚以搜羅未廣，不欲問世，其歉然不自足類如此。校正鄉先輩及故府主、亡友遺書，整理糾紛，殷勤無倦；同時流輩，以詩文著述就質者，無論學術門徑異同，必為剖決是非，引申推廣，務委曲達其意。論者謂：「直諒多聞，兼三益友。」見後進材藝稍優，誘掖獎成，不遺餘力，前淮揚觀察郭雨三先生，令其子階從先考授經，雨三先生殉節定遠，先考仍主階家，時胡文忠公撫鄂，書招先考，辭不赴。曾文正公歎其「風誼足勵薄俗」。

先考嘗謂：「《春秋》責備賢者之說，不當用以繩人，止可用以律己。」故處世極和平，而責躬最刻厲，跬步之間，必循禮法；燕居無惰容，造次?妄語。生平不作草書，即論不孝等，書亦必端寫。尤嚴義利之辨，自束脩外，無非義之取；自執友外，無非義之交。每訓不孝等曰：「窮達有命，毋移於習俗也。」先考生於嘉慶戊寅二月二十三日巳時，歿於同治丁卯八月初九日巳時，享年五十歲。即以其年十月二十四日，葬於揚州府城西郊郝家寶塔之原。原配汪孺人，前先考七年卒。繼配黃孺人。子四：不孝壽曾，同治甲子科副貢生，候選知縣；不孝貴曾，儀徵縣學增生；不孝富曾、顯曾，儀徵縣學附生。女兒：長適儀徵縣學附生汪兆曾，次許字寶應縣學附生孔昭采，皆汪孺人出。孫一，永官。先考之葬也，劉叔俛先生銘其藏，而表墓之文闕如。不孝等檮昧，於先考學行，未能誦述萬一，然不敢以無實之辭，誣我先人，謹條具事狀，伏乞賜以鴻文，闡發幽光，則世世子孫感且不朽。不孝壽曾、貴曾、富曾、顯曾謹述。

（《傳雅堂文集》卷三）

劉壽曾《先妣汪太宜人行述》

東南汪氏，族望於歙，其譜系多謂出唐歙州都督華。揚州之汪，分支七八，皆至自歙。明有國儒者，為吾母家始遷祖。口傳至鐵夫先生諱錚，嘉慶辛酉科舉人，揀選知縣，始著儀徵籍，為吾母之祖。鐵夫先生有子五人，其仲子小城先生諱穀，儀徵縣學附學生員。配楊太君，寶生吾母。母生未周歲，楊太君歿，撫於祖母楊太君。小城先生治輿地之學，與先大父為深友，先徵君童年，先生奇賞之。道光戊子，先生以勤學，膺篤疾臥榻，語先大父，以吾母字先徵君。又九年丙申，吾母來歸，時先曾王父年近九十，吾母奉重闈，侍先大父、大母至親謹。戊戌，壽曾生，揚州知府李公名之，謂先大父曰：「以博太翁歡。」吾家先曾王父以上，昆弟眾多，先大父、先徵君，皆無昆弟，壽曾有弟貴曾、富曾、顯曾，妹順曾、淑曾，淑曾行居六，先大父、大母猶及見淑曾之生，親黨多頌吾母福祥也。

先大父時，有南郭田五十畝，市廛一區，田瀕江，歲患潦；市廛傭租薄，不足薪米賓祭之用。先大父、先徵君授生徒，或為人讎書，得束脩佐朝夕。吾母生子女多，皆躬自乳哺提抱。壽曾資稟弱甚，年四歲，病幾死，母調護忘寢食。壽曾六歲入家塾，母立屏後聽誦聲，或嬉弄，師不及察，晡自塾歸，母必訶而撻之。夕則問所業，篝燈治針鑿，呼壽曾立几側覆誦以為常，其教貴曾、富曾、顯曾亦視此。壽曾兄弟，童年畏吾母，甚於畏先徵君也。

咸豐癸丑，廣西盜東犯揚州。先大父避地北湖，母訓壽曾曰：「寇亂亟平，毋廢績。」令挾冊坐先徵君旁，其年大軍克揚州。明年，舉室歸，壽曾再入家塾，先大父違養，市廛既毀於兵火，生計益不支。又明年，先徵君客南清河，壽曾與弟妹奉先大母及母留揚州。二月，賊再陷揚州，倉皇不及遷避，賊已薄城，壽曾扶侍先大母，從吾母挈弟妹出便益門，草行露宿，饑困傾踣，兩日乃達北湖。貴曾時年十二，中道相失，脅於賊，母日夕涕泣，常立村外，引領望貴曾歸。凡百三十日，貴曾果自鎮江歸，母乃大歡。

當出走時，衣衾無所攜，春令猶栗冽，母減衣衣先大母，爰及子女，忍寒不自恤。時無僮僕，壽曾日走墟市，購菜茹醯醬，每再往返；或炎風烈日中，尪然乞貸於親故。寇既棄城去，壽曾徒步入城，移書籍几榻以出，日行八十里，面目蕉萃非人。母憐之，又曰：「兒竟廢讀乎？」其年秋，先徵君移家南清河，時先徵君主淮揚兵備郭公，授公子階經。壽曾、貴曾亦侍先徵君讀書，母心稍慰。既百物蕩盡，舉室仰先徵君衣事，戚黨猶多相依者。明年，

東南大旱，斗米至六七百錢，家中食芋及麥屑豆渣，恒匝月不舉火。偶得來，母先奉先大母，如御珍錯，壽曾憂形於色，母曰：「兒好讀書，勿以家事戚戚。」壽曾赴督學試，母送於門曰：「兒努力得寸進，庶可見我。」淚承於睫，壽曾不敢泣，知母言之悲也。是年，壽曾受知於大理卿督學李公，補儀徵附學生員，母為色喜。又二年，郭兵備罷官居東臺，先徵君再移家相依。兵備殉定遠，先徵君感兵備知遇，撫教階如昔。家事猶困乏，售南郭田以資食，母無戚容。時貴曾仍侍先徵君讀，壽曾為東臺知縣某公掌書記，又助先徵君為運判杜公編纂《古謠諺》及詞學諸書，每日檢書盈尺，朱墨雜進，仍以暇督視富曾、顯曾讀書，母勞苦而數休之。於時，先大母康強，弟妹皆長成，貧如昔也，冬夏不能具裘葛，猶未免揭債，然母之憂少紓。

母稟質非強盛，自癸丑以來，處優勞貧約之境，遂多疾病，宜近藥，不能時時得藥，體氣益虛悴。迨居東臺，稍得攝養，致疾已深。庚申十月初九日，母晨起，躓於床下，遂得末疾，不能轉側，參苓疊進，無補羸敝之身。延至十一月十八日辰時，竟至不起。嗚呼痛哉！當母疾沉劇時，以不得終事先大母為恨，呼壽曾及弟妹至前，執手撫頂，流涕無所言。彌留之際，猶曰：「兒侍疾，荒誦讀也。」嗚呼痛哉！母生於嘉慶戊寅十月初五日，春秋四十有三。母亡之明年，先徵君葬母於揚州城西郝家寶塔之原，先徵君銘母墓。又七年，先徵君違養，啟母墓合窆。

先徵君之銘母墓也，述母之善教。壽曾等又載母之言曰：「禮法之家，數世培之而不足；驕縱之子，一人敗之而有餘。」謂此合於古女史熏翼其家之義也。若母之勤身焦思，濟憂患，膺疾苦，再造毀室，中壽而亡，不得其子一日之養，則有所深痛而不欲盡言。又十四年，壽曾乃與弟妹追述行實，流涕而書之。壽曾，同治甲子科補帶戊午科副榜貢生，光緒丙子科再充副榜貢生，候選知縣。貴曾，光緒丙子科副榜貢生，候選直隸州州判。富曾，儀徵縣學增廣生員。顯曾，儀徵縣學廩膳生員。女順曾，適汪兆曾，儀徵候選訓導，以母亡之後九年歿。淑曾，適孔昭采，寶應舉人。孫師逵、師蒼。師逵殤。孫女師鑠、師昭、師韞。光緒六年春三月，男壽曾、貴曾、富曾、顯曾謹述。

（《傳雅堂文集》卷三）

劉恭冕《清故優貢生劉君墓誌銘》

　　君諱毓崧，字伯山，又字松厓。先世有諱春和者，由溧水卷揚，遂籍儀徵。祖諱錫瑜，國學生，精習醫術，鄉稱仁善。父諱文琪，嘉慶己卯科優貢生，候選訓導，孳經篤行，爲世儒宗。

　　君束髮受學，不好嬉弄，八九歲時閱《通鑑》，習其句讀，父執驚畏，目爲奇童。自是問學日進，名譽大起，當世執文術者咸願得君爲舉首。道光庚子，以廩膳生舉優行貢太學最，後廣東巡撫湘陰郭公嵩燾奏君樸學，宜充八旗教習，而湘鄉相國曾公尤禮異之。自訓導君爲《左氏》學，君纘前業，用力甚深，旁通諸經史諸子百家之書，凡所寓目，略能記誦，悉其原委，廣坐中聞君談論，或私取原書核之，率無有誤。精於勘校，友人有所述作或刊刻，多質君乃定。著有《春秋左氏傳大義》、《周易、尚書、毛詩、禮記舊疏考正》、《經傳、史乘、諸子通義》、《彭城獻徵錄》、《王船山年譜》、《通義堂詩文》、《筆記》各若干卷。

　　君事父母，終身無一日失歡，姑妹皆早寡，遺孤嗣亦幼，就食君家，君承先志無所異視，撫教孤幼，俾各成立。與朋友交，勸善懲過，始終不渝，爲人謀周慎，必期其成，臨財無所苟取。綜君學行，質之古人，宜無愧已。生於嘉慶戊寅二月二十三日，卒於同治丁卯八月初九日，得年五十歲。配汪孺人，同邑縣學生諱穀之女，有婦德母儀，爲三黨所知，其卒也，君爲之志。繼配黃孺人。子四，壽曾，同治甲子科副榜貢生；貴曾、富曾，並縣學生；顯曾，咸世君學。女二，長適縣學生汪兆曾，次未字，均汪孺人出。壽曾等將以是年十月二十四日，卜葬君於郡城西郊郝家寶塔之原，與汪孺人合葬，而屬恭冕爲埋幽之文。恭冕與君世交，垂四十年，生平所敬事如君者曾不數人，而君今遽沒，悲夫！乃爲之銘，其詞曰：

　　世稱君爲經師兮，抑其行爲無悖也。天遽奪此賢達兮，世孰爲子誨也。顧詒謀之無惡兮，大業其終不廢也。予冀言以傳信兮，非於君有私愛也。願長貞茲佳宅兮，幸樵採之無逮也。

（《廣經室文鈔》）

程畹《劉先生家傳》

聖朝昌明經學,集古大成。吾郡如阮文達公、江先生德量、焦先生循、汪先生中,皆以經學鳴於時。其父子祖孫相繼,尤莫如王文肅公。若夫名位未彰,而家學淵源纘承罔替,絕相類者則有如吾邑劉先生。

先生諱毓崧,字伯山,一字松崖,先世由溧水遷揚州,遂籍儀徵。父諱文淇,嘉慶己卯科優貢生,候選訓導,研經篤行,為世儒宗,所稱孟瞻先生者也。先生弱不好弄,長益通經,盡傳父業,諸宿儒咸驚,畏曰劉氏有子。由是學問日進,名譽大起,諸司鑒者皆願得為舉首。道光庚子,以廩膳生舉優行貢太學府。主兩淮運司郭公沛霖延課其子,知先生深,至以家寄託最後。湘鄉相國曾文正公尤禮異之,今江督威毅伯曾公曾延先生入書局,亦敬禮勿衰。先生質直之氣,溢於眉宇,無貴賤老幼,一接以誠,平生?妄語,無惰容。事親孝,姑姊妹皆早寡,遺孤幼弱,就先生食,先生誨之如子,卒以有成。門無雜賓,交友久敬。或中途殂謝,待其子尤肫摯,為謀必忠,臨財無苟。避寇以來,間關轉徙,險阻百出,而性甘淡泊。雖饔飧不繼,口不言貧。自訓導君為《左氏》學,先生纘承前業,旁通經史諸子百家,凡所寓目,悉留於心。或廣坐道其原委,聞者私校原書,不訛一字。精於勘校,友人或刊刻著述,多質而後定。著有《春秋左氏傳大義》、《周禮、尚書、毛詩、禮記舊疏考正》、《經傳、史乘、諸子通義》、《彭城徵獻錄》、《舊德錄》、《王船山年譜》、《通義堂詩文》、《筆記》各若干卷,皆能博稽載籍,窮極根要,洞見癥結,剖析精微。尤惓惓於表微闡幽,務得古人事外之情、言外之意。為文有物有序,不規橅前人,自成體勢。前後十赴鄉闈,多以三場實對見遺,而先生不改故操。己未後,遂絕意進取。生於嘉慶戊寅二月二十三日,卒於同治丁卯八月初九日,年五十歲。配汪孺人,婦德母教,三黨交推。繼配黃孺人。子四,皆汪孺人出。壽曾,同治甲子科、光緒丙子科,兩中副榜,貢生。貴曾亦中丙子科副榜,貢生。富曾、顯曾,廩膳生。皆以通經著,持己接物,一秉先教。及見先生者,皆歎先生如未死云。

論曰:先生性和而介。余嘗以他款助其戚某,事已踰年,先生以杜方伯所刻《古謠諺》贈余,方遜謝。先生正色曰:「此書價,早取之矣。」余茫然,先生曰:「某人財不當取,當時即欲代還,今方報命。」余大駭,不能出一語焉。

(《續碑傳集》卷七十四)

《清史稿》

劉文淇，字孟瞻，儀徵人，嘉慶二十四年優貢生。父錫瑜，以醫名世。文淇稍長，即研精古籍，貫串群經。於毛、鄭、賈、孔之書及宋、元以來通經解詁，博覽冥搜，折衷一是。尤肆力《春秋左氏傳》，嘗謂《左氏》之義，爲杜《注》剝蝕已久，其稍可觀覽者，皆係襲取舊說。爰輯《左傳舊注疏證》一書，先取賈、服、鄭三君之《注》，疏通證明。凡杜氏所排擊者糾正之，所勦襲者表明之。其沿用韋氏《國語注》者，亦一一疏記。他如《五經異義》所載左氏說，皆本左氏先師；《說文》所引《左傳》，亦是古文家說；《漢書·五行志》所載劉子駿說，實左氏一家之學；經疏、史注、《御覽》等書所引《左傳注》不載姓名而與杜《注》異者，皆賈、服舊說。凡若此者，皆稱爲舊注，而加以疏證。其顧、惠《補注》及近人專釋左氏之書，說有可採，咸與登列。末始下以己意，定其從違。上稽先秦諸子，下考唐以前史書，旁及雜家筆記、文集，皆取爲證佐。期於實事求是，俾《左氏》之大義炳然著明。草創四十年，長編已具，然後依次排比成書，爲《左氏舊注疏證》。又謂：「《左傳》義疏多襲劉光伯《述議》，《隋·經籍志》及《孝經疏》，云述議者，述其義，疏議之。然則光伯本載舊疏，議其得失，其引舊疏，必當錄其姓名。孔穎達《左傳疏序》衹云據以爲本，初非故襲其說。至永徽中諸臣詳定，乃將舊注姓氏削去，襲爲己語。」因細加剖析，成《左傳舊疏考正》八卷。

又據《史記·秦楚之際月表》，知項羽曾都江都，覈其時勢，推見割據之述，成《楚漢諸侯疆域志》三卷。據《左傳》、《吳越春秋》、《水經注》等書，謂唐、宋以前揚州地勢南高北下，且東西兩岸未設堤防，與今運河形勢迥不相同，成《揚州水道記》四卷。又《讀書隨筆》二十卷、《文集》十卷、《詩》一卷。

文淇事親純孝，父年篤老，目眚，侍起居，朝夕扶掖，寒夜足凍，侍親以溫其足。舅氏凌曙極貧，遺孤毓瑞，文淇收育之。延同里方申爲其師，並補諸生。申通《虞氏易》，皆其教也。卒，年六十有六。

子毓崧，字伯山。道光二十年舉優貢生。從父受經，長益致力於學。以文淇故，治《左氏》，纘述先業，成《春秋左氏傳大義》二卷。以文淇考證《左傳》舊疏，因承其義例，著《周易、尚書、毛詩、禮記舊疏考正》各一卷。又謂六藝未興之先，學各有官，惟史官之立爲最古。不獨史家各體各類並支裔之小說家出於史官，即經、子、集三部及後世之幕客書吏，淵源所仿，亦

出於史官。班氏之志《藝文》，論述史官，尚未發斯旨。其敘九流，以明諸子所出之官，必有所授，而其中仍有分省失當者。既析九流中小說家流歸入史官，又辨道家非專出於史官，改爲出於醫官，又增益者凡三家：曰名家出於司士之官，兵家出於司馬之官，藝術家出於考工之官，統爲十一家。博稽載籍，窮極根要，成《史乘、諸子通義》各四卷。又《經傳通義》十卷、《王船山年譜》二卷、《彭城獻徵錄》十卷、《舊德錄》一卷、《通義堂筆記》十六卷、《文集》十六卷、《詩集》一卷。卒，年五十。

孫壽曾，字恭甫。同治三年、光緒二年兩中副榜。毓崧主金陵書局，爲曾國藩所重。毓崧卒後，招壽曾入局中，所刊群籍，多爲校定。初，文淇治《左氏春秋長編》，晚年編輯成疏，甫得一卷，而文淇沒。毓崧思卒其業，未果。壽曾乃發憤以繼志述事爲任，嚴立課程，至襄公四年而卒，年四十五。又《讀左箚記》、《春秋五十凡例表》，皆治《左疏》時旁推交通發明古誼者。他著《昏禮別論對駁義》、《南史校義集評》、《傳雅堂集》、《芝雲雜記》，各若干卷。

（《清史稿》卷四百八十二《儒林三》）

《清史列傳》

毓崧，字伯山。道光二十年舉優貢生。從父受經，長益致力於學。以文淇故，治《左氏》，續述先業，成《春秋左氏傳大義》二卷。以文淇考證《左傳》舊疏，因承其義例，著《周易、尚書、毛詩、禮記舊疏考正》各一卷。又謂六藝未興之先，學各有官，惟史官之立爲最古。不獨史家各體各類，並支裔之小說家出於史官，即經、子、集三部及後世之幕客、書吏，淵源所昉，亦出於史官。班氏之志《藝文》，論述史官，尚未發斯旨。其敘九流，以明諸子所出之官，必有所授，而其中仍有分省失當者。既析九流中小說家流歸入史官，又辨道家非專出於史官，改爲出於醫官，又增益者凡三家：曰名家出於司士之官，兵家出於司馬之官，藝術家出於考工之官，統爲十一家。博稽載籍，窮極根要，成《史乘、諸子通義》各四卷。又《經傳通義》十卷、《王船山年譜》二卷、《彭城獻徵錄》十卷、《舊德錄》一卷、《通義堂筆記》十六卷、《文集》十六卷、《詩集》一卷。卒，年五十。

（卷六十九《劉文淇傳》附）

徐世昌《清儒學案·孟瞻學案》

劉毓崧字伯山，孟瞻先生字。道光庚子優貢生，薦舉八旗官學教習。從父受經，長益致力於學。以父治《左氏》，故纘述先業，成《春秋左氏傳大義》二卷。

又用《左傳舊注疏證》義例，著《周易、尚書、毛詩、禮記舊疏考正》各一卷。又謂六藝未興之先，學各有官，惟史官之立爲最古。不獨史家各體各類，並支裔之小說家出於史官，即經、子、集三部及後世之幕客、書吏，淵源所昉，亦出於史官。班氏之志《藝文》，論述史官，尚未發斯旨。其敘九流，以明諸子所出之官，必有所授，而其中仍有分省失當者。既析九流中小說家流歸入史官，又辨道家非專出於史官，改爲出於醫官，又增益者凡三家：曰名家出於司士之官，兵家出於司馬之官，藝術家出於考工之官，統爲十一家。博稽載籍，窮極根要，成《史乘、諸子通義》各四卷。又《經傳通義》十卷、《王船山年譜》二卷、《彭城獻徵錄》十卷、《舊德錄》一卷、《通義堂筆記》十六卷、《文集》十六卷、《詩集》一卷。卒，年五十。參《儒學傳稿》。

（《清儒學案》卷一百五十二《孟瞻學案·孟瞻家學》〔註1〕）

支偉成《清代樸學大師列傳》

毓崧字伯山，一字松崖，文淇子。弱不好弄，長益通博，能盡讀父書。由是以淹通經史，有聲江淮間。諸司鑒者皆願得爲舉首。道光庚子，以廩膳生舉優行，貢太學府生。兩淮運司郭沛霖延課其子，知賞極深，至以家寄託。最後，曾文正殊禮異之。及曾忠襄督兩江，聘入書局，亦敬禮弗衰。

爲人質直之氣溢於眉宇，無貴賤老幼，一接以誠。平生?妄語，無惰容，爲人謀必忠，臨財弗苟得。避寇以來，間關轉徙。而性甘淡泊，雖饔飧不繼，脫然不以爲累。自孟瞻先生爲左氏學，纘承先志，旁通經史諸子百家，凡所寓目，悉留於心；或廣坐道其原委，聞者私校原書，不訛一字。前後十赴鄉闈，多以三場實對見擯，卒不改故操。以薦授八旗官學教習。己未後，遂絕意進取。以同治丁卯病卒，年五十。

〔註 1〕徐世昌《清儒學案》，中華書局 2008 年版，第 5886～5887 頁。

著有《春秋左氏傳大義》、《周禮、尚書、毛詩、禮記舊疏考正》、《經傳、史乘、諸子通義》、《彭城徵獻錄》、《舊德錄》、《王船山年譜》、《通義堂詩文》、《筆記》各若干卷。率皆博綜載籍，旁究根要，剖析精微。復惓惓於表微闡幽，務得古人事外之情，言外之意。惜多未刊。而所謂《左氏舊疏長編》者，亦整理未就。子四人，長壽曾，最有名。

（《皖派經學家列傳》第六《儀徵劉氏四世傳》）

楊向奎《清儒學案新編·孟瞻學案》

劉毓崧字伯山，道光庚子優貢生，薦舉八旗官學教習，從父受經，以其父治《左傳》，故纘述先業，成《春秋左氏傳大義》二卷，又用《左傳舊注疏證》義例，著《周易》《尚書》《毛詩》《禮記》舊疏考正各一卷。又謂六藝未興之先，學各有官，惟史官之立為最先。不僅史家各類，並支與之小說家出於史官，即經子集三部及後世雜學，亦出於史。班氏之志《藝文》論述史官，未發斯旨，其析九流以明諸子所出，亦有分省失當者。劉氏既析九流中小說家歸入史官，又辨道家，非專出於史，改出於醫。又增益三家，以為名家出於司士之官，兵家出於司馬之官，藝術家出於考工之官，統為十一家。又著有《史乘》、《諸子通義》各四卷，《經傳通義》十卷，《王船山年譜》二卷，《通義堂筆記》十二卷，《文集》十卷等。

伯山謂史官最早，古代學術多出於史，誠屬卓識。蓋史出於巫，而巫出於申（神），古有神守之國，乃地天通者。在中國各民族中都有此例，史官乃最早之學術權威。

（《清儒學案新編》第六卷）

附錄二：歷代著錄

陳作霖《儀徵劉氏文集跋》

自阮文達公以經學倡海內，而儀徵劉氏祖孫父子皆傳入儒林。嗚呼！何其盛哉！孟瞻明經文淇有《青溪舊屋文集》、伯山徵君毓崧有《通義堂文集》，皆古茂淵懿，說經之作爲多。良甫貴曾兄弟闡揚先德，次第付刊。光緒戊子秋，因試事來省，就其已成者舉以見贈，二集凡七冊。《通義堂》僅得其半，聞其竣事後且將刻。恭甫壽曾遺集，余尤拭目俟之也。

（陳作霖《冶麓山房藏書跋尾》甲部「說經類」）

胡玉縉《通義堂文集書後》

《通義堂文集》十六卷，儀徵劉毓崧撰。毓崧與陳立等撰《舊唐書校勘記》，已書於後。是集大半考證之文，每立一說，務求其盡，或隳括舊義，必注所出，蓋自成一例，雖冗字、閒句未能刪節，而如《周易集解跋》、《易林釋文跋》、《唐摭言跋》、《永曆實錄跋》、《千金方考》、《痘考》、《宋本百家姓考》、《蘇米往還蹤跡考》諸篇，推闡盡致，正不厭其繁。《周易履霜讀履爲禮解》謂「祭霜神於霜降之時」，《莧陸當作莧睦解》謂「莧睦即笑說，與九二之惕號、九三之有慍相對」，發揚鄭、虞義，得其大通。《大夫以上先廟見後成昏說》謂「與士以下先成婚後廟見異」，《嫁殤非未婚守志辨》謂「未婚守志，死而合葬，古禮所有，非若嫁殤之宜禁」，以及《有字訓狀物之詞說》、《傳箋重言釋一字說》，一廣《經傳釋詞》，一廣《經義雜記》及《養新錄》，皆義據周帀，裨益後學不淺。《靈星門考》謂「原設於社稷壇，古鄉學附於鄉社，宋後立學，用鄉學之制度，遂沿靈星門之名」，視程廷祚謂「以尊天者尊聖」，

亦較近理。惟《周官周禮異名考》，以《周官》至賈氏《正義》始定爲《周禮》，不知《周禮》之目定自劉歆，見荀悅《漢紀・成帝》篇及《釋文敘錄》。《墨家出於清廟之官說》，以清廟爲與明堂異名同地，此沿蔡邕之譌，不知周立宗廟於王宮之左，管明堂於國之郊，實爲異地。又以墨家當名「鬼神家」，而議班《志》之狃於習聞，不知「墨」雖係姓，而實自成其學術，故《孟子・滕文公》篇言「墨者夷之」，《韓非子・顯學篇》言「墨分爲八」，是當時已共名爲墨，班氏安得立異，且「鬼神」二字，亦安足以概墨？《校刻漢書凡例》，以《修文殿御覽》爲南宋末猶存，不知《絳雲樓書目》有其書，是明季尚有孤本。《輿地紀勝跋》謂王象之必有科名，不知其爲度元丙辰進士。《千金方考》疑《隋志》「《徐王方》五卷」，徐王即指之才，不知《唐志》明有徐之才《徐王八代效驗方》，何弗引以爲證？《東溪集跋》屢引《文獻通考》所載葉適序略，此沿馬端臨之譌，不知《水心集》共序爲劉伯熊作，伯熊字朝元，亦號東溪，非即高登。《魏凝禪寺造三級圖記跋》，以末書「元象歲在申」爲誤，不知「申」謂庚申，孝靜以天平五年獲象，改元元象，乃頒詔於戊午，而改元於己未，故二年爲庚申，不爲己未。《顏侯墓誌銘跋》，以誌稱「淳安大長公主」、「德清大長公主」，而《明史稿・公主傳》俱不紀其「大長公主」之號爲疏，不知傳序稱「明制，皇姑曰大長公主」云云，已著其一定之例，何必贅書加號？其他《法家出於理官說》，謂「理」以「里」爲聲，又謂「里」取義於土田，雖各本《說文》，而牽合爲一，則似以「理」之諧聲爲會意。《虹橋秋禊圖序》，牽及契、挈諸字，已近曼衍，以「刃」爲「以刀除艸」，又以諧聲字爲會意。《縱橫家出於行人之官說》，泛及孔子自稱「東西南北之人」，及古人詩文集爲縱橫家統緒之所寄，亦意過於通。《李竹孫雙壽序》，以「南陔」爲「南極」，尤穿鑿附會。《淮揚觀察郭公五十壽頌》，雖集成文，大率諛詞，急宜刪汰。凡此，均屬可議。然全集學有根柢，在考據家文集中實爲傑出，不得以此而薄之也。其書初刊於長子壽曾，秖數卷，此吳興劉氏求恕齋所刻足本。毓崧不以古文名，生當乾嘉樸學極盛之後，欲括諸家之義而納之於文，遂不可以義法繩，與桐城派之若吐若茹者，判然各別，一失之不及，一失之太過。近者世風日降，務尚空疏，非支離即苟簡，抑亦不足語於此矣。

（《許廎經籍題跋》卷四〔註1〕）

〔註1〕吳格整理《續四庫提要三種》，上海書店出版社2002年版，第740～742頁。（作於壬戌年，即1922年。）

江瀚《通義堂集提要》

通義堂集二卷 光緒十六年思賢講舍本

　　清劉毓崧撰。王先謙《經解續編》有毓崧所著《周易舊疏考證》、《尚書舊疏考證》，未收此書，光緒十六年始刊於長沙思賢講舍。是編雖名爲集，其實皆說經之文，故不列集部而歸此類。其中如《周易履霜履讀爲禮解》、《莧陸當作莧睦解》俱分上下兩篇，《大夫以上先廟見後成昏說》則分上中下三篇，頗患詞繁。《兼祧之禮合乎古義說》，殆遷就時制言之。一子兼祧，定自前清，大抵多爲承繼財產起見，無所謂大宗小宗，以爲合乎古義，夫豈其然？所引諸說，惟以三國志諸葛喬之出繼叔父爲小宗，取嗣大宗之證，最屬允符。若兼祧一節，則假設之詞，何足爲據。《嫁殤非未昏守志辨》，謂據經典所言，參以史傳，凡未昏守志死而合葬，實古禮之所有，聖賢之所許，非若嫁殤之宜禁，其論亦正。至如《有字訓狀物之詞說》，及《傳箋重言釋一字說》，並極精確。蓋於小學爲最深，劉氏求恕齋刻此書至十六卷，則增益者多矣。

（《續修四庫全書總目提要·經部》）

謝國楨《求恕齋叢書提要》

求恕齋叢書二十一種一百五十二卷附錄六卷
民國十一年求恕齋劉氏刊本

　　劉承幹編。承幹所編《嘉業堂叢書》，以校輯古書爲主，此則專刊清代及近人著述，略分四部，均研治經史有用之籍。如《唐賈耽記邊州四夷道里考實》爲吳承志所編，賈耽原書久佚，承志纂輯考證，於研究邊疆地理極有關係。薄海立國唐代垂三百年，新、舊《唐書》雖有記載，但均略而不詳。雖有張建章《渤海記》一書，然書已久佚。高麗徐相雨《渤海疆域考》二卷、唐晏撰《渤海國志》四卷，雖未如近人金毓黻《渤海國志長編》之詳審，然體例謹嚴，頗可依據。繆荃孫長於掌故之學，所撰《京師坊巷志》十卷，此談舊京沿革，最爲精審。若朱駿聲《傳經室文集》、劉毓崧《通義堂文集》十六卷，向無刊本，此據稿本付印，均爲清代考證家著述，非爲泛泛之文集可比。至吳慶坻之《蕉廊脞錄》、楊鍾羲之《雪橋詩話》初二

三續集，名曰《詩話》，然記有清一代掌故，尤於八旗文獻搜討尤詳，言勝朝掌故者所不可廢也。

（《續修四庫全書總目提要・叢書部》〔註2〕）

張舜微《清人文集別錄・通義堂文集》

通義堂文集　〔十六卷〕　　求恕齋叢書本

　　儀徵劉毓崧撰。毓崧字伯山。道光二十年優貢生。自少從父文淇客遊四方，助之校書。居曾國藩、國荃幕中最久。任事金陵書局，校勘《王船山遺書》，用力尤勤。又嘗爲杜文瀾纂輯《古謠諺》一百卷，於是徒歌野語，始有總集，裨益於藝林爲大。終其身以編書、校書餬口於外，遂奪其讀書、著書之時。同治六年卒，年僅五十。毓崧治學，博及四部。嘗依其父考正《左傳》舊疏之例，爲《周易舊疏考正》、《尚書舊疏考正》，各一卷。長沙王氏已刊入《清經解續編》。至於辨章學術，引申《漢志》諸子出於王官之論，是集卷十、卷十一所載諸篇，陳義甚新，發前人所未發。辨說鋒利，頗與龔自珍爲近。若卷五《宋本百家姓考》，卷六《浣紗女祠墓考》、《靈星門考》，卷十一《千金方考》、《痘考》，卷十二《推算八字考》，察及庶物，洞達本原。則固與俞正燮《癸巳類稿》、《存稿》同其博贍。然毓崧一生精力，瘁於校書。故其學終以校勘爲最專。集中文字，亦以校刊群書之序跋爲最精。觀是集卷五《校刻漢書凡例》，即知其讎正一籍，而遍及數十百種之書。此所用乃活校之法，與夫拘守宋元舊槧之死校法，截然不同。毓崧嘗推此法以校理群書，不輕改字，期於有據。觀卷七《輿地紀勝校勘記》中所言，可以知其功力之審密也。是集初有光緒十四年刻本，至七卷而止。其後思賢講舍復爲付梓，只二卷。此本乃劉承幹所刻，最爲完帙矣。

（《清人文集別錄》卷十九〔註3〕）

〔註2〕吳格、眭駿整理《續修四庫全書總目提要・叢書部》，北京圖書館出版社 2010年版，第 426 頁。
〔註3〕張舜微《清人文集別錄》，華中師範大學出版社 2004 年版，第 475 頁。

雷夢水《古書經眼錄‧通義堂集》

清儀徵劉毓崧撰，傳本有四，光緒十四年劉氏青溪舊屋刊五卷本，爲初刻，惟封面後鈐有「卷六以下嗣出」六字。次刻爲光緒十四年青溪舊屋刊七卷本。三刻爲光緒十六年思賢講舍刊二卷本（據《販書偶記》載：較他刻本有異同）。四刻則爲民國七年（戊午）南林劉氏求恕齋刊十六卷足本。

（《古書經眼錄》別集類〔註4〕）

李靈年、楊忠《清人別集總目》

通義堂文集不分卷

　　稿本（中科院）

　　按：有戴望、汪士鐸、黎庶昌跋。

通義堂文集 5 卷

　　光緒 14 年青溪舊屋刻本（臺灣史語、臺大、日本廣島）

通義堂文集 7 卷

　　光緒 14 年刻本（北圖、上圖、中科院、復旦、日本人文、京文）

通義堂集 2 卷

　　光緒 16 年思賢講舍刻本（北圖、上圖、魯圖、中科院、北大、北師大、華東師大、杭大、旅大、常州、日本人文）

通義堂文集 16 卷

　　光緒 11 年求恕齋刻本（湖南師大）

　　光緒 14 年青溪舊屋刻本（南圖、北大、人大、日本廣島）

　　民國南林劉氏求恕齋叢書刻本（叢書綜錄、日本人文）

　　民國 9 年南林劉氏求恕齋刻本（南圖、首都、遼圖、湘圖、川圖、南開）

通義堂集

　　抄本（北師大）

程可山壽序 1 卷

　　同治刻本（皖圖）

克復金陵勳德記 1 卷

　　同治 5 年曼陀羅華閣刻本（湘圖）

〔註4〕雷夢水《古書經眼錄》，齊魯書社 1984 年版，第 157～158 頁。

通義堂文集

1991 年文物出版社出版

〔附〕劉毓崧（1818～1867），宇伯山、北山，儀徵人。文淇子，道光 20 年優貢生。受曾國荃聘入書局。為杜文瀾輯《古謠諺》。

家傳　程碗撰　嘯雲軒文集 5

墓誌銘　劉恭死撰　廣經室文抄

小傳　韓夢周撰　理堂文集 8〔註 5〕

清史稿 482

清史列傳 69

續碑傳集 74

顏李師承記 3

國史文苑傳稿〔註 6〕

全身畫像　清代學者像傳 2 集

（李靈年、楊忠主編《清人別集總目》〔註 7〕）

柯愈春《清人詩文集總目提要・通義堂文集》

《通義堂文集》十六卷

劉毓崧撰。毓崧生於嘉慶二十三年（1818），卒於同治六年（1867）。字伯山，一字松崖，江蘇儀徵人。文淇子。道光二十年優貢。入曾國藩幕，主金陵書局。博稽載籍，精於校勘。所撰《通義堂文集》十六卷，陸續刻成。先有《通義堂文集》五卷，光緒十四年青溪書屋刻，原目十六卷，卷六以下未刻，中國社會科學院歷史研究所藏；後輯為《通義堂文集》七卷，光緒十四年青溪書屋刻，原目十六卷，卷八以下未刻，中國國家圖書館藏；足本為《通義堂文集》十六卷，光緒十四年青溪舊屋刻，中國科學院圖書館、北京

〔註 5〕按：《清代詩文集彙編》第 367 冊收錄韓夢周《理堂文集》十卷、《外集》一卷、附錄一卷、《理堂詩集》四卷、《理堂日記》八卷，係清道光三年至四年靜恒書屋刻本。卷八並無劉毓崧傳記。

〔註 6〕按：《國史文苑傳稿》見周駿富編輯《清代傳記叢刊》第 13 冊（臺北明文書局 1985 年版），無劉毓崧傳。

〔註 7〕李靈年、楊忠主編《清人別集總目》，安徽教育出版社 2000 年版，第 555～556 頁。

大學圖書館藏。又民國九年劉氏求恕齋刻本，首都圖書館、湖南省圖書館藏。別有《通義堂文集》二卷，光緒十六年思賢講舍刻，首都圖書館藏。近年文物出版社鉛印出版《通義堂文集》。今存其集寫本三種：一爲《伯山文集》不分卷，清稿本，一冊，收書序家傳等文十三篇，重慶圖書館藏；一爲《通義堂文集》不分卷，稿本，戴望、汪士鐸、黎庶昌跋，中國科學院圖書館藏；一爲《通義堂集》不分卷，鈔本，北京師範大學圖書館藏。

（《清人詩文集總目提要》卷四十六〔註8〕）

王耐剛《通義堂集提要》

通義堂集二卷　（清）劉毓崧撰（第 177 冊）

　　劉毓崧，有《周易舊疏考正》等，已著錄。

　　是書皆劉氏說經之文，凡十二題十六篇。如《有字訓狀物之詞說》本王引之《經傳釋詞》之說而廣之，備舉其例，以糾不明古訓者穿鑿之弊。書中論說大多類此，引據詳贍，考證亦博。其中亦有不少涉及禮制，如《嫁殤非未婚守志辨》，云凡未婚守志死而合葬，實古禮之所有，聖賢之所許，非若嫁殤之宜禁。又劉氏有《通義堂文集》十六卷，而本書之文亦見《文集》之中。本書卷上除《周易履霜履讀爲禮解》、《莧陸當作莧睦解》二文四篇見於《文集》卷一外，他皆見於《文集》卷二；卷下除《助字辨略》見於《文集》卷四外，他皆見於《文集》卷三。蓋是書摘自《文集》，或文集爲續刻重編者。

（《續修四庫全書總目提要·經部》〔註9〕）

附：清光緒十六年思賢講舍刻本《通義堂集》目錄
　　卷一
　　周易履霜履讀爲禮解上
　　周易履霜履讀爲禮解下
　　莧陸當作莧睦解上

〔註 8〕柯愈春《清人詩文集總目提要》，北京古籍出版社 2001 年版，第 1537 頁。
〔註 9〕續修四庫全書總目提要編纂委員會編《續修四庫全書總目提要·經部》，上海古籍出版社 2015 年版，第 354 頁。

蔣倩《通義堂文集提要》

通義堂文集十六卷　（清）劉毓崧撰（第1546冊）

劉毓崧（1818～1867），字伯山、北山。儀徵（今屬江蘇）人。道光二十年（1840）優貢生。久居曾國藩、國荃幕中，任事金陵書局。《清史稿》、《清史列傳》卷六九有傳。

毓崧治學博及四部，所爲《周易舊書考正》、《尚書舊書考正》各一卷，收入《清經解續編》。然一生精力，瘁於校書，所校《王船山遺書》、纂輯《古謠諺》，世爲稱讚。此集十六卷，以校刊群書之序跋爲最精。觀卷五《校刻漢書凡例》、卷七《輿地紀勝校勘記序》所言，可知其讎正一籍，而遍及典籍數十百種，毓崧推此法以校理群書，不輕改字，期於有據。至於辨章學術，考鏡源流，引申《漢志》諸子出於王官，陳義甚新，發前人所未發，辨說鋒利，頗與龔自珍爲近。他如《宋本百家姓考》、《浣紗女祠墓考》、《靈星門考》、《千金方考》、《痘考》、《推算八字考》等，察及庶物，洞達本原，則固與俞正燮《癸巳類稿》同期博贍。

此集十六卷，乃陸續刻成。光緒十四年青溪書屋刻，原目十六卷，卷八以下未刻。足本《通義堂文集》十六卷，民國九年劉氏求恕齋重刻，今據茲本影印。

（《續修四庫全書總目提要‧集部》〔註10〕）

《中國文學大辭典‧通義堂文集》

《通義堂文集》

近代散文集。16 卷。劉毓崧著。咸豐八年（1858）刻本，線裝 8 冊。卷首有李詳、劉承幹《〈通義堂文集〉序》各 1 篇和王士鐸《敘》。卷末有劉富曾《跋》。1918 年輯入「求恕齋叢書」。全書編輯分類不精。卷 1 錄《周易履霜履讀爲禮解上篇》等 6 篇。卷 2 錄《方氏易學五書序》等文 14 篇。卷 3 錄《周官周禮異名考》等 7 篇。卷 4 錄《〈春秋集證〉跋》等 12 篇。卷 5 錄《校刻〈漢書〉凡例》等 12 篇。卷 6 錄《〈王船山先生年譜〉序》等 25 篇。卷 7 錄《羅茗香先生〈人日挑菜圖〉序》等 17 篇。卷 8 錄《眞子飛〈霜鏡銘詞〉跋尾》等 16 篇。卷 9 錄《〈胡氏叢書〉序》等 17 篇。卷 10 錄《陳生伯平字說》等 11 篇。卷 11 錄《〈千金方〉考上篇》等 14 篇。卷 12 錄《〈唐摭言〉跋上篇》等 13 篇。卷 13 錄《〈東谿集〉跋》等 15 篇。卷 14 錄《杜觀察〈古謠諺〉序》等 11 篇。卷 15 錄《李竹孫先生七十雙壽序》等 6 篇。卷 16 錄《王魯園先生八十壽序》第 5 篇。共計錄文 201 篇。劉承幹《序》謂：其說經文「得泰半」；其雜文「亦博雅淹貫，抗希作者」；其論辯文「近龔定庵，而無其偏宕」；其考證文「近俞理初，而無其曼衍」；其校勘文「近顧千里，而無其專斷」。

（馬良春、李福田總主編《中國文學大辭典》第七卷，牛仰山撰條目〔註11〕）

〔註10〕　續修四庫全書總目提要編纂委員會編《續修四庫全書總目提要‧集部》，上海古籍出版社 2014 年版，第 278 頁。

〔註11〕　馬良春、李福田總主編《中國文學大辭典》第七卷，天津人民出版社 1991 年版，第 5177 頁。

附錄三：布衣經生的日常生活
——基於劉毓崧的考察

關於乾嘉學人的研究，學界已經做了大量的研究工作，成果豐碩，但主要聚焦於知名學者。就如同梁啓超、錢穆同名著作《中國近三年學術史》那樣，所論述的「只是清代少數著名學者的『特寫鏡頭』」〔註1〕。而一些相對隱晦的學者，則關注較少。即如儀徵劉氏，雖然馳譽學林，但觀覽學界成果，相關研究根本談不上豐富，甚至有些貧乏。比如劉毓崧，除了張舜徽《清代揚州學記》、劉建臻《清代揚州學派經學研究》、郭院林《清代儀徵劉氏左傳家學研究》等專著中對其經學有籠統的概述之外，論文就寥寥無幾〔註2〕，文集迄今也無人整理。筆者近來從事劉毓崧文集的校證工作，深感書中內容豐贍，有深入研討之必要。

劉毓崧（1818～1867），字伯山，一字松崖。劉文淇之子，江蘇儀徵人。其子劉壽曾撰有《先考行狀》，茲節錄其科考一節如下：

> 道光丙申府試，太守劉鑒泉先生，以先考「時藝有根柢」，取列第一。丁酉，受知於仁和龔季思尚書，取入縣學。戊戌，以經解受知於壽陽祁相國，拔置第一，歲試一等二名，補廩膳生。庚子科試，歷程毛伯雨少宰試經解，又列第一，拔取優貢生。先是祁相國於歲

〔註1〕戴建業：《別忘了祖傳秘方——讀張舜徽〈清人文集別錄〉〈清人筆記條辨〉》，《讀書》2006年第1期。

〔註2〕王興國：《編校金陵本〈船山遺書〉的功臣劉毓崧、張文虎》，《衡陽師範學院學報》2018年第2期。黃耀堃《劉毓崧〈唐元和寫本說文木部箋異跋〉表微》，《傳統中國研究集刊》2013年第十一輯。

試後，面諭學官，舉報優行。先祖寓書，命先考力辭，不獲。至科試時，相國内轉，少宰代之，猶加歎賞，遂膺是選。人僉謂「兩世經明行修，名副其實」。辛丑朝考，以事未赴。前後十赴鄉闈，自己未科報罷後，遂絕意近取。咸豐己卯，客遊袁浦，河帥楊至堂先生，擬爲納粟補官，宛謝之。同治乙丑，前署廣東巡撫郭芸仙中丞，保舉人才，以先考「覃思博覽，崇尚樸學，宜置之八旗官學，責以講課」，疏入報聞。先考於中丞，無一日之雅，蒙登薦牘，自以分不克當，卒未上書陳謝。〔註3〕

程畹《劉先生家傳》亦稱「前後十赴鄉闈，多以三長實對見遺。而先生不改故操，己未後遂絕意進取。」〔註4〕其科場經歷及心態和其父頗爲相似。李慈銘同治癸亥（1863）讀劉文淇《青溪書屋文集》，稱：

閱劉孟瞻《青溪舊屋文集》，其中如《寶應喬循吉德謙傳》、《戴靜齋清傳》、《方端齋申傳》、《劉迪九履恂墓誌銘》、《甘泉薛子韻傳均墓誌銘》、《江都梅蘊生植之墓誌銘》，所記皆一時樸學，而畢生坎廩。循吉、靜齋皆以諸生老；端齋五十二歲始補諸生，兩年而歿；迪九四十九歲始得鄉舉，未十年卒；子韻十赴省試不中，歲科試亦屢被抑，甫就福建學政陳侍郎用光幕府，未一年遽客死；蘊生年四十六舉於鄉，越四年而卒。孟瞻亦終於優貢。其道光辛卯秋作《別號舍》詩，言「前後省試已十一次」，此後不復入場；然次年壬辰恩科，以父病不就試，其後甲午、乙未、丁酉仍皆就試，己亥始復作詩，疊前韻，誓不復往。其辛卯同作詩約不應舉者，劉楚楨寶楠，與孟瞻同以嘉慶己卯貢太學，其後至道光庚子始舉於北闈。蓋皆不能守約，終身場屋。區區科名，世上小兒如拾地芥，而經師宿儒，窮老盡氣，不能一遇。然則近日之所號爲名士者，塗抹撏扯數行浮爛之文、險怪之字，自矜華藻，以嚇聾瞽，聲譽翕然，目無古人。入試則牛腰捆書，聯席共坐；出闈則遍投行卷，互相標署。一旦得雋，狂叫亂舞，噉名之主司，避席加禮，逐臭之貴勢，相賀得人；

〔註3〕劉壽曾著，林子雄點校，楊晉龍校訂：《劉壽曾集》，中央研究院文哲研究所籌備處2001年版，第106頁。

〔註4〕繆荃孫纂錄《續碑集傳》卷74，周駿富編輯《清代傳記叢刊》第119冊，臺北明文書局1985年版，第305頁。

> 豈知有髮白燈青，霜濃夜永，丹黃鉛槧，槁餓自怡者乎？然不實之
> 華、無源之水，轉眴萎落，卒歸無有；而諸君著述，長留天地，固
> 狐所不能嗷者也。〔註5〕

李氏所謂「區區科名，世上小兒如拾地芥，而經師宿儒，窮老盡氣，不能一遇」的現象，在歷朝歷代都在不斷地上演，誕生了一批又一批科舉犧牲品，乃至杜甫發出了「紈綺不餓死，儒冠多誤身」的感慨。劉毓崧正是這個群體中的一員。這樣的人，在他之前、同時、之後都有，數量龐大。但劉毓崧的特性就在於他的身份，——是一個布衣經生。這樣的個體和群體，值得深入展開討論。而劉毓崧作為個體，實在當時社會這一階層讀書人的縮影。本文不擬也不能全方位的展開討論，只是從經生的日常〔註6〕著手，來管窺他們生活的常態。

一、研經證史，考鏡源流

清代乾嘉考據盛行，劉毓崧生於書香之家，幼承庭訓，耳濡目染，所接多為通人。在這樣的環境中，既孕育了他的學識，也培養了他的旨趣。劉壽曾稱：

> 生平涉學至博，旁通諸經史百家之書，不尚墨守，惟是之求。
>
> 一事一義，必洞悉古今異同之故，析及精微。凡所寓目，略能闇誦，
>
> 廣座中聞先考談論，或私取原書核之，皆無有誤。〔註7〕

檢其《通義堂文集》十六卷，博涉四部，多為考據之文。其中，證經之文，曾別為一書，名《通義堂集》，二卷，有光緒十六年思賢講舍刻本。今列其目於下，並注明各文在十六卷本中的卷次。

〔註5〕李慈銘：《越縵堂讀書記》，上海書店出版社 2015 年版，第 1114～1115 頁。

〔註6〕黃正建《韓愈日常生活研究——唐貞元長慶間文人型官員日常生活研究之一》指出：「我們這裡所說的『日常生活』主要指『衣食住行』，即最基本最日常的生活。其他如婚喪嫁娶等雖很重要但非『日常』，目前不在我們的研究範圍內。」見氏著《走進日常——唐代社會生活考論》，中西書局 2016 年版，第 244 頁。但由於劉毓崧不像白居易那樣，對生活細節均有記錄，探究衣食住行不具有可行性。所以本文所謂的「日常」乃指生活中持之以恆的行為而言。

〔註7〕劉壽曾著，林子雄點校，楊晉龍校訂：《劉壽曾集》，中央研究院文哲研究所籌備處 2001 年版，第 107 頁。

題 目	卷次	內 容
《〈周易〉履霜履讀爲禮解》（上下篇）	卷一	《周易·坤》初六爻辭云：「履霜，堅冰至。」《釋文》引鄭康成《注》云：「履讀爲禮。」
《莧陸當作莧睦解》（上下篇）		《周易·夬》卦九五爻辭：「莧陸夬夬」，虞翻本「莧」字作「莧」，「陸」字作「睦」。
《與成芙卿書》	卷二	校讀成蓉鏡《禹貢班義述》一過，似尚有當補者，爰條列以覆焉。
《有字訓狀物之詞說》		釋《經傳釋詞》：「有，狀物之詞也。」
《傳箋重言釋一字說》		經本一字而《傳》重文
《與劉叔俛書》		辨《詩經》《孟子》《左傳》《尚書》詞義
《周官周禮異名考》	卷三	《周禮》本群經之通名，《周官》乃其一耳。
《大夫以上先廟見後成昏說》（上中下篇）		大夫以上之昏禮不同於士之昏禮，先廟見後成昏。
《兼祧之禮合乎古義說》		海寧蔣光煦輯其兼祧嗣母徐安人《節孝錄》，爰考證群書，作《兼祧之禮合乎古義說》。
《禁遷葬者與嫁殤者考》		改葬者，仍葬於當葬之地，其合葬亦正也。故制其變禮之服。遷葬者，移葬於不當葬之地，其合葬不正也。故禁其非禮之萌。斷不得謂遷葬者非合葬，更不得謂遷葬者即改葬矣。
《嫁殤非未婚守志辨》		辨嫁殤非未婚守志，駁鄭玄、鄭司農之說。
《助字辨略跋》	卷四	《經傳釋詞》所言，往往與此書暗合。

此外，考證之作亦多，列表如下：

卷次	題目	內容
卷一	《周易集解跋》上下篇	考訂成書年月、卷數、李鼎祚生平
卷二	《書〈易緯通卦驗鄭注〉後》上篇	鄭玄《易緯通卦驗注》於脈候部分，言之尤詳。凡傳寫之訛，一一加以訂正。
	《書〈易緯通卦驗鄭注〉後》下篇	張登封先生所藏鈔本《易緯通卦驗鄭注》，與刻本多有不同。
	《唐元和寫本說文木部箋異跋》	莫君子偲得米氏友仁鑒定唐人寫本《說文》木部之半，撰《箋異》一卷，據「栝」缺末筆避德宗嫌名，「梜」、「恒」缺末筆避穆宗諱，定爲中唐人書。其說韙矣。毓崧復就唐代避諱之例，參互推求，知此本寫於元和十五年，穆宗登極之歲，尚在改元長慶之前。
卷三	《春秋集證跋》	證其爲淵如先生之書。

	《李次白先生春秋左氏傳賈服注輯述後序》	考訂該書成書時間和緣起。
卷四	《全韻玉篇跋》	《全韻玉篇》上下二卷，不署撰人名氏，亦不言刊書歲月。據書中「遼」字下注云「契丹國名」，「汴」字下注云「宋京」，則作書者必在遼宋以後矣。又據注中所言之，韻皆與王文郁、劉淵之《平水韻略》部分相同，則作書者必在王氏、劉氏以後矣。或謂此書用高麗紙刷印，而注中復有非篆非隸之奇字，疑是高麗人所作。
卷五	《漢昭烈帝廟號顯祖考》（上下篇）	漢昭烈帝之廟號，《三國志·先主傳》中未載。今以他書參互考訂，證以《蜀志·郤正傳》中所載之文，然後知昭烈爲漢三祖之一，其廟號蓋以顯祖爲稱也。
	《永曆實錄跋》	考定《永曆實錄》成書當在癸丑以後，戊午以前。此書之大概可寶者，非止一端。所惜者，己丑、庚寅在肇慶、梧州時，疑五虎爲正人，引爲同志，過信其言。
	《宋本百家姓考》	此書之成必在庚申正月以後，甲戌八月以前，其爲宋初之人所輯無可疑矣。
卷六	《蘇米往還蹤跡考》	針對「往還蹤跡紀載未詳」加以鉤稽
	《梁節愍公萬安殉難年月考》	殉難在乙酉八月之前
卷七	《輿地紀勝跋》	《輿地紀勝》，爲南宋王氏象之所作。象之，《宋史》無傳，今以本書及他書參互考之。
	《輿地紀勝續跋》	余慮閱是書者，疑官吏、人物之有濫也，因詳爲辯證，以釋其疑焉。
	《胥浦考》	浦之得名，由於伍相。
	《浣紗女祠墓考》	辨白沙馮氏浣紗女事
	《靈星門考》	「櫺星」當作「靈星」。
卷八	《眞子飛霜鏡銘詞跋尾》	岑君仲陶新獲此鏡，拓其銘詞，屬爲考訂。因舉《虞氏易·同心》之注加以申釋，而復之焉。
	《漢巴郡太守樊敏碑跋》	右《漢巴郡太守樊敏碑》立於建安十年，其文字之異同假借，《隸釋》辨之甚詳，而時地事蹟尚有未核。
	《魏凝禪寺造三級浮圖記跋》	此記云：「趙居士名融，字祖和，元氏人也。遠祖□漢司徒公，征東將軍、都督內外諸軍事、冀州刺史趙郡公。」按：前漢及蜀漢爲司徒者，並無趙氏。
	《唐田府君及其夫人墓誌跋尾》	乃史官因其班列未高，不爲製傳，並不附其名於建封、萬福傳中。使非二《志》復出，則田君戰勝攻取之績，持危定難之才，後世何從識之？

	《顧侯墓誌銘跋》	今以《志》所述者，與《傳》校之，雖大略相同，而其互異者亦有數事焉。
	《宋大使府甂考》	其文爲「大使府造」四字，高郵金雪舫先生得其一，製以爲硯，出拓本見示。爰以史傳及志乘參互考之。
	《焦山塔塼跋尾》	塼文不書年月，亦不書周通奉之名。
	《蘇米合題硯銘跋》	此硯今爲定遠凌曉南觀察所得，詳加審定，謂「筆法境地既眞，年月蹤跡亦符」，其論允矣。乃猶謙不自信，而屬毓崧爲之證明。
卷十	《法家出於理官說》（上下篇）	欲考法家之宗旨者，所當辨職業於理官矣。
卷十一	《千金方考上篇》	蓋范與孫本屬同時，范書早行而久佚，孫書後出而廣傳，故人但知有孫書，而不知有范書耳。
	《千金方考中篇》	辨孫思邈《千金方》與《千金翼方》。
	《千金方考下篇》	當日纂集《寶要》，本以《要方》、《翼方》參定而成。
	《痘考上篇》	痘乃俗字，而正字則當作豆。
	《痘考中篇》	近日醫家治痘者，特設此科，而古人治豌豆瘡則附載於天行類中，與發斑相次。
	《痘考下篇》	徐氏謂痘瘡本與癍疹略同，其語未爲無見。然又謂昔時之瘡形治法與近日迥別，則大不然。
	《墨家出於清廟之官說》（上中下篇）	辨墨家出於清廟之官。
	《從橫家出於行人之官說》（上中下篇）	辨從橫家出於行人之官
卷十二	《唐摭言跋》（上中下篇）	詳考王定保其人其事。
	《推算八字考》	今以各書參互考之，古人推算星命者本兼用時，其證蓋有六焉。
	《何楨元壽賜名敘考證》	其流傳最古信而有徵者，莫若何氏元壽，詳見其祖楨所作之賜名敘。
	《蘇文忠公八字考》	辨蘇軾之八字。
卷十四	《書文心雕龍後》	《文心雕龍》一書，自來皆題梁劉勰著，而其著於何年，則多弗深考。

從這些考證文章的題目可以看到，劉毓崧研究的話題範圍很廣，除了尋常的文史之外，還涵蓋了金石學、中藥學、版本學、命理學等。其中《法家出於理官說》（上下篇）、《墨家出於清廟之官說》（上中下篇）、《從橫家出於

行人之官說》（上中下篇），已經不再是就一個具體問題展開自己的討論，提出自己的解決方案，而是上升到了「辨章學術，考鏡源流」的層面具有極高的學術史價值。這是一般考據家難以企及的。

另外，集中有多篇序跋等，內中亦多考證之詞，茲不復贅。考證特色，劉壽曾總結爲「旁推交通，鉤沉抉隱，多用雙行夾註，俾閱者心目開爽，不以繁重爲疑。」〔註8〕職是之故，張舜徽先生對之持論甚高：

> 至於辨章學術，引申《漢志》諸子出於王官之論，是集卷十、卷十一所載諸篇，陳義甚新，發前人所未發。辨說鋒利，頗與龔自珍爲近。若卷五《宋本百家姓考》，卷六《浣紗女祠墓考》、《靈星門考》，卷十一《千金方考》、《痘考》，卷十二《推算八字考》，察及庶物，洞達本原。則固與俞正燮《癸巳類稿》、《存稿》同其博贍。〔註9〕

除文集外，劉毓崧還有考據筆記。

> 自弱冠以來，手不釋卷，由四部群書，下逮稗官、詞曲，得一書必首尾詳閱，洞見癥結，剖析精嚴，尤惓惓於表微闡幽，務得古人事外之情，言外之意，成《通義堂筆記》十六卷。〔註10〕

《通義堂筆記》未見，似已亡佚，其詳情難以窺見。但從其已成書的《周易舊疏考》一卷、《尚書舊疏考》一卷、》《舊德錄》一卷，以及擬編而未成書的《春秋左氏傳大義》、《毛詩舊疏考》、《禮記舊疏考》、《經傳通義》、《史乘通義》、《諸子通義》、《彭城獻徵錄》〔註11〕等而言，其勤於博覽，可以得知。

當然，囿於聞見，考證偶有失誤，亦屬難免。對此，胡玉縉《通義堂文集書後》一文〔註12〕有相關辯證。

〔註8〕劉壽曾著，林子雄點校，楊晉龍校訂：《劉壽曾集》，中央研究院文哲研究所籌備處2001年版，第109頁。

〔註9〕張舜徽：《清人文集別錄》卷十四，華中師範大學出版社2004年版，第475～476頁。

〔註10〕劉壽曾著，林子雄點校，楊晉龍校訂：《劉壽曾集》，中央研究院文哲研究所籌備處2001年版，第109頁。

〔註11〕劉壽曾：《先考行狀》。

〔註12〕胡玉縉：《許廎經籍題跋》卷四，《續四庫提要三種》，上海書店出版社2002年版，第740～742頁。

二、克紹箕裘，箋釋《左傳》

儀徵劉氏，最爲人樂道的是三代注《左傳》。此事起於劉文淇。劉文淇（1789～1854），字孟瞻，嘉慶己卯優貢生，候選訓導。傳見《清史列傳・儒林傳》、《清史稿・儒林傳》。其生平經歷，劉毓崧《先考行略》言之較詳。劉文淇以研治《左傳》聞名，劉毓崧稱：

> 生平湛深經術，於《春秋左氏傳》致力尤勤。嘗謂左氏之義爲杜《注》剝蝕已久，其稍可觀覽者，皆係襲取舊說。爰輯《左傳舊注疏證》一書，先取賈、服、鄭三君之《注》，疏通證明。凡杜氏所排擊者糾正之，所勦襲者表明之，其沿用韋氏《國語注》者，亦一一疏記。他如《五經異義》所載左氏說，皆本左氏先師；《說文》所引《左傳》，亦是古文家說；《漢書・五行志》所載劉子駿說，實《左氏》一家之學。又如經疏史注及《御覽》等書所引《左傳注》，不載姓名而與杜《注》異者，亦是賈、服舊說。凡若此者，皆稱爲舊法，而加以疏證。其顧惠《補注》及洪穉存、焦里堂、沈小宛等人專釋《左氏》之書，以及錢、戴、段、王諸通人，說有可採，咸與登列。末始下以己意，定其從違。上稽先秦諸子，下考唐以前史書，旁及雜家、筆記、文集，皆取爲證佐。期於實事求是，俾《左氏》之大義炳然著明。草創四十年，長編已具，然後依次排比，成書八十卷。又以餘力輯《左傳舊疏考正》一書，《自序》謂：「世知孔沖遠刪定舊疏，非出一人之手。至於舊疏原文，概謂無跡可尋。近讀《左傳疏》，反覆根尋，乃知唐人所刪定者，僅駁劉炫說百餘條，餘皆光伯《述議》也。今細加析別，凡得二百餘條，釐爲八卷。」〔註13〕

此外，黃承吉《春秋左氏傳舊疏考正序》：

> 孟瞻近著《春秋左氏傳舊疏考正》一書，鉤稽《正義》中所藏炫說及炫所採故義，逐爲釐出，使陳簡中混殽覆匿之跡，朗若撥雲。凡昔之自由而無者，今復自無而有。核實之思，可云用心之勤。〔註14〕

〔註13〕 劉毓崧：《通義堂文集》卷六，《清代詩文集彙編》第 670 冊，上海古籍出版社 2010 年版，第 352 頁。

〔註14〕 黃承吉：《夢陔堂文集》卷五，《清代詩文集彙編》第 502 冊，上海古籍出版社 2010 年版，第 700 頁。

沈欽韓《左傳疏考證序》稱：

> 吾友劉子孟瞻慨然發憤，暇乃博究經史，撿尋文句，得其脈絡
> 之隔閡，枝葉之苯蓴，前後之不相稱，新故之不能掩。其聰明辨決，
> 若易牙之嘗水，庖丁之解牛。夫乃投隙抵巇，顯豁呈露，未去葛龔
> 之姓名，已詭法盛之撰述。而沈之《義略》、劉之《述義》，隱然若
> 古碑之洗剔至。沖遠等竄定之小智，乾沒之鄙心，其亦難逃於燃犀
> 之照也已。〔註15〕

其書之精審，由此可窺。至於撰述緣起，陳立《劉楚楨先生論語正義序》
中曾有提及：

> 道光戊子秋，立隨劉孟瞻、梅蘊生兩師、劉楚楨、包孟開兩先
> 生赴鄉闈〔註16〕。孟瞻師、楚楨先生病《十三經》舊疏多踳駁，欲
> 倣江氏、孫氏《尚書》，邵氏、郝氏《爾雅》，焦氏《孟子》，別作疏
> 義。孟瞻師任《左氏傳》，楚楨先生任《論語》，而以《公羊》屬立。
> 〔註17〕

然而，《左傳》內容繁富，加之歷代研治者甚多，成果豐碩。要「理董舊
注」並「尋繹舊疏」〔註18〕，實非易事。雖《左傳舊疏考正》行世較早，然
《春秋左傳舊注疏證》一書則未竟其業。有鑒於此，劉毓崧才有了「思竟其
業」的想法。劉壽曾稱：

> 先祖湛深經術，尤致力於《左氏春秋》，所著《左傳疏證》一書，
> 長編已具，先考思竟其業，謂：「《左氏》是非不謬於聖人，學術最
> 正。」因歷採秦、漢以來發明《左氏》一家要誼者，咸甄錄之，擬
> 編爲《春秋左氏傳大義》。又以先祖所著《左傳舊疏考正》，凡孔沖
> 遠襲取劉光伯《述議》文，悉加辨正，《自序》謂：「群經中六朝舊

〔註15〕 沈欽韓：《幼學堂文稿》卷六，《清代詩文集彙編》第 514 冊，上海古籍出版
社 2010 年版，第 371 頁。

〔註16〕 按：劉恭冕《論語正義後序》稱：「及道光戊子，先君子應省試。與儀微劉先
生文淇、江都梅先生植之、涇包先生慎伯、丹徒柳先生興恩、句容陳君立始
爲約，各治一經，加以疏證。」（劉恭冕《廣經室文鈔》，張連生、秦躍宇點
校《寶應劉氏集》，廣陵書社 2006 年版，第 582 頁）

〔註17〕 陳立：《句溪雜著》卷六，《清代詩文集彙編》第 632 冊，上海古籍出版社 2010
年版，第 412 頁。

〔註18〕 張舜徽：《清人文集別錄》卷十四，華中師範大學出版社 2004 年版，第 365 頁。

疏，半乾沒於唐人之手。」將次第考正，稍還舊觀。以簒力《左氏》，
有志未遑。〔註19〕

　　然而，天不假年，隨著劉毓崧的早逝，此事亦未能卒業，以致其子劉壽
曾再爲賡續〔註20〕。正如張舜徽先生所言：「如此規爲浩大，自非一人之力所
易成。加以文淇遊幕四方，助人編書校書，終年兀兀，更無暇治此繁難之大
經。條章雖立，而篇簡多至。其子若孫，繼志述事，三世爲之，而猶未克畢
其功，論者惜之。」〔註21〕

三、編纂典籍，校讎名家

　　關於劉毓崧的校讎之學，劉壽曾亦有提及：

　　　　尤精校讎之學，自出遊及家居，所主多專司校書，刊訛訂謬，
　　　　搜逸撮殘，視己所撰述，尤加矜慎。惟乙丑歲，館曾沅甫中丞書局，
　　　　校勘《王船山先生遺書》，論次船山年譜二卷，得署己名。局中亟欲
　　　　刊行，先考尚以搜羅未廣，不欲問世，其欿然不自足類如此。校正
　　　　鄉先輩及故府主、亡友遺書，整理糾紛，殷勤無倦。同時流輩，以
　　　　詩文著述就質者，無論學術門徑異同，必爲剖決是非，引申推廣，
　　　　務委屈達其意。論者曰：「直諒多聞，兼三益友。」〔註22〕

　　文中提及「惟乙丑歲，館曾沅甫中丞書局」。乙丑歲乃同治四年（1865），
曾沅甫中丞乃曾國荃。檢趙烈文同治二年（1863）六月初七日《日記》，載：
「中丞來譚良久，允出資全刻《王船山遺書》。寫歐陽曉岑信，告知中丞刊書

〔註19〕　劉壽曾著，林子雄點校，楊晉龍校訂：《劉壽曾集》，中央研究院文哲研究所
　　　　籌備處 2001 年版，第 107～108 頁。

〔註20〕　孫詒讓《劉恭甫墓表》：「嘉慶之學，爲義疏之學者，又有劉先生孟瞻，治《春
　　　　秋左氏傳》，謂：鄭、賈、服三君古義久爲杜氏所晦蝕，孔《疏》不能辨也。
　　　　乃鈎稽三君佚注，精校詳釋，依孫氏《尚書疏例》，爲《左氏疏證》。凡杜、
　　　　孔排擊者，糾正之；乾沒者，表著之。草創四十年，《長編》哀然，《疏證》
　　　　則寫定一卷，而先生遽卒。其子伯山先生繼其業，亦未究而卒。伯山先生長
　　　　子恭甫知縣，紹明家學，志尚闊遠，年三世之學，未有成書，創立程限，銳
　　　　志研纂。屬稿至襄公四年，而恭甫又卒。千秋大業，虧於一簣，斯尤學人所
　　　　爲歉欷而不釋者已。」（劉壽曾著，林子雄點校，楊晉龍校訂《劉壽曾集》，
　　　　中央研究院文哲研究所籌備處 2001 年版，第 6～7 頁。）

〔註21〕　張舜徽：《清人文集別錄》卷十四，華中師範大學出版社 2004 年版，第 366 頁。

〔註22〕　劉壽曾著，林子雄點校，楊晉龍校訂：《劉壽曾集》，中央研究院文哲研究所
　　　　籌備處 2001 年版，第 110 頁。

之說。緣此事須費四千金，曉岑屬余聯蕙中丞為之倡。乃中丞不獨能獨立舉辦，並許多出千金為加工精刻之費，其好學樂善如此。」〔註23〕所謂「加工精刻」，即需延致精於校勘之人。劉毓崧即膺其選。程瑌《劉先生家傳》稱「湘鄉曾文正公尤禮異之。今江督威毅伯曾公曾延先生入書局，亦敬禮勿衰。」〔註24〕《通義堂文集》卷八有《王氏船山叢書校勘記自序》，亦稱：

> 衡陽王氏船山叢書，其目錄可考者七十五種，稿本訪得者六十一種。湘鄉爵相及介弟爵帥捐俸授梓，自癸亥冬至丙寅夏，刻成五十三種。此四年中，延致諸同人或校稿本，或校寫本，或校刻本。毓崧亦在局中，專司覆校稿本。合計已刻未刻各書，除未經覆校者六種，餘五十五種，皆檢其所引原書、所用故實，為之校勘。

癸亥乃同治二年（1863），丙寅乃同治五年（1866），與劉壽曾之言參看，知劉毓崧在書書局校勘王氏遺書之時間。同卷另有《刻王氏船山叢書凡例》。

此外，卷五有《校刻漢書凡例》。《漢書》乃同治八年（1869）九月金陵書局刊行，而劉毓崧已於1867過世，未見全書完成。卷七有《輿地紀勝校勘記序》，稱「文選樓影宋鈔本《輿地紀勝》，張氏鑒所校頗詳。岑君紹周建功重刻此書，延文淇及子毓崧纂輯《校勘記》，成書五十二卷。」〔註25〕檢《輿地紀勝》所附《序》，文末有「道光丁未十二月，儀徵劉文淇撰」，知此文作於道光二十七年（1847）。〔註26〕

編書之功，主要是代杜文瀾輯錄《古謠諺》一百卷，卷十四有《古謠諺凡例》。其校書成就，張舜徽先生有較高評價：

> 自少從父文淇客遊四方，助之校書。居曾國藩、國荃幕中最久。任事金陵書局，校勘《王船山遺書》，用力尤勤。又嘗為杜文瀾纂輯《古謠諺》一百卷，於是徒歌野語，始有總集，裨益於藝林為大。終其身以編書、校書餬口於外，遂奪其讀書、著書之時。同治六年卒，年僅五十。……然毓崧一生精力，瘁於校書。故其學終以校勘

〔註23〕趙烈文：《能靜居日記》，嶽麓書社2013年版，第662頁。

〔註24〕繆荃孫纂錄《續碑集傳》卷74，周駿富編輯《清代傳記叢刊》第119冊，臺北明文書局1985年版，第304頁。

〔註25〕劉毓崧：《通義堂文集》卷七，《清代詩文集彙編》第670冊，上海古籍出版社2010年版，第368頁。

〔註26〕王象之編著，趙一生點校：《輿地紀勝》第11冊，浙江古籍出版社2012年版，第3969頁。

為最專。集中文字，亦以校刊群書之序跋為最精。觀是集卷五《校刻漢書凡例》，即知其讎正一籍，而遍及數十百種之書。此所用乃活校之法，與夫拘守宋元舊槧之死校法，截然不同。毓崧嘗推此法以校理群書，不輕改字，期於有據。觀卷七《輿地紀勝校勘記》中所言，可以知其功力之審密也。〔註27〕

張先生認為劉毓崧「其學終以校勘為最專」，充分肯定了其校勘成就。古人云：「校書如掃落葉，旋掃旋生。」面對卷帙浩繁的《船山遺書》、《漢書》、《古謠諺》，還有友朋著作，劉毓崧傾注了大量的心血。如《古謠諺凡例》云：

一、謠諺之詞，諸書並載而大同小異者，則以一書為主，而注列異文。此略彼詳者，則以全篇為主，而注明增補。事蹟無甚異同，而字句大有詳略者，則兩載其詞。字句無甚詳略，而事蹟大有異同者，亦並錄其語。字句全同，而事蹟全異者，則附注以省繁。字句半同半異，而事蹟亦半同半異者，必兼存以備考。即兩書本係一書，而其中稍有異同者，亦必參互考訂，以便推尋。

一、謠諺之詞，兩書相仿者，不但校其字句，尤必辨其標題。故有書之時代在後，而有謠諺顯證者，則定為正文；書之時代在前，而無謠諺明徵者，則列於附注。所引止得其半，而標題謠諺者，亦定為正文；所引能舉其全，而不標題謠諺者，亦列於附注。皆循名核實，使賓主分明。

一、謠諺作者、述者之姓名無疑者確言之，有專屬者析言之，無專屬者渾言之，一人獨造者特言之，二人合撰者兼言之，數人遞續者詳言之，各有所宜，不拘一格。

從這三則凡例來看，對於一篇文本，文字內容、標題、作者都需要進行詳細的校訂，做到「注列異文」、「辨其標題」、標名「各有所宜」。這些細微的工作看起來很容易，實際上操作起來卻實非易事。張先生說「終其身以編書、校書餬口於外，遂奪其讀書、著書之時」，是為的論。

〔註27〕 張舜徽：《清人文集別錄》卷十四，華中師範大學出版社 2004 年版，第 366 頁。

四、爲人作嫁，代人捉刀

尚小明先生曾提出「職業學者」和「半職業學者」的概念，劉毓崧當歸入前者，屬於在「官員贊助下，專門從事學術研究的遊幕學者」〔註 28〕。這種身份反映到著述上，突出的表現就是代撰，即是「幕賓應幕主要求，爲了幕主的需要而進行的撰著活動」〔註 29〕。

正是「終其身以編書、校書餬口於外」這一現實需要，使劉毓崧「居曾國藩、國荃幕中最久」，這就決定了布衣經生劉毓崧的生活處境。劉毓崧於 1863～1867 年居曾國藩幕，從事校書工作。前舉劉壽曾之言：「惟乙丑歲，館曾沅甫中丞書局，校勘《王船山先生遺書》，論次船山年譜二卷，得署己名。」〔註 30〕「得署己名」，誠爲例外。

雖然居幕時期，沒有出現代撰.但是翻檢《通義堂文集》，集中代人捉刀之作多達 39 篇。列表如下：

卷 次	題 目	目錄原注	備 註	寫作時間
卷二	成芙卿禹貢班義述序	代	代劉文淇	咸豐辛亥（1851）
卷四	蜚雲閣叢書序	代阮文達公作		
	春秋穀梁傳時月日書法釋例跋	代	代羅士琳	道光甲辰（1844）
	孫柳君十三經音義故序	代	代阮元	
卷五	舊唐書逸文序	代阮文達公作		道光戊申（1848）
	舊唐書逸文自序	代甘泉岑紹周提舉作		道光二十八年（1848）
	海州文獻錄序	代	俟考	
	揚州恤嫠局新建總坊記	代	代汪於泗	道光庚子（1840）
	蘄水郭氏七修譜序	代	俟考	
卷六	阮文達公傳	代	正文題下注：「儀徵縣志稿」	此六篇當屬《儀徵縣志稿》。《縣志》「經始於道光戊申，卒業於咸豐壬子」，可知作於 1848～1852 年間。
	歲貢生董君家傳	代先君子作		
	程母汪太宜人家傳	代先君子作		

〔註 28〕 尚小明《學人遊幕與清代學術》（增訂本），東方出版社 2018 年版，第 323 頁。
〔註 29〕 尚小明《學人遊幕與清代學術》（增訂本），東方出版社 2018 年版，第 356 頁。
〔註 30〕 劉壽曾著，林子雄點校，楊晉龍校訂：《劉壽曾集》，中央研究院文哲研究所籌備處 2001 年版，第 110 頁。

	徐節婦汪孺人傳	代	代王檢心	
	姜節婦曹孺人傳	代	代王檢心	
	方節婦許孺人傳	代	代王檢心	
卷七	展重陽樗園雅集圖序	代先君子作		
	輿地紀勝序	代阮文達公作		道光己酉（1849）
	輿地紀勝校勘記序	代先君子作		道光丁未（1847）
	輿地紀勝補闕序	代甘泉岑紹周提舉作		
	重修泰州尊經閣記	代蘄水郭雨三都轉作		
卷八	胡文恪公手書洛神賦拓本跋	代	代劉良駒	咸豐壬子（1852）
卷十	書陳奎五提軍退思圖後	代先君子作		
	鹽阜潮河新築長圩記	代秀水杜小舫觀察作		
卷十二	郭光祿手札跋	代秀水杜小舫觀察作		
	太上感應篇許注序	代阮文達公作		
	楊羽士修族譜序	代	俟考	
卷十三	抱沖齋詩集序	代阮文達公作		道光丙午（1846）
	重刊吳夢窗詞稾自序	代秀水杜小舫觀察作		
	重刊周草窗詞稿自序	代秀水杜小舫觀察作		
	文選古字通疏證序	代涇縣翟君惟善作		
卷十四	古謠諺凡例	代秀水杜小舫觀察作		
	御書印心石屋頌序	代	代黃汝成	
	錢塘龔烈婦朱氏贊	代		
	葛生東府哀詞	代蘄水郭雨三都轉作		
	祭王文簡公文	代郡尊李方赤太守作		
	康瑞伯詩話序	代		
	南征記傳奇序	代		
卷十五	吳太守六十壽序	代	俟考	
卷十六	程母張太孺人七十壽序	代張君清瑞作		

　　根據目前已經考出寫作時間的代撰文章來看，都屬於汝曾國藩幕之前，都集中於十九世紀四十、五十年代。其中，代其父劉文淇、阮元最多。張先生稱其「自少從父文淇客遊四方，助之校書」，或恐爲受父命而作。比如卷七有代阮元作《輿地紀勝序》、代先君子作《輿地紀勝校勘記序》、代岑紹周作《輿地紀勝補闕序》，又有己作的《輿地紀勝跋》、《輿地紀勝續跋》，均作於道光己酉（1849），與前舉數文基本同時。慶幸的是，這些代筆均保留在《通義堂文集》中，而沒有收錄到相關人的文集中，如阮元《揅經室集》、劉文淇《青藤書屋文集》等。

　　就編書而言，劉毓崧曾代杜文瀾纂輯《古謠諺》一百卷，署名杜文瀾。

五、題序通信，談藝論學

　　馬克思指出，人的本質是一切社會關係的總和。任何一個人活在世界上，總會和其他人發生交往，形成不同的交際圈。通過劉毓崧的交遊，也可以看到其生活側影。這些交遊，大致可以分爲爲友人著作或畫集題序、通信、爲長輩祝壽、送別親友、哀祭、爲晚輩表字釋義、應他人之請作傳記墓表，等等。茲錄書序（前人之作如《輿地紀勝》之類則不錄），列表於下：

卷 次	題 目	著 者
卷二	方氏易學五書序	方申
	方氏易學五書後序	
	郭生子貞周易漢讀考序	郭階（字子貞）
	丁儉卿先生易林釋文跋	丁晏
	成芙卿禹貢班義述序	成蓉鏡
	張薛園毛詩鄭讀考序	張荔生
	蜚雲閣叢書序	凌曙
卷四	春秋穀梁傳時月日書法釋例跋	許桂林
	孫柳君十三經音義故序	孫葆璜
	汪仲伊管樂元音譜序	汪宗沂
	唐元和寫本說文木部箋異跋	莫友芝
	說文凝錦錄序	萬光泰
	劉慈民讀說文記序	劉庠
	助字辨略跋	劉淇

卷五	舊唐書逸文序	岑紹周
	舊唐書逸文自序	
	海州文獻錄序	許喬林
卷六	蘄水郭氏七修譜序	郭廷槐
	郭光祿年譜序	郭階
	楊石卿泰山紀遊序	楊鐸
卷九	胡氏叢書序	胡泉
	王氏兩世孝子錄序	王霞九

此外，集中還有多篇題圖之序，如《楊石卿重繪說文統系圖敘》等。通過這個表可以看到，劉毓崧所交之人多為飽學之士，如丁晏、成蓉鏡均藝林名宿。有趣的是，前面提到，劉毓崧曾代其父捉刀，與其父執之人時有過從。其子劉壽曾也有相似經歷。比如成蓉鏡曾致信劉壽曾〔註31〕、劉壽曾也曾為郭子貞《周易漢讀考》作序。這樣的交往，無疑對其學術交流有著催生作用。

至於通信，《通義堂文集》僅收錄二通：《與成芙卿書》、《與劉叔俛書》，內容均為學術探討。上海圖書館藏有《通義堂尺牘》，筆者尚未得見，但數量龐大〔註32〕，應該可以查到更多的交往情形。

六、結語

綜上所述，讀書治學、繼志釋經、編書校書、談藝論學等乃其日常之犖犖大者。但是由於劉毓崧著述多有遺失，特別是其詩集、詩外集、文外集等。劉壽曾稱「論詩極見其深，然不輕作，偶有吟詠，皆秩然有德之音。著有《通義堂文集》十六卷，《詩集》一卷，詩、文《外集》各一卷」〔註33〕。然《詩集》、《外集》，今尚未得見，內中是否有日常生活之記錄，無由考見。而《通義堂文集》所載多論學之文，以致其日常細節尚有諸多待發之覆。期於將來獲讀《通義堂尺牘》，會尋到一些有用的線索。

〔註31〕 楊麗娟《學海遺珍——儀徵劉氏家藏書札箋注》，廣陵書社 2014 年版，第 30 頁。

〔註32〕 《國學大師科舉試卷揚州「開卷」》稱劉師培後人巫慶先生曾向上海圖書館捐獻一批珍貴圖書資料，其中包括《青溪舊屋尺牘》計 2409 頁、《通義堂尺牘》計 2153 頁。

〔註33〕 劉壽曾著，林子雄點校，楊晉龍校訂：《劉壽曾集》，中央研究院文哲研究所籌備處 2001 年版，第 109 頁。

附錄四：徵引書目

壹、古籍

一、經部

1. 宋・朱熹《詩集傳》，《四部叢刊三編》景宋本。

2. 清・阮元校刻《十三經注疏》，清嘉慶刊本。

3. 清・沈齡《續方言疏證》，《續修四庫全書》第 193 冊，上海古籍出版社 1996 年版。

4. 清・惠棟《周易述》，《四部備要》本。

5. 清・方申《方氏易學五書》，《續修四庫全書》第 30 冊，上海古籍出版社 1996 年版。

6. 清・丁晏《易林釋文》，《續修四庫全書》第 1055 冊，上海古籍出版社 1996 年版。

7. 清・段復昌《周易補注》卷七，清光緒船山書院刻本。

8. 清・惠棟《禮說》，阮元編《清經解》第二冊，上海書店 1988 年版。

9. 清・成蓉鏡《禹貢班義述》，清光緒十四年（1888）廣雅書局刻本。

10. 清・黃以周《禮書通故》，詹亞園、張涅主編《黃式三黃以周合集》第 8 冊，上海古籍出版社 2014 年版。

11. 清・李次白《春秋左氏傳賈服注輯述》，《續修四庫全書》第 125 冊，上海古籍出版社 1996 年版。

12. 清・許桂林《春秋穀梁傳時月日書法釋例》，中華書局 1991 年版。

13. 清・程瑤田《解字小記》，陳冠明等校點《程瑤田全集》，黃山書社 2008 年版。

14. 清・萬光泰《說文凝錦錄》,《叢書集成續編》第 17 冊,上海書店出版社 1994 年版。

15. 清・劉淇著,章錫琛校注《助字辨略》,開明書店 1940 年版。

16. 清・沈齡《續方言疏證》,《續修四庫全書》第 193 冊,上海古籍出版社 1996 年版。

17. 清・臧琳《經義雜記》,清嘉慶四年(1799)拜經堂刻本。

18. 清・王引之《經義述聞》,清道光刻本。

19. 清・皮錫瑞《經學通論》,中華書局 1954 年版。

二、史部

1. 西漢・司馬遷著,南朝宋・裴駰集解,唐・司馬貞索隱,唐・張守節正義《史記》,中華書局 1959 年版。

2. 東漢・班固編撰,唐・顏師古注《漢書》,中華書局 1962 年版。

3. 南朝宋・范曄編纂,唐・李賢等注《後漢書》,中華書局 1965 年版。

4. 西晉・陳壽編纂,南朝宋・裴松之注《三國志》,中華書局 1959 年版。

5. 唐・房玄齡等撰《晉書》,中華書局 1974 年版。

6. 唐・魏徵等編《隋書》,中華書局 1973 年版。

7. 後晉・劉昫等編《舊唐書》,中華書局 1975 年版。

8. 北宋・歐陽修、宋祁撰《新唐書》,中華書局 1975 年版。

9. 北宋・歐陽修撰《新五代史》,中華書局 1974 年版。

10. 元・脫脫等撰《宋史》,中華書局 1977 年版。

11. 清・張廷玉等撰《明史》,中華書局 1974 年版。

12. 趙爾巽等撰《清史稿》,中華書局 1977 年版。

13. 南宋・王稱《東都事略》,景印文淵閣四庫全書本。

14. 清・萬斯同《明史》,清鈔本。

15. 清・佚名《清史列傳》,中華書局 1987 年版。

16. 清・岑建功輯《舊唐書逸文》,《續修四庫全書》第 285 冊,上海古籍出版社 1996 年版。

17. 清・羅士琳、陳立、劉文淇、劉毓崧同校《舊唐書校勘記》,徐蜀選編《二十四史訂補》第 8 冊,書目文獻出版社 1996 年版。

18. 南宋・李心傳著,徐規點校《建炎以來朝野雜記》,中華書局 2000 年版。

19. 明・過庭訓《本朝分省人物考》,明天啓刻本。

20. 清・汪有典《明忠義別傳》,清道光墨花齋活字本。

21. 清・李桓《國朝耆獻類徵》第 16 冊,江蘇廣陵古籍刻印社 1990 年版。

22. 清・李元度《國朝先正事略》，嶽麓書社 2008 年版。

23. 清・阮元、羅士琳、華世芳、諸可寶、黃鍾駿等撰；馮立升、鄧亮、張俊峰校注《疇人傳合編校注》，中州古籍出版社 2012 年版。

24. 清・繆荃孫纂錄《續碑集傳》，周駿富編輯《清代傳記叢刊》第 119 冊，臺北明文書局 1985 年版。

25. 唐・杜佑著，王文錦等點校《通典》，中華書局 2016 年版。

26. 元・馬端臨撰，上海師範大學古籍研究所點校《文獻通考》，中華書局 2011 年版。

27. 北宋・李格非《洛陽名園記》，明《古今逸史》本。

28. 南宋・王象之編著；趙一生點校《輿地紀勝》第 1 冊，浙江古籍出版社 2012 年版。

29. 南宋・周應合纂《景定建康志》，南京出版社 2009 年版。

30. 明・田汝成著，陳志明校《西湖遊覽志餘》，東方出版社 2012 年版。

31. 明・吳道行、清・趙寧修等《嶽麓書院志》，嶽麓書社 2012 年版。

32. 清・趙宏恩《乾隆江南通志》，景印文淵閣四庫全書本。

33. 清・阿克當阿修，清・姚文田、江藩等纂《同治續纂揚州府志》，《中國地方志集成・江蘇府縣志輯》第 42 冊，江蘇古籍出版社 1991 年版。

34. 清・王檢心修；清・劉文淇、張安保纂《道光纂修儀徵志》，江蘇古籍出版社 1991 年版。

35. 清・伍煒、清・王見川修纂《乾隆永定縣志》，廈門大學出版社 2012 年版。

36. 清・謝延庚修，清・劉壽曾纂《光緒江都縣續志》，清光緒十年（1884）刻本。

37. 清・金桂馨《逍遙山萬壽宮志》，清光緒四年（1878）江右鐵柱宮刻本。

38. 清・顧祖禹《讀史方輿紀要》，中華書局 1957 年版。

39. 清・章梫纂《康熙政要》，清宣統二年（1910）鉛印本。

40. 清・程守謙輯《程玉才先生家傳》，《中華歷史人物別傳集》第 42 冊，線裝書局 2003 年版。

41. 清・計六奇《明季北略》，中華書局 1984 年版。

42. 清・黃叔璥《國朝御史題名》，清光緒刻本。

43. 清・法式善《清秘述聞三種》，中華書局 1982 年版。

44. 清・徐珂《清稗類鈔》，中華書局 1986 年版。

45. 清・陳康祺《郎潛紀聞二筆》，清光緒刻本。

46. 明・張瀚著，盛冬鈴點校《松窗夢語》，中華書局 1985 年版。

47. 清・桂文燦《經學博採錄》，華東師範大學出版社 2010 年版。

48. 清・徐松《登科記考》，中華書局 1984 年版。

49. 清・莫友芝著，張劍整理《莫友芝日記》，鳳凰出版社 2014 年版。

50. 清・郭嵩燾撰《郭嵩燾日記》，梁小進主編《郭嵩燾全集》第 8 冊、第 11 冊，嶽麓書社 2012 年版。

51. 清・郭嵩燾《湘陰郭氏家譜》，梁小進主編《郭嵩燾全集》第 5 冊，嶽麓書社 2012 年版。

52. 清・張紹南、王德福《孫淵如先生年譜》，《北京圖書館藏珍本年譜叢刊》第 119 冊，北京圖書館出版社 1999 年版。

53. 清・呂培等編次《洪北江先生年譜》，劉德權點校《洪亮吉集》第五冊，中華書局 2001 年版。

54. 清・劉文興編《清劉楚楨先生寶楠年譜》，臺灣商務印書館 1986 年版。

55. 南宋・陳振孫《直齋書錄解題》，上海古籍出版社 1987 年版。

56. 明・毛晉《汲古閣書跋》，上海古典文學出版社 1958 年版。

57. 清・朱彝尊撰，林慶彰、蔣秋華、楊晉龍等主編《經義考新校》，上海古籍出版社 2010 年版。

58. 清・紀昀《四庫全書總目》，中華書局 1965 年版。

59. 清・耿文光《萬卷精華樓藏書記》，《山右叢書初編》第 10 冊，上海古籍出版社 2014 年版。

60. 清・許喬林《海州文獻錄》，清道光二十五年（1845）刻本。

61. 清・丁丙《善本書室藏書志》，清光緒刻本。

62. 清・周中孚《鄭堂讀書記》，民國吳興叢書本。

63. 清・丁仁《八千卷樓書目》，民國十二年本。

64. 清・顧炎武《金石文字記》，《文淵閣四庫全書》本。

65. 清・劉喜海《金石苑》，《續修四庫全書》第 894 冊，上海古籍出版社 1996 年版。

66. 清・陸增祥《八瓊室金石補正》，文物出版社 1985 年版。

67. 清・吳任臣《十國春秋》，中華書局 1983 年版。

三、子部

1. 春秋・墨子著，清・孫詒讓《墨子閒詁》，清光緒三十三年刻本。

2. 戰國・荀況《荀子》，清抱經堂叢書本。

3. 《亢倉子》，明《子彙》本。

4. 西漢・劉安著；東漢・許慎注；陳廣忠校點《淮南子》，上海古籍出版社 2016 年版。

5. 西漢・桓譚撰，朱謙之校輯《新輯本桓譚新論》，中華書局 2009 年版。

6. 唐・徐堅《初學記》，中華書局 1962 年版。

7. 唐・李濬《松窗雜錄》，中華書局 1991 年版。

8. 唐・魏徵等編撰《群書治要》，《四部叢刊》景日本本。

9. 唐・王定保《唐摭言》，上海古籍出版社 2012 年版。

10. 唐・釋道世著；周叔迦、蘇晉仁校注《法苑珠林校注》，中華書局 2003 年版。

11. 北宋・李昉《太平御覽》，《四部叢刊三編》景宋本。

12. 北宋・李昉等《太平廣記》第 6 冊，中華書局 1961 年版。

13. 北宋・宋祁《宋景文筆記》，《筆記小說大觀》本。

14. 〔舊題〕宋・邵雍纂輯，明・陳士元增刪，明・何棟如重輯《夢林玄解》，明崇禎刻本。

15. 南宋・楊輝《田畝比類乘除捷法》，商務印書館 1939 年版。

16. 南宋・洪邁著，何卓點校《夷堅志》，中華書局 1981 年版。

17. 南宋・馬純《陶朱新錄》，清《墨海金壺》本。

18. 南宋・施德操《北窗炙輠錄》，清《刻奇晉齋叢書》本。

19. 南宋・曾敏行《獨醒雜志》，清《知不足齋叢書》本。

20. 南宋・高似孫《硯箋》，王群栗點校《高似孫集》，浙江古籍出版社 2015 年版。

21. 南宋・謝維新《古今合璧事類備要續集》，《文淵閣四庫全書》本。

22. 南宋・周密《齊東野語》，上海古籍出版社 2012 年版。

23. 南宋・葉夢得《避暑錄話》，上海古籍出版社 2012 年版。

24. 元・陶宗儀《南村輟耕錄》，上海古籍出版社 2012 年版。

25. 明・楊慎著，王大亨箋證《丹鉛總錄箋證》，浙江古籍出版社 2013 年版。

26. 明・茅元儀《武備志》，明天啓刻本。

27. 明・陸容撰《菽園雜記》，上海古籍出版社 2012 年版。

28. 清・王鳴盛《十七史商榷》，鳳凰出版社 2008 年版。

29. 清・錢大昕《十駕齋養新錄》，陳文和主編《嘉定錢大昕全集》第七冊，江蘇古籍出版社 1997 年版。

30. 清・趙翼《陔餘叢考》，商務印書館 1957 年版。

31. 清・何焯《義門讀書記》，中華書局 1987 年版。

32. 清・梁紹壬《兩般秋雨盦隨筆》，上海古籍出版社 2012 年版。

33. 清・李慈銘著，由雲龍輯《越縵堂讀書記》，中華書局 1963 年版。

34. 清·劉承幹《求恕齋日記》第六冊《庚申日記》，國家圖書館出版社 2016 年版。

35. 清·惠棟《太上感應篇注》，《粵雅堂叢書》本。

36. 清·顧炎武著，清·黃汝成集釋，欒保群、呂宗力校點《日知錄集釋》，上海古籍出版社 2006 年版。

37. 清·平步青《霞外攟屑》，上海古籍出版社 1982 年版。

38. 清·俞樾《俞樓雜纂》，《春在堂全書》第三冊，鳳凰出版社 2010 年版。

39. 清·俞樾《茶香室叢鈔》，中華書局 1995 年版。

40. 清·凌揚藻《蠡勺編》，中華書局 1985 年版。

41. 清·葉廷琯《吹網錄》，遼寧教育出版社 1998 年版。

42. 清·陸以湉《冷廬雜識》，上海古籍出版社 2012 年版。

43. 清·張之洞著，范希曾補正《書目答問補正》，廣陵書社 2007 年版。

44. 清·蔣寶齡《墨林今話》，上海古籍出版社 2015 年版。

45. 清·桂馥《札樸》，清嘉慶十八年李宏信小李山房刻本。

46. 清·錢泰吉《曝書雜記》，中華書局 1985 年版。

47. 清·王鋆《揚州畫苑錄》，清光緒十一年刻本。

48. 清·許承堯《歙事閒譚》，李明回等校點，黃山書社 2001 年版。

49. 清·梁章鉅《浪跡叢談》，上海古籍出版社 2012 年版。

50. 清·李斗《揚州畫舫錄》，清乾隆六十年自然盦刻本。

51. 清·錢泳著，孟裴校點《履園叢話》，上海古籍出版社 2012 年版。

52. 清·孫承澤撰，白雲波、古玉清點校《庚子消夏記》，浙江人民美術出版社 2012 年版。

53. 清·張珩《木雁齋書畫鑒賞筆記》，上海書畫出版社 2015 年版。

54. 清·袁樹珊《命理探原》，潤德堂叢書本。

55. 清·許巽行《文選筆記》，許逸民主編《清代文選學名著集成》第 18 冊，廣陵書社 2013 年版。

56. 清·薛傳均《文選古字通疏證》，《玲瓏山館叢書》本。

57. 清·薛傳均《文選古字通疏證》，《叢書集成初編》本。

58. 清·梁章撰，穆克宏點校鉅《文選旁證》，福建人民出版社 2000 年版。

59. 清·英和《恩福堂筆記》，北京古籍出版社 1991 年版。

60. 清·黃正元注，清·毛金蘭增補《太上感應篇圖說》，清光緒刻本。

四、集部

（一）總集

1. 南朝梁・蕭統《文選》，胡刻本。
2. 後蜀・趙崇祚編、楊景龍校注《花間集校注》，中華書局 2014 年版。
3. 清・董誥編《全唐文》，清嘉慶內府刻本。
4. 清・阮元《淮海英靈集》，清嘉慶三年小琅嬛仙館刻本。
5. 清・鄧顯鶴《沅湘耆舊集》，清道光二十三年鄧氏南邨艸堂刻本。
6. 清・張翰儀編《湘雅摭殘》，嶽麓書社 2010 年版。
7. 清・鄭珍編次，黃萬機、黃江玲點校《播雅》，貴州人民出版社 2012 年。
8. 清・龍顧山人纂，卞孝萱、姚松點校《十朝詩乘》，福建人民出版社 2000 年版。
9. 清・丁紹儀《國朝詞綜補》，清光緒刻本。
10. 清・吳翌鳳《國朝文徵》，清咸豐間吳江沈氏世美堂刻本。
11. 清・王錫棋編纂《山陽詩徵續編》，張強點校，陝西人民出版社 2011 年版。
12. 清・杜文瀾《古謠諺》，咸豐十一年（1861）曼陀羅華閣叢書本。

（二）別集

1. 唐・韓愈著，馬其昶校注、馬茂元整理《韓昌黎文集校注》，上海古籍出版社 2014 年版。
2. 唐・白居易著，顧學頡校點《白居易集》中華書局 1979 年版。
3. 北宋・蘇軾著，孔凡禮點校《蘇軾文集》，中華書局 1986 年版。
4. 北宋・蘇軾著，清・馮應榴輯注，黃任軻、朱懷春校點《蘇軾詩集合注》，上海古籍出版社 2001 年版。
5. 北宋・曾鞏《元豐類稿》，《四部叢刊》景元本。
6. 南宋・劉宰《漫塘文集》，民國《嘉業堂叢書》本。
7. 南宋・吳文英著，吳蓓箋校《夢窗詞彙校箋釋集評》，浙江古籍出版社 2014 年版。
8. 南宋・吳文英《夢窗詞》，《曼陀羅華閣叢書》本。
9. 南宋・王柏《魯齋集》，《續金華叢書》本。
10. 元・王逢《梧溪集》，清《知不足齋叢書》本。
11. 明・管時敏《蚓竅集》，《明別集叢刊》第一輯第 17 冊，黃山書社 2013 年版。
12. 明・歸有光著，周本淳點校《震川先生集》，上海古籍出版社 2007 年版。

13. 明‧申時行《賜閒堂集》，明萬曆刻本。

14. 明‧王守仁撰，吳光、錢明、董平編校《王陽明全集》，上海古籍出版社 2015 年版。

15. 明‧周汝登《王門宗旨》，明萬曆刻本。

16. 明‧王夫之《船山全書》，嶽麓書社 2011 年版。

17. 清‧錢謙益《牧齋初學集》，上海古籍出版社 2003 年版。

18. 清‧錢謙益《錢注杜詩》，上海古籍出版社 2009 年版。

19. 清‧戴震著，趙玉新點校《戴震文集》，中華書局 1980 年版。

20. 清‧全祖望撰，朱鑄禹匯校集注《全祖望集匯校集注》，上海古籍出版社 2000 年版。

21. 清‧邵長蘅《邵子湘全集》，清康熙刻本。

22. 清‧錢大昕，呂友仁標校《潛研堂文集》，上海古籍出版社 2009 年版。

23. 清‧方苞著，劉季高校點《方苞集》，上海古籍出版社 2009 年版。

24. 清‧姚鼐，《惜抱軒全集》，世界書局 1936 年版。

25. 清‧姚鼐《惜抱軒尺牘》，安徽大學出版社 2014 年版。

26. 清‧朱珪《知足齋文集》，商務印書館 1936 年版。

27. 清‧姜宸英《湛園集》，陳雪軍、孫欣點校《姜宸英文集》，浙江大學出版社 2015 年版。

28. 清‧朱彝尊《曝書亭集》，四部叢刊景清康熙本。

29. 清‧吳世傑《覺湖草堂集》，清康熙刻本。

30. 清‧袁枚《小倉山房文集》，王英志編纂校點《袁枚全集新編》第 5 冊，浙江古籍出版社 2015 年版。

31. 清‧屈復《弱水集》，清乾隆七年賀克章刻本。

32. 清‧黃淳耀《陶菴全集》，《文淵閣四庫全書》本。

33. 清‧程晉芳著，魏世民校點《勉行堂詩文集》，黃山書社 2012 年版。

34. 清‧翁方綱《復初齋文集》，清李彥章校刻本。

35. 清‧張塤《竹葉庵文集》，清乾隆五十一年刻本。

36. 清‧汪中《述學》，《四部叢刊》景無錫孫氏藏本。

37. 清‧潘奕雋《三松堂集》，清嘉慶刻本。

38. 清‧陳文述《頤道堂集》，清嘉慶十二年刻道光增修本。

39. 清‧朱筠《笥河文集》，清嘉慶二十年椒華吟舫刻本。

40. 清‧李紱《穆堂別稿》，清道光十一年奉國堂刻本。

41. 清‧王時敏著，毛小慶點校《王時敏集》，浙江人民美術出版社 2016 年版。

42. 清・阮元著，鄧經元點校《揅經室集》，中華書局 1993 年版。

43. 清・俞正燮《俞正燮全集》，黃山書社 2005 年版。

44. 清・張世進《著老書堂集》，《四庫全書禁燬書叢刊》集部第 168 冊，北京出版社 1997 年版。

45. 清・錢陳群《香樹齋詩文集續鈔》，《四庫未刊書輯刊》九輯 19 冊，北京出版社 2000 年版。

46. 清・杜文瀾《採香詞》，《續修四庫全書》第 1727 冊，上海古籍出版 1996 年版。

47. 清・馮詢《子良詩存》，《續修四庫全書》第 1526 冊，上海古籍出版 1996 年版。

48. 清・沈學淵《桂留山房詞集》，《續修四庫全書》第 1516 冊，上海古籍出版 1996 年版。

49. 清・黃釗《讀白華草堂詩二集》，《續修四庫全書》第 1516 冊，上海古籍出版 1996 年版。

50. 清・徐寶善《壺園詩鈔選》，《續修四庫全書》第 1516 冊，上海古籍出版 1996 年版。

51. 清・李嘉樂《仿潛齋詩鈔》，《續修四庫全書》第 1560 冊，上海古籍出版社 1996 年版。

52. 清・朱鶴齡《愚菴雜著》，《清代詩文集彙編》第 22 冊，上海古籍出版社 2010 年版。

53. 清・朱用純《愧訥集》，《清代詩文集彙編》第 104 冊，上海古籍出版社 2010 年版。

54. 清・陳兆崙《紫竹山房文集》，《清代詩文集彙編》第 293 冊，上海古籍出版社 2010 年版。

55. 清・陳黃中《東莊遺集》，《清代詩文集彙編》第 301 冊，上海古籍出版社 2010 年版。

56. 清・朱孝純有《海愚詩抄》，《清代詩文集彙編》第 388 冊，上海古籍出版社 2010 年版。

57. 清・王念孫《王石臞文集補編》，《清代詩文集彙編》第 409 冊，上海古籍出版社 2010 年版。

58. 清・曾燠《賞雨茅屋詩集》，《清代詩文集彙編》第 456 冊，上海古籍出版社 2010 年版。

59. 清・阮元《揅經室再續集》，《清代詩文集彙編》第 477 冊，上海古籍出版社 2010 年版。

60. 清・樂鈞《青芝山館詩集》，《清代詩文集彙編》第 481 冊，上海古籍出版社 2010 年版。

61. 清・陳壽祺《絳跗草堂詩集》，《清代詩文集彙編》第 499 冊，上海古籍出版社 2010 年版。

62. 清・王贈芳《慎其餘齋文集》，《清代詩文集彙編》第 539 冊，上海古籍出版社 2010 年版。

63. 清・錢儀吉《衎石齋記事稿》，《清代詩文集彙編》第 541 頁，上海古籍出版社 2010 年版。

64. 清・焦廷琥《蜜梅花館文錄》〈《清代詩文集彙編》第 541 冊，上海古籍出版社 2010 年版。

65. 清・斌良《抱沖齋詩集》，《清代詩文集彙編》第 544 冊，上海古籍出版社 2010 年版。

66. 清・謝元淮《養默山房詩稿》，《清代詩文集彙編》第 546 冊，上海古籍出版社 2010 年版。

67. 清・賀長齡《耐庵文存》，《清代詩文集彙編》第 550 冊，上海古籍出版社 2010 年版。

68. 清・張祥河《詩龕詩錄》，《清代詩文集彙編》第 551 冊，上海古籍出版社 2010 年版。

69. 清・徐士芬《漱芳閣集》，《清代詩文集彙編》第 570 冊，上海古籍出版社 2010 年版。

70. 清・吳葆晉《半舫館剩稿》，《清代詩文集彙編》第 571 冊，上海古籍出版社 2010 年版。

71. 清・錢泰吉《甘泉鄉人稿》，《清代詩文集彙編》第 572 冊，上海古籍出版社 2010 年版。

72. 清・丁晏《頤志齋文集》，《清代詩文集彙編》第 587 冊，上海古籍出版社 2010 年版。

73. 清・許正綬《重桂堂集》，《清代詩文集彙編》第 592 冊，上海古籍出版社 2010 年版。

74. 清・顧廣譽《悔過齋文集》，《清代詩文集彙編》602 冊，上海古籍出版社 2010 年版。

75. 清・汪士鐸《汪梅村先生集》，《清代詩文集彙編》第 612 冊，上海古籍出版社 2010 年版。

76. 清・魯一同《通甫類稿》，《清代詩文集彙編》第 618 冊，上海古籍出版社 2010 年版。

77. 清・沈曰富《受恒受漸齋集》，《清代詩文集彙編》第 628 冊，上海古籍出版社 2010 年版。

78. 清・陳立《句溪雜著》，《清代詩文集彙編》第 632 冊，上海古籍出版社 2010 年版。

79. 清・李祖望《鍥不捨齋文集》，《清代詩文集彙編》第 637 冊，上海古籍出版社 2010 年版。

80. 清・馮志沂《適適齋文集》，《清代詩文集彙編》第 639 冊，上海古籍出版社 2010 年版。

81. 清・許宗衡《玉井山館文略》，《清代詩文集彙編》第 640 冊，上海古籍出版社 2010 年版。

82. 清・薛壽《學詁齋文集》，《清代詩文集彙編》第 649 冊，上海古籍出版社 2010 年版。

83. 清・成孺《心巢文錄》，《清代詩文集彙編》第 666 冊，上海古籍出版社 2010 年版。

84. 清・丁壽昌《睦州存稿》，《清代詩文集彙編》第 669 冊，上海古籍出版社 2010 年版。

85. 清・黃雲鵠《實其文齋文鈔》，《清代詩文集彙編》第 680 冊，上海古籍出版社 2010 年版。

86. 清・王耕心《龍宛居士集》，《清代詩文集彙編》第 761 冊，上海古籍出版社 2010 年版。

87. 清・樊增祥《樊山續集》，《清代詩文集彙編》第 762 冊，上海古籍出版社 2010 年版。

88. 清・盧文弨《抱經堂文集》，中華書局 2006 年版。

89. 清・顧廣圻《思適齋集》，中華書局 2007 年版。

90. 清・孫星衍，駢宇騫點校《問字堂集》，中華書局 1996 年版。

91. 清・袁昶《漸西村人初集》，中華書局 1985 年版。

92. 清・陶澍《陶澍全集》第 6 冊，嶽麓書院 2010 年版。

93. 清・葉德輝著，張晶萍點校《葉德輝詩文集》，嶽麓書社 2010 年版。

94. 清・湯鵬著，劉志靖、王子義、石彥陶、陳子定校點《湯鵬集》，嶽麓書社 2011 年版，。

95. 清・郭昆燾《雲臥山莊詩集》，王建、陳瑞芳、鄧李志點校《郭昆燾集》，嶽麓書社 2011 年版。

96. 清・曾國藩著，唐浩明編《曾國藩全集》第 14 冊，嶽麓書社 2011 年版。

97. 清・譚嗣同，何執校點《譚嗣同集》，嶽麓書社 2012 年版。

98. 清・陳鵬年著，李鴻淵校點《陳鵬年集》，嶽麓書社 2013 年版。

99. 清・張九鉞，雷磊校點《陶園詩文集》，嶽麓書社 2013 年版。

100. 清・歐陽厚均《望雲書屋文集》，方紅姣校點《歐陽厚均集》，嶽麓書社 2013 年版。

101. 清・魏源《古微堂文稿》，《魏源全集》第 14 冊，嶽麓書社 2011 年版。

102. 清・劉人熙著，周寅賓編《劉人熙集》，湖南人民出版社 2009 年版。

103. 清・趙啓霖著，易孟醇校點《趙啓霖集》，湖南人民出版社 2012 年版。

104. 清・程頌萬著，徐哲兮校點《程頌萬詩詞集》，湖南人民出版社 2009 年版。

105. 清・鄭獻甫《補學軒散體文》，《近代中國史料叢刊續編》第 22 輯第 213 冊，文海出版社 1975 年版。

106. 清・焦循《雕菰集》，清道光嶺南節署刻本。

107. 清・劉文淇著，曾聖益點校《劉文淇集》，中央研究院中國文哲研究所 2007 年版。

108. 清・劉毓崧《通義堂文集》，南林劉氏求恕齋刻本。

109. 清・劉壽曾著，林子雄點校，楊晉龍校訂《劉壽曾集》，中央研究院中國文哲研究所籌備處 2001 年版。

110. 清・劉台拱等著，張連生、秦躍宇點校《寶應劉氏集》，廣陵書社 2006 年版。

111. 清・李詳《李審言文集》，江蘇古籍出版社 1989 年版。

112. 清・王懿榮著，呂偉達主編《王懿榮集》，齊魯書社 1999 年版。

113. 清・張謇著，李明勳、尤世瑋主編《張謇全集》第 6 冊《藝文雜著》，上海辭書出版社 2012 年版。

114. 清・孫鏘鳴，胡珠生編注《孫鏘鳴集》，上海社會科學院出版社 2003 年版。

115. 清・莫友芝《郘亭遺詩》，張劍、張燕嬰整理《莫友芝全集》第 7 冊，中華書局 2017 年版。

116. 清・劉體仁《七頌堂集》，黃山書社 2014 年版。

117. 清・董文渙《峴嶕山房詩集》，清同治九年刻十年增修本。

118. 清・程守謙《退谷文集》，《清代詩文集珍本叢刊》第 504 冊，國家圖書館出版社 2017 年版。

119. 清・方濬頤《二知軒文存》，《方忍齋所著書》第 3 冊，屈萬里、劉兆祐主編《明清未刊稿彙編》，聯經出版事業公司 1976 年版。

120. 清・金和《秋蟪吟館詩鈔》，民國五年刻本。

121. 清・李元度《天岳山館文鈔》，清光緒六年（1880）刻本。

122. 清・張岳崧著，郭祥文點校《筠心堂集》，海南出版社 2006 年版。

123. 清・朱蘭著，朱炯編《朱蘭文集》，浙江大學出版社 2015 年版。

124. 清・丁晏《頤志齋感舊詩》，民國四年羅氏雪堂叢刻本。

125. 清・姚瑩《後湘詩集》，清中復堂全集本。

126. 清・何彤雲《廣縵堂集》，《叢書集成續編》第 140 冊，上海書店出版社 1994 年版。

127. 清・何紹基，曹旭校點《東洲草堂詩集》，上海古籍出版社 2006 年版。

128. 清・包世臣《小倦遊閣集》，黃山書社 1991 年版。

129. 清・包世臣《藝舟雙楫》，黃山書社 1993 年版。

130. 清・包世臣《齊民四術》，黃山書社 1997 年版。

131. 清・蕭穆著，項純文點校《敬孚類稿》，黃山書社 1992 年版。

132. 清・吳汝綸《吳汝綸全集》第四冊，黃山書社 2002 年版。

133. 清・程廷祚著，宋效永校點《青溪集》，黃山書社 2004 年版。

134. 清・張九鉞《紫峴山人全集》，清咸豐元年張氏賜錦樓刻本。

135. 清・張穆《𥈭齋詩文集》，咸豐八年祁寯藻刊本。

136. 清・蔣啓敭著，蔣世玢等點校《問梅軒詩草偶存》，廣西人民出版社 2001 年版。

137. 清・梅曾亮《柏梘山房文集》，彭國忠，胡曉明校點《柏梘山房詩文集》，上海古籍出版社 2005 年版。

138. 清・李兆洛《養一齋集》，清道光本。

139. 清・王柏心《百柱堂全集》，崇文書局 2016 年版。

140. 清・方宗誠《方宗誠集》，嚴雲綬、施立業、江小角主編《桐城派名家文集》之九，安徽教育出版社 2014 年版。

141. 清・陳玉澍《後樂堂文鈔》，清光緒二十五年（1899）鉛印本。

（三）詩文評

1. 南朝梁・劉勰著，黃霖編著《文心雕龍匯評》，上海古籍 2005 年版。

2. 南宋・魏慶之《詩人玉屑》，商務印書館 1938 年版。

3. 明・俞弁《逸老堂詩話》，清鈔本。

4. 清・袁枚《隨園詩話》，王英志編纂校點《袁枚全集新編》第 8 冊，浙江古籍出版社 2015 年版。

5. 清・謝堃《春草堂詩話》，清刻本。

6. 清・王昶著，周維德輯校《蒲褐山房詩話新編》，齊魯書社 1988 年版。

7. 清・康發祥《伯山詩話》，《泰州文獻》第 4 輯第 53 冊，鳳凰出版社 2015 年版。

8. 清・沈善寶《名媛詩話》，《續修四庫全書》第 1706 冊，上海古籍出版 1996 年版。

貳、近人著述

1. 吳廷錫等編纂《續陝西通志稿》，華文書局有限公司 1969 年版。

2. 王紹曾、崔國光等整理訂補《訂補海源閣書目五種》，齊魯書社 2002 年版。

3. 中國科學院圖書館整理《續修四庫全書總目提要》（經部），中華書局 1993 年版。

4. 吳格等整理《續修四庫全書總目提要》（叢書部），北京圖書館出版社 2010 年版。

5. 瞿兌之《銖庵文存》，遼寧教育出版社 2001 年版。

6. 劉師培《經學教科書》，萬仕國點校《儀徵劉申叔遺書》第 13 冊，廣陵書社 2014 年版。

7. 劉師培《讀書隨筆》，萬仕國點校《儀徵劉申叔遺書》第 13 冊，廣陵書社 2014 年版。

8. 劉師培《左盦題跋》萬仕國點校《儀徵劉申叔遺書》第 13 冊，廣陵書社 2014 年版。

9. 劉師培《左盦集》，萬仕國點校《儀徵劉申叔遺書》第 9 冊，廣陵書社 2014 年版。

10. 劉師培《左盦外集》，萬仕國點校《儀徵劉申叔遺書》第 11 冊，廣陵書社 2014 年版。

11. 劉師培《讀左劄記》，萬仕國點校《儀徵劉申叔遺書》第 2 冊，廣陵書社 2014 年版。

12. 劉師培著，萬仕國輯校《劉申叔遺書補遺》，廣陵書社 2008 年版。

13. 杭辛齋《學易筆談二集》，天津古籍書店 1988 年版。

14. 孫殿起《販書偶記》，中華書局 1959 年版。

15. 尚秉和《焦氏易詁》，中央編譯出版社 2013 年版。

16. 繆荃孫編《續碑集傳》，周駿富輯《清代傳記叢刊》第 119 冊，明文書局 1985 年版。

17. 胡玉縉《許廎經籍題跋》，胡玉縉撰、吳格整理《續四庫提要三種》，上海書店出版社 2002 年版。

18. 余嘉錫《四庫提要辯證》，中華書局 1980 年版。

19. 余嘉錫《余嘉錫文史論集》，嶽麓書社 1997 年版。

20. 梁啓超《中國近三百年學術史》，上海古籍出版社 2013 年版。

21. 錢基博《古籍舉要》，上海古籍出版社 2011 年版。

22. 江竹盧《五經源流變遷考》，上海古籍出版社 2008 年版。

23. 呂思勉《經子解題》，上海文藝出版社 1999 年版。

24. 劉咸炘《清文科》，《推十書》壬癸合輯第 3 冊，上海科學技術文獻出版社 2009 年版。

25. 徐紹楨著，陳正卿、徐家阜編校《徐紹楨集》，四川師範大學出版社 1991 年版。

26. 閔爾昌《碑傳集補》，民國十二年刊本。

27. 楊鍾羲《雪橋詩話餘集》，民國求恕齋叢書本。

28. 吳承仕《檢齋讀易提要》，張善文校理《尚氏易學存稿校理》第 3 卷，中國大百科全書出版社 2005 年版。

29. 胡適《胡適全集》第 24 卷，安徽教育出版社 2003 年版。

30. 王文濡選編《續古文觀止》，浙江古籍出版社 2012 年版。

31. 楊樹達《積微居小學金石論叢》上海古籍出版社 2014 年版。

參、現代著述

1. 潘雨廷《讀易提要》，上海古籍出版社 2006 年版。

2. 山東省圖書館編《易學書目》，齊魯書社 1993 年版。

3. 張舜微《清人文集別錄》，華中師範大學出版社 2004 年版。

4. 黃裳《前塵夢影新錄》，齊魯書社 1989 年版。

5. 柯愈春《清人詩文集總目提要》，北京古籍出版社 2001 年版。

6. 蔣哲倫、楊萬里編纂《唐宋詞書錄》，嶽麓書社 2007 年版。

7. 司馬朝軍《續修四庫全書雜家類提要》，商務印書館 2013 年版。

8. 李鴻濤，張華敏主編《孤本醫籍敘錄集》，中醫古籍出版社 2016 年版。

9. 呂芸芳、於慶明主編《泰安歷代書目提要》，山東省地圖出版社 2004 年版。

10. 湖南圖書館編《湖南近現代藏書家題跋選》第二冊，嶽麓書社 2011 年版。

11. 王欣夫著，鮑正鵠、徐鵬標點整理《蛾術軒篋存善本書錄》，上海古籍出版社 2002 年版。

12. 張耕田、陳巍主編《蘇州民國藝文志》，廣陵書社 2005 年版。

13. 尋霖、龔篤清編著《湘人著述表》，嶽麓書社 2010 年版。

14. 傅璇琮主編《續修四庫全書總目提要·經部》，上海古籍出版社 2015 年版。

15. 中國古籍總目編纂委員會編《中國古籍總目·史部》，中華書局、上海古籍出版社 2012 年版。

16. 上海圖書館編《中國叢書綜錄》，上海古籍出版社 2007 年版。

17. 江慶柏編著《清朝進士題名錄》，中華書局 2007 年版。

18. 謝國楨《增訂晚明史籍考》，北京出版社 2014 年版。

19. 謝國楨《明清筆記談叢》，謝小彬、楊璐主編《謝國楨全集》第 5 冊，北京出版社 2013 年版。

20. 唐蘭《諛聞錄》，《唐蘭全集》第一冊，上海古籍出版社 2015 年版。

21. 徐成志、王思豪主編《桐城派文集敘錄》，安徽大學出版社 2016 年版。

22. 蒲堅編《中國古代法制叢鈔》（第四卷），光明日報出版社 2001 年版。

23. 《賀昌群文集》第 3 卷《文論及其他》，商務印書館 2003 年版。

24. 《張元濟全集》第三卷《書信》，商務印書館 2007 年版。

25. 梁光華注評《唐寫本說文解字木部箋異注評》，上海古籍出版社 2016 年版。

26. 王紹曾《山東文獻書目》，齊魯書社 1993 年版。

27. 南京師範大學古文獻整理研究所編《江蘇藝文志·揚州卷》，江蘇人民出版社 1995 年版。

28. 袁行雲《許瀚年譜》，齊魯書社 1983 年版。

29. 王德毅編《中國歷代名人年譜總目》，華世出版社 1979 年版。

30. 蔡尚思《中國古代學術思想史論》，《蔡尚思全集》第 7 冊，上海古籍出版社 2005 年版。

31. 夏承燾《唐宋詞人年譜》，商務印書館 2013 年版。

32. 薛貞芳主編《清代徽人年譜合刊》，黃山書社 2006 年版。

33. 來新夏《近三百年人物年譜知見錄》，上海人民出版社 1983 年版。

34. 明文書局編《中國史學史辭典》，明文書局 1986 年版。

35. 蔡尚思《中國古代學術思想史論》（蔡尚思《蔡尚思全集》第 7 冊，上海古籍出版社 2005 年版。

36. 湖北人民政府文史研究館、湖北省博物館整理《湖北文徵》第 8 卷，湖北人民出版社 2014 年版。

37. 湖北人民政府文史研究館、湖北省博物館整理《湖北文徵》第 11 卷，湖北人民出版社 2014 年版。

38. 北京大學古文獻研究所編《全宋詩》第 7 冊，北京大學出版社 1992 年版。

39. 曾棗莊，劉琳主編《全宋文》第 83 冊，上海辭書出版社，安徽教育出版社 2006 年版。

40. 曾棗莊，劉琳主編《全宋文》第 196 冊，上海辭書出版社，安徽教育出版社 2006 年版。

41. 曾棗莊，劉琳主編《全宋文》第 304 冊，上海辭書出版社，安徽教育出版社 2006 年版。

42. 張連生編《揚州名人傳》，廣陵書社 2013 年版。

43. 孫克強、楊傳慶、裴喆編著《清人詞話》，南開大學出版社 2012 年版。
44. 孫虹、譚學純《吳夢窗研究》，上海古籍出版社 2015 年版。
45. 王小婷《清代〈文選〉學研究》，上海古籍出版社 2014 年版。

肆、論文
一、報刊
1. 《亞洲學術雜誌》，1922 年第 1 期。
2. 任乃強《樊敏碑考略》，《說文》1944 年第四卷合刊。
3. 黃永年《漢〈樊敏碑〉與唐〈樊興碑〉——評任乃強〈樊敏碑考略〉》，《東南日報·文史》第九十八期。
4. 藤冢鄰《汪孟慈所謂〈海外墨緣〉的抄本與金阮堂》，《中國文哲研究通訊》，2004 年第 3 期第 14 卷。
5. 柳向春《汪喜孫及其〈海外墨緣〉冊子》，《中國典籍與文化》，2008 年第 3 期。
6. 孫虹、舟丹《吳夢窗晚年與賈似道交遊補辨》，《詞學》，2015 年第 33 輯。
7. 徐炯《〈全唐文〉誤收偽作墓誌一例考》，《理論界》2014 年第 1 期。

二、學位論文
1. 馬振君《孫星衍年譜新編》，黑龍江大學 2015 年博士論文。

後 記

一

下午學院開會，一是總結昨天結束的教務處組織的期中教學質量檢查，一是重申學校關於教學的各項管理。會議期間，收到了楊先生回覆的電郵，告知拙著通過了社裏的審查，可以出版。回家後，照例坐在窗前，面對著電腦，習慣性地敲擊鍵盤。內容卻不是整理近來一直在忙乎的沈欽韓集、秦瀛集，而是著手這篇後記了。書稿既然確定了待刊，後記畢竟是少不了的。

屈指算來，來到鹽城已是第三個年頭。翻檢三年的日記，蒼白的人生並無多少起色，不胖不瘦，不富不窮。足慰人懷的，只是那買書、讀書的習慣，迄今沒有消退。粗茶淡飯之餘，夜深人靜之際，抬眼間，睹見架上一摞摞的書，摩挲，欣賞，開卷讀之，聞著淡淡的墨香，一行行文字靜靜地攝入眼簾，這便是最快樂的事兒。

不過，要說變化，其實還是有的。離開學校後，最讓人難受的，便是很難再找到那種集中的看書時間了。這時的我，才意識到，坐在圖書館裏一天、一周、一月，甚至一學期、一年，那種在知識海洋裏自由遨遊的日子，眞的是一去不復返了。我曾在 2015 年元旦寫過一篇 QQ 日誌——《新年寄語》：

> 按：本來是發個說說的，不知不覺寫的比較長，那姑且挪到這裡，寫成一篇日誌吧。
>
> 有人問我元旦怎麼過？唉，對我而言，元旦不元旦有什麼區別呢？最近武漢在打造城市形象，他們的口號是「每天不一樣」。而我呢，恰恰相反，每天——都一樣。除了對著電腦，源源不斷地輸入字符之外，也就只剩睡覺和吃飯了吧。（疲勞的時候，聽聽歌、看看

視頻。當然，最大的樂趣還是能夠忙裏偷閒看看閒書、淘淘舊書了。昨晚淘到《三國志旁證》。）這就是我的日子。

早上起來，看到外面一片晴朗的氣象。新年伊始，大地充滿了燦爛的陽光。想想要是以前，這樣的天氣，眞適合捧本雜書，在露天的草坪，靠著落光了葉子的樹幹，靜靜地享受著太陽的溫暖。然而，這也只是想想而已。眼下這光景，沒有那個時間，當然也沒有了那份閒心。

透過玻璃的陽光看起來很舒服，走在外面，感到的確是前所未有的寒冷……是天冷？還是心寒？我自己也說不清楚……自十月中旬動筆寫大論文以來，我已經搞不清楚好多事了。好在速度還不錯，迄今已經堆積了不少文字——當然，相對於的整個論文而言，完成了的部分還微不足道。待做的工作尚有許多……

今天是元旦！忽然想起很久沒有給家裏打電話了，在去食堂的路上，撥通了母親的手機。和她聊了些家長里短之後，母親問我什麼時候回家。——畢竟，馬上是春節了。

我該怎麼回答呢？什麼時候回家，我也不知道！希望再奮鬥兩個月，弄出論文的初稿吧。

附記一：昔年李義山詩云：「從來繫日乏長繩，水去雲回恨不勝！欲就麻姑買滄海，一杯春露冷如冰。」時間的流逝，掩不住的歎息。這就是傳說中的「匆匆那年」麼？2015年，我能奢望什麼呢？

每逢曉宇兄，他都會問「五個問題」：（1）論文寫了多少字？（2）C刊發了幾篇？（3）準備什麼時候畢業？（4）有對象沒有？（5）工作簽在哪裏？這五個問題，對部分博士而言，都不成問題，——比如老陳；對部分博士而言，不全是問題，——比如賈師姐；對部分博士而言，卻都是問題……

今年是羊年，所謂三陽開泰，此之謂也！所以，2015年的上半年，我希望C刊、大論文、工作、畢業統統都解決了。至於對象嘛，還是以後再說。那麼五個問題，對我而言也就不是問題了。

附記二：每天都會看看朋友們在扣扣裏發的說說，同時也會接觸了一些朋友的心聲，感覺我們這個時代很值得研究，因爲大夥都活得很累，——究竟是什麼原因呢？

　　過了兩天，在 QQ 日誌《說說論文那些事兒──兼論 2014 年的學習》中，我又寫道：

　　　　自從 10 月中旬動筆寫作大論文，我每天就奔波於文學院、國教三號樓之間，──前者是學習的地方，後者是睡覺的窩。每天一個人，拎著我的《全元文》和電腦，哼著小曲，興致高昂地書寫我的論文，同時迸發各種稀奇古怪的小論文想法。日子平淡，但不痛苦，絕不枯燥，──雖然，有時免不了有些煩躁。儘管，在前天的《新年寄語》裏面，我提出了五個問題，雖然比較的「搞人」（按：即讓人揪心的意思）。但我的一切正常，狀態良好。形勢嚴峻，但心態頗佳！呵呵。（下略）

　　這樣的日子，真可謂也同歡樂也同愁，悲欣交集。但生活即便充斥著論文的發表、學位論文的撰寫等壓力，但自由的讀書時間是可以保證的，而這則是快樂之源。有了這個保證，所謂的壓力都可以忽略不計。然而隨著校園生活的結束，這些早已隨風飄逝，無跡可尋。除了追憶，除了歎息，然後在課堂上苦口婆心地勸學生課外要讀書時發點感慨之外，似乎沒有什麼其他的感受。魯迅不是說過，「時間就像海綿裏的水，只要願意擠，總還是有的」嗎？可問題是，海綿總有擰乾的時候，等到一滴水都擠不出來的當口，那是一種怎樣的絕望啊！工作已是如此，再等到結了婚，單身生活結束的時候，一個人的幸福時光就終於戛然而止了，沒了以前的潦倒、凌亂和自由，屬於自己的時間就愈發的少了。

　　掰掰現在的我吧，所謂的生活日常，早已被生存的空間所擠佔，除了家庭的雞零狗碎，就只有工作的亂七八糟。於是日記裏所記的內容，已經不是早先的單純的日常讀書，而是逐漸「豐富」起來，顯得有點「琳琅滿目」了。大而言之，不外乎買菜做飯洗衣拖地、備課講課開會聽報告，還有大量的無聊的所謂「專家」講座。正如《史記·天官書》所言：「此其犖犖大者。若至委曲小變，不可勝道。」而從前作為生活常態的看書、寫作，那實在是一種奢望，已然不大容易遭遇到了。有人說，學問是有錢人的閒事。現在看來，這話是對的。當一個人每天為生活而奔波，被生活戲弄的暈頭轉向，宛如一個木偶，淪為生活的傀儡的時候，談學術多少有點不合時宜。

　　時間向來是公正的，任何一天都是亙古不變，不多不少的二十四個小時。可是為什麼我的時間越來越少？自己越來越忙碌了呢？這就需要說到工作。

就工作而言，最基本的自然是上課。由於我所在的古代文學教研室教師較多，因此每周的課務並不重，多則十節，少則六節。經常有朋友、學生對我的工作表示羨慕，尤其是在初中、高中任教的朋友。他們抱怨自己每天沒有屬於自己的時間，工作像洪水猛獸，淹沒吞噬了生活。表面上看，他們的羨慕不是沒有道理，事實擺在眼前，好像的確就是如此。大學老師嘛，上課就上課，沒課就回家。這一切是多麼的美妙，他們著實應該羨慕我們。可是，耳聽為虛，眼見也未必為實。非上班的時候就一定不上班麼？換而言之，正常工作時間之外的時間，看似自由，實則不然。網上曾經有一個很火的帖子，叫作《大學老師不加班，是因為大學老師從來不下班》。初看，似乎有標題黨的嫌疑。但細讀之下，會發現這絕不是故作驚人之態，而是身在其中的人，在艱苦備嘗之後發出的知情之言。因為在所謂的課外，你面臨的不是屬於自己的空閒，迎接自己的也不是外人眼中的旅遊度假，而是備課、檢查、評估、考核……個中三昧，非親歷者所可道也，亦非親歷者所足道也。整日搗鼓這些，還哪來的屬於自己的時間？

　　大學老師，除了上課之外，還有別的事兒需要對付。看看周邊的人吧，都在忙著爭奪各類活動的獎項，忙著發表諸如 cssci 之類的高級別論文，忙著申報國家級、省部級課題，多麼忙碌而充實的生活啊！正所謂事出有因，——畢竟於名也好，於利也罷，這都是一本萬利的好事，何樂而不為？天下竟有這樣的好事，傻子才不幹呢！也正是由於這個原因，報課題已經成了學校的重要工作，重中之重。畢竟在當下的評價體系裏，課題是衡量一個學校綜合實力的重要指標。於是，無論大會小會，強調再強調，要求再要求。作為青年博士教師，也就是所謂的「青椒」，每年的國家課題、教育部課題、江蘇省課題，統統都必須申報，一個也不能少，因為這是強行任務；當然，在領導看來，這本就是工作的題中之義。於情於理，都無從拒絕。利弊雖然了然於心，但於我而言，對這些卻始終不怎麼上心。每年例行公事般的一次又一次填表、聽取專家意見、結合專家意見修改、打印、上交，一輪又一輪，疲於奔命。程序好像是這樣的：上一年 9 月開始動員下一年度的國家社科項目申報，過了年，接著就是教育部項目、國家後期資助項目、教育部後期資助項目、江蘇省社科項目、江蘇省社科後期資助項目，等到好不容易熬完了所有的申報，時間又回到了 9 月。令人豔羨的寒、暑假，不過是形同虛設，實在無福消受。由於自己不上心，當然結果也是可想而知的，自然是屢報屢敗。

　　有人說，吃一塹，長一智。可我偏偏就長了個榆木腦袋，雖然塹吃了不少，可智卻不曾增長一分，可謂屢教不改。說得好聽一點，就是「孺子不可教也」；說得不好聽，自然就是「朽木不可雕也」。大好的時間，不用來拿獎、發論文、報課題，成日做些沒有立竿見影效果的事兒，比如在古舊市場淘些落滿灰塵、紙張因年代久遠泛黃而發出黴味的古籍、搞點古籍整理、在普通省級刊物上發點不入流的「垃圾論文」。在這樣一個折騰的時代，在這樣一個急功近利的環境下，把大好的光陰耗費在這些吃力不討好的差事上，這在別人看來是不明智之舉，甚或是近於蠢笨。有長者、也有時賢曾經多次對我提出告誡，我能體會他們的一片好心，雖然欣然地接受了他們的忠告，並一次又一次地暗自發誓，要洗心革面，痛改前非。可事實證明，執念太重的我始終消除不了自己的魔障，理智也從來不曾戰勝情感，於是一次又一次地自己打臉，終於還是在原地打轉，自我兜圈而已。不曾拿獎、發高級別論文、中課題，在別人看來，自然就是科研能力不足的表現，但志不在此的我一直頑固地認為，學術研究就應該隨性、隨緣，正所謂「情之所鍾，正在我輩」，而不是在利益的驅動下，使它蒙上功利的外衣，濁氣薰天，從而迷失了自我。這大概就是不合時宜、不識時務吧！既然科研能力不足，那好吧，科研就讓能力強的人去做，我就搞我感興趣的。

　　有一次逛菜市場，偶然聽到一首歌。站在菜場，靜靜地聽著。雖然是個片段，但瞬間覺得歌詞太美，境界太高。回來搜了一下，歌名叫《遠走高飛》，忍不住單曲循環了許久，從此便深深地喜歡上了它。歌詞是這樣的：

我一路看過千山和萬水
我的腳踏遍天南和地北
日曬或是風吹　我都無所謂
路邊那朵薔薇　鮮紅的純粹
關掉了手機管他誰是誰
不要去理會是是與非非
天亮走到天黑　從不覺疲憊
黃昏中的堡壘　多頹廢
如果迎著風就飛
俯瞰這世界有多美
讓煩惱都灰飛

別去理會自我藉慰

如果還有夢就追

至少不會遺憾後悔

迎著光勇敢追

遠走高飛　說走就走一回

翻過了山坡又踏過了水

跟心走別管東南和西北

前行或是後退　靠直覺發揮

日落下的餘暉　有一點淒美

擁擠的城市布滿了虛偽

何必去辯解誰錯或是對

就讓一切回歸　童真的滋味

那自由的感覺　不會累

如果迎著風就飛

俯瞰這世界有多美

讓煩惱都灰飛

別去理會自我藉慰

如果還有夢就追

至少不會遺憾後悔

迎著光勇敢追

遠走高飛　說走就走一回

　　這世界原本各人有各人的命運，不必苟同。更何況，這樣的環境也並非某一個人可以改變，平凡而渺小的我就更不值一提了。對於這樣的處境，其實很多人都覺得不合理，但是懶得說。之所以懶得說，是心裏非常明白，說了也沒啥用。正如浦銑《復小齋賦話》卷下所記載的那個故事：「東坡在雪堂讀杜牧之《阿房宮賦》，夜分猶不寐，有二老兵給事左右。一人曰：『知他有甚好處？』其一曰：『也有兩句好。我愛他道『天下人不敢言而敢怒』。」老兵站在門口咕噥，不過是發洩一下心中的怨氣，過一過嘴癮，終究於事無補，反而徒增煩惱。既然有了自己的選擇，就應該堅守自己的本心，做自己喜歡的事，又何必在乎別人的看法呢？就如同費玉清歌中的那一剪寒梅，在「雪花飄飄，北風嘯嘯，天地一片蒼茫」的世界裏，「傲立雪中，只為伊人飄香。

愛我所愛，無怨無悔，此情長留心間。」我應該「迎著風就飛」，盡情地追逐屬於自己的夢。這或許就是魯迅先生所謂的「躲進小樓成一統，管他冬夏與春秋」吧。

二

說起劉毓崧的《通義堂文集》，首次的接觸應該是讀研究生時。2009 年，我考入湖北大學追隨何新文先生攻讀先唐文學研究生，剛入學的那一學期，新文師就給我們 09 級的十四名古代文學研究生開設了「中國文學目錄學」的課程。儘管新文師講的很生動，但對於管理學本科出身的我而言，雖然每節課都記了筆記，但聽的卻糊裏糊塗，不甚了了，當然那時的我也太不懂那門課究竟有何意義。時過境遷，時隔多年之後，再回味這些舊事，才發現自己年少時的無知。不過，新文師在課上推薦的幾部書，比如《四庫全書總目》、《四庫全書簡明目錄》、《經子解題》、《清人文集別錄》、《目錄學發微》、《中國目錄學史》等書，我倒是都買了回來。那個時候，由於還沒有找到研究的方向，看書主要是隨意翻覽，未曾深入。最早接觸《通義堂文集》，應該在翻《清人文集別錄》的時候，然而張先生的別錄，雖然對之持論甚高，我卻毫無印象。

2012 年博士入學之後，逐漸意識到自己思辨能力的欠缺，加之不太喜歡看理論書籍，覺得要朝文獻學的方向發展，這才開始系統地閱讀目錄學、文獻學的書籍。記得在華師南區博士樓陰暗的 111 室，在昏黑的日光燈下看書的場景。那一陣子，把《目錄學發微》、《陳垣史源學論文》著實啃了好幾遍，還有《四庫提要辯證》的大部分內容，這才慢慢地摸到了一些竅門。由於當是還沒有確定畢業論文選題，而導師戴建業先生先後發表過關於張舜徽的一些論文（《學術流派的盛衰與各科知識的消長——論張舜徽〈漢書藝文志通釋〉的知識考古（上）》、《辨體・辨義・辨人・辨僞——論張舜徽〈漢書藝文志通釋〉的知識考古（下）》、《別忘了祖傳秘方——讀張舜徽〈清人文集別錄〉與〈清人筆記條辨〉》），並於此年主編過《張舜徽學術論著闡釋》一書，而華師又以錢基博、張舜徽爲傲，大力宣揚，於是張舜徽又成了我重點關注的人物，《清人文集別錄》便放在案頭，茶餘飯後就翻上幾頁。直到今天，敘錄體目錄依然是我的案頭書和床頭書，成了「消磨」零碎時間的絕妙手段。只是這次和讀研時不同，在讀《清人文集別錄》的時候，我開始有意識的收集一些

資料，用便簽貼於書中各處，並記錄下一些粗淺的想法。對於劉文淇《青藤書屋文集》（《清人文集別錄》第 365 頁），便簽寫著「其子劉毓崧《通義堂文集》（P475）中多有代筆之作，未知此集中加以甄別否？（臺灣有點校本）」。究竟是我翻過《通義堂文集》，還是迻錄了別人的說法，這個已經記不清楚。

後來博士論文選擇《全元文》作爲研究對象，整日在煌煌六十冊的《全元文》中奔走，基本不曾關涉清代，除了在研究過程中，無意觸及到了部分清代文獻，並發現了一些問題，因而對之加以考索，寫過幾篇文章，如《〈明人小傳〉辨僞》（2014 年投給《文獻》雜誌，2017 年方始刊出）、《〈明人詩品〉考論》、《七部清人詩話考辨》等。同時在無意間發現了劉壽曾的幾篇佚文，寫成並發表了《劉壽曾集外佚作輯釋》一文。但由於博士論文選題不在清代，劉毓崧自然不在研究視野之內。

2016 年 8 月，我入職鹽城師範學院文學院，申報各類課題時，考慮的對象是《經義考》和錢穆。雖然在翻覽《清人文集別錄》時，對劉毓崧有了較深的印象，畢竟張舜徽對其持論甚高，但那時的我，一直覺得古籍整理是件高難度的工作（至今乃至將來，一直都這麼認爲。事實上，也確實如此），根本不曾想過自己要去整理古籍，或是自己有能力整理古籍，因爲這是一件考驗本事的絕活兒，也是一件吃力不討好的苦活兒，更是一件有著大風險的險活兒，——所以完全不敢去想，也不曾去想。每次和朋友聊天，也基本認爲這種考驗水平、容易招致罵名、災梨禍棗的事，還是不接觸的好。直到去年暑假，也就是婚後第七天左右的午後，突然接到司馬朝軍老師的電話，邀我去武漢和他的團隊一起搜集課題資料，我才第一次和劉毓崧發生了直接關聯。在武大圖書館裏面，我們待了七天，在數據庫裏搜檢資料。當然，這個課題本身與劉毓崧無關。不記得是哪一天，我腦海裏突然冒出了要整理劉毓崧集和沈欽韓集的念頭，於是就在數據庫裏複製、黏貼了二人的作品。有趣的是，就在當天，我在孔網發現了一本臺版《劉文淇集》，而且店家剛剛上書不久，迅速下單將其購入，欣喜之情難以言狀。至今，我都不清楚這究竟是怎麼一回事，那一天爲什麼會萌生那樣的念頭？我想不清楚，於是只能固執的認爲，這一切似乎只能歸之於冥冥中的命運之神的指引。當天晚上，我又跑到華師，打印了劉毓崧集和沈欽韓集。

拿回來打印好的書冊，我只翻過幾頁劉毓崧的集子，便棄置一旁。打印的底本是縮印本，印刷不太清晰，翻印之後，字跡更加漫漶，難以辨識，特

別是小字注文太多，特別考驗目力，看的非常吃力。回到鹽城之後，我只點過開卷的《周易履霜履讀爲禮解》上下兩篇，之後很長一段時間，由於各種瑣事的干擾，時間和精力實在有限，我都不曾觸碰這冊書。直到四月忙完了《〈全元文〉補正》一書的交稿工作，才開始對劉毓崧文集系統地進行整理。這原因，我還說不清楚。大概是覺得四世傳經的儀徵劉氏，劉文淇、劉壽曾、劉師培的集子均已整理刊行，像劉毓崧這麼有成就的學者，其文集迄今無人整理，實在是一件令人遺憾的事。於是就覺得能夠把它搞出來，也是一件有趣的事。所以非要找出一個理由的話，那就是我覺得好玩兒。此後，日記裏面每天就布滿了「點劉集」、「校劉集」、「證劉集」等字眼，就如同寫博士論文時，日記裏整日是「校元文」一樣。

　　文集點完之後，曾收到上海社會科學院歷史研究所古代史研究室主任司馬朝軍研究員的邀請，於9月15號參加「清代江南文人的日常生活與精神世界」學術工作坊。當時花了一天半的時間，就《通義堂文集》草成《布衣經生的日常——基於劉毓崧的考察》一文，並於會上向各位專家請教。文章寫的有些草率，很多內容未能展開深入討論，遺留的問題不少。初稿發給司馬老師後，他很感興趣，對拙文提出了很多修改意見，但限於自己的學識水平，未能體會到老師的良苦用心。專家們充分肯定了劉毓崧的學術地位，也認爲整理劉毓崧文集是個不錯的選題，這使我心裏更有底氣。參會回來之後，更是摒棄了雜念，除了正常的教學任務之外，基本不參與那些無關痛癢的雜事，專心致志地埋頭苦幹，一門心思紮在這裡面。

　　慶幸的是，這本書終於整完，總算是了卻了一樁心事。不過，書中有些缺陷，暫時還無從解決。首先是校勘問題。檢《中國古籍總目》，可知劉毓崧的文集有幾個版本，如光緒十六年思賢講舍刻本《通義堂集》二卷（《續修四庫全書》第177冊）、抄本《通義堂集》二卷（北師大圖書館藏）、稿本《伯山文集》不分卷（重慶圖書館藏）、稿本《通義堂文集》口卷存三卷（中科院圖書館藏）、青溪舊屋刻本《通義堂文集》十六卷（國圖、北大圖書館、中科院圖書館）、光緒十四年刻本《通義堂集》存二卷（復旦圖書館），正文未能取與參校。其次是附錄。原計劃的附錄四是《劉毓崧年譜簡編》，雖然搜集了一些材料，但終究還是單薄，所以最終選擇了放棄。司馬老師曾建議編一個《儀徵劉氏學譜》，以便清晰呈現整個家族的交遊，凸顯當時的學術交往圈。但囿於時間、見聞等，也未能完成，尚待將來作進一步完善。

另外，司馬老師還建議我在完成文集整理之後，應該寫一本《劉毓崧研究》，對劉毓崧進行全面而深入的研究。這也有待於日後展開。

三

十一月二十九號午後和晚上寫完了第一節和第二節的一部分，我在日記中寫道「明天繼續，把後記寫完」。計劃滿滿的，然而現實並沒有給我這個機會。因為次日，我就隨同妻子住院待產了。經過幾個小時的痛苦折磨之後，兒子陳嘉木（小名小海豚）於一號凌晨三點來到了這個世界。其實，這本書是在妻子孕期裏完成的。其間雜事很多，工作只能是在抽擠的零碎間進行。5 號，妻子出院，住進月子中心。今天下午，我才有空回家，繼續這篇未完的文字。

10 月 27 號，我回到麻城，第二天將母親接到了鹽城，為的是讓她來適應新的環境，為將來妻子坐月子做準備。母親一輩子沒出過遠門，大部分的生活都是在那個遙遠的小山村裏度過，只是去過兩次武漢和一次黃石。這是她的第一次遠行，持續坐了五個小時的火車，輾轉來到一個完全陌生的地方，開始了新的生活。吃了一輩子的苦，晚年本可以好好地靜養，但為了她的兒子和還未出生的孫子，毅然地面對。剛到鹽城的時候，天在下雨。雨過天晴，她便要我買了剪子、小鋤頭，開始打點我的小院子。院子不大，三面的牆上布滿了藤蘿，地上長著桑樹、桃樹、月季、棕櫚、四季青，還有牛膝、鳳仙花、天將殼、狗尾巴草等。還有裝修後的垃圾、樓上拋下的雜物。整個院子一片荒蕪，畢竟廢棄已久，我從不曾打點。幾天下來，雜樹雜草雜物都被清理殆盡。亂糟糟的院子竟然搖身一變，成了一片菜園。母親又買了好幾種蔬菜種子，播撒在裏面。現在都已發芽，且長得還不錯。除了做家務，母親就是靠靜坐來打發時間。在老家的時候，生活非常自由，因為周遭的一切都是她熟悉的。而在這個異域他鄉，除了她的兒子兒媳，她一個人都不認識，要挨過時日，唯有此一途。我曾經問她：「就這樣硬坐，不累？」滿以為她會反問一句：「那有麼整？」（按：麻城方言，意為「那有什麼辦法？」）沒想到，母親只是淡淡地說：「沒有坐不黑的天。」雖然說得頗有道理，但我明白，她的日子並不好過。但她無怨無悔，一個人默默地獨自承受著一切，數者來鹽城的天數，卻從不向我吐露她的不適。

我和妻子都是外地人，鹽城對我們而言，都是他鄉。「獨在異鄉為異客」，兩個異客在一起，如同「獨在異鄉」一般，依舊還是逃脫不了「為異客」的

處境。讀高中的時候，水木年華很火。他們有一首很好聽的《在他鄉》，裏面有句歌詞，說「那年你踏上暮色他鄉，你以爲那裡有你的理想。你看著周圍陌生目光，清晨醒來卻沒人在身旁」。那時只覺得歌好聽，卻不曾體會歌詞的含義。經過幾年的客居漂泊，才逐漸明白歌詞中的酸楚。不過很幸運的是，在鹽城的幾年，周邊的諸多朋友，無論是生活上還是工作上，都無私地給予我幫助，讓我在異域他鄉感覺到了溫暖。就說說這幾天的事吧。

妻子臨產的當晚，我一個人守在醫院的病房。凌晨兩點，妻子走進了產房，醫生檢查後發現嬰兒胎心下降，又緊急從五樓的產房推到了三樓的手術室，進行剖腹產。孩子出生後，產科護士將他抱到了產房，而我繼續在手術室門口等待。人們總說時光飛逝，可那一夜，時間眞的很難熬，頗有陶淵明「披褐守長夜，晨雞不肯鳴」的感覺。每一秒鐘都是漫長的！我彷彿聽到了秒針走動發出的聲音，心裏亂成一團，緊張的厲害。五十分鐘過去了，孩子還一直在產房，這樣下去眞不是辦法。我在手術室門口的等候區來回走動，張望著那扇關上就打不開的大門，不時的掏出手機來看時間，內心越來越焦慮。無奈之下，我撥通了李紳的手機。睡夢中被吵醒的他，眼睛都懶得張開，迷糊的抓起手機，軟軟地吐出了一個「喂」，在得知我的情況後，瞬間精神抖擻起來。翻身起床，出門打車，來我家把母親、岳母一起接到醫院，讓手忙腳亂的我得以鬆一口氣。隨後就在醫院陪著我。第二天，他又擔心病房裏的床位不夠，送來了折疊床，並於出院的時候前來取走。

一號白天和晚上，母親和我一直待在病房。第二天早上，我把她送回家，順便把岳母帶到醫院（一號下午已回家，因爲妻子手術後要吃小米粥）。十一點半的時候，我在病房接到了她打來的電話，氣息微弱，說心裏面堵的慌。我讓岳母照顧妻子，急匆匆的趕回家，母親坐在小院裏，迎著寒冷的風，面色蒼白，說話的聲音很低。我迅速撥通張紹剛的電話，稱需要他的車。而那時的他，正在參加同事女兒的百日宴，人已坐在桌上，只待開席。即便如此，他絲毫沒有猶豫，很快就開車趕了過來，幫我把母親扶到車上，載著我們去了醫院。先是急診，然後是門診，又是輸氧，又是驗血，又是查心電圖……掛號、排隊、繳費、等檢查結果，一路下來，已是三點。而他卻是餓著肚子，全程陪同。看到他在身邊，慌亂的我像吃了定心丸一樣，心漸漸地鎭靜了下來。檢查結束之後，他又載著我的母親、岳母回家。

還有其他朋友的幫扶，不一一贅述。值得一提的是，在書稿的撰寫過程中，我的三個學生——楊素婷、金媛和梁麗雯，也給予了我不少的幫助，這主要是腳註部分。有一些文本是我搜集好材料之後，然後發給她們，由她們敲成 word 文檔，再交我覆核。剛開始的時候，她們對古籍不太熟練，交上來的文檔問題不少。但是經過一陣子的訓練之後，她們基本可以準確無誤地識別文本，並加以斷句。她們成長於人文鼎盛的江蘇——無錫、高郵和常州，冰雪聰明，又好學深思，將來一定會有不錯的成績。

另外，關於花木蘭文化事業有限公司，也有一些要說的話。11 月 16 日我通過郵件和該社取得聯繫。29 日就收到了回覆，稱拙稿已通過審核，可以出版。如此高效的工作效率，著實令人感佩。在這樣一個唯利是圖、急功近利的時代，人心浮動，物欲橫流，彷彿一切向「錢」看，——事實也確實如此。就學術而言，環境實在不好。期刊有級別，出版社也有級別。身邊的人不惜花三五萬塊錢，只爲發表一篇 C 刊，或者在一級出版社出版一部二三十萬字的專著；或者專著寫好後，要努力爭取各項資助課題，比如國家社科後期資助、教育部後期資助、江蘇省社科後期資助等等。因爲權威期刊和權威出版社的成果認可度高，有了課題更是學問做得好、科研能力強最有力的說明。我是一個窮人，用錢特別是重金來發表或者出版的事，我是不幹的，一來囊中羞澀，每月微薄的薪水要養家糊口，還要省著買點自己喜歡的書；二來也沒有這個必要，不發表論文、不出版專著，無非就是職稱上不了，照樣可以過日子，——「混日子」的人原本不在少數。同時，我又是一個傻人，不會投機取巧。申報資助的事，自然也不大留意，更不具有揣摩的能力。畢竟整理古籍是我自己業餘的愛好，和資助的熱點選題相隔太遠。特別是這些古籍，我是覺得好玩才把它們整理出來，純粹的自娛自樂，正所謂「不做無聊之事，何以遣有涯之生」。整完了一部，就意味著這一階段的結束。遇到感興趣的書，又會進入一個新的開始。自在隨緣，隨緣自在，如是而已。至於有沒有價值，認可度高不高，那是別人的事，另當別論，我管不了，也懶得管。起碼就我而言，它們滿足了我自娛的需求，我覺得這就夠了。畢竟，它原本就是生活之餘自娛自樂的副產品，承擔不了也沒有必要承擔所謂的認可度。這一本七十餘萬字的書稿，丟在大陸，如果要出版的話，沒個十幾萬，怕是出不出來。十幾萬不是一個小數，我一年不吃不喝，也搞不到這個數。非常感謝花木蘭文化事業有限公司免費出版拙稿，讓我的「無聊之事」有了面世的機會，不然它就要在我的電腦裏安靜地長眠了。

四

　　中止敲擊鍵盤的手指，伸臂欠腰，才發覺窗外刮起了呼呼的妖風，氣溫也下降的厲害。據報導，過幾天，南方會出現大面積的降雪。日子就這樣在指尖和鍵盤間劃過，不覺又是一年將盡了。

　　前幾天，在微信朋友圈看到一首詩：

《這就是一年》

　　　　安尼塔·曼舍爾
　　　　一月，冬青果的世界
　　　　二月，白雪皚皚
　　　　三月的風硬如上漿
　　　　直到四月微風蕩漾

　　　　五月裏天長了，燦爛耀眼
　　　　六月裏蜜蜂嗡嗡響
　　　　炎熱的七月，最終，告別而去，爲的是海邊
　　　　八月的舒暢

　　　　九月的夜晚蘋果一樣光亮，蟋蟀悠然地把小曲哼唱
　　　　飛走了，十月的日子
　　　　搭乘著野鵝的翅膀
　　　　十一月，在思考
　　　　去年十二月寄託了怎樣的希望？

　　自從記日記以來，每天晚間就會記錄這一天做了什麼，每年年末就會總結這一年做了什麼。這或許是警醒自己、鞭策自己的一種手段。不經意間，十二月又過去了六天。那麼，去年十二月我有過什麼樣的希望？這些希望今年都實現了嗎？今年我又會有什麼樣的希望？這些希望明年或者將來能實現嗎？……

　　一刹那間，頭腦就像開啓的閘門，思緒如同激射的水流噴薄而出。想著想著，心裏忽然一縮，有了一點緊張，感覺去年今日宛如昨日，分明就在眼前，可日子眞眞切切是過了一年，而自己一事無成，頗有些慚愧。但轉念一想，雷·達里奧曾經說過的話：「如果你現在不覺得一年前的自己是個蠢貨，那說明你這一年沒學到什麼東西。」似乎又覺得自己這一年來還是學了一點東西，不至於原地踏步，這大概可以稍慰人懷了罷！

在系統整理劉毓崧文集之前，本來已進行了《〈經義考〉著錄「易」類典籍辯證》、《錢穆佚文輯補與研究》的撰寫工作，後因之而中止。之後，又開始了《沈欽韓詩文集校箋》、《秦瀛詩文集箋證》的整理工作，且完成了數卷。現在，這本書終於得以完成，終於可以騰出手來，開始新的工作。相信在未來的幾年，他們會陸續問世。那麼，在戊戌狗年的最後一個月，我希望未來的自己能夠不至於回顧前塵舊事的時候，喟歎「我曾經豪情萬丈，歸來卻空空的行囊」。

洪應明《菜根譚》有云：「紛擾固溺志之場，而枯寂亦槁心之地。故學者當棲心元默，以寧吾真體；亦當適志恬愉，以養吾圓機。」現在已經開始了奶爸生活，喜歡靜坐的我，以後怕是難以一直「棲心元默」了，畢竟小海豚這個小傢伙已經讓我「適志恬愉」了。

陳開林寫於鹽城師範學院東村寓所

2018 年 12 月 6 日初稿

次日改定

【附記】

晚上，打開豆瓣讀書，驚喜地看到了《儀徵劉氏集》的書訊（廣陵書社，2018 年 12 月版），頗有「吾道不孤」之感。這讓我想起了前輩學人王兆鵬先生講述的一件事。王兆鵬先生在《求學之路》中有這樣一段話：

> 讀了張元幹的《蘆川歸來集》後，我發現張元幹文集有明確紀年的作品中已直接提到自己的年歲，生年並不難確定。於是就想進一步弄清張元幹的生平事蹟。本來早在六十年代，曹濟平先生已寫了一篇有關張元幹生卒年的考證文章，而我讀書的時候，還不知道怎樣去查找論文，只知道在圖書館裏找書讀。不過對我來說，當時的「無知」倒引發了我深入研究張元幹的興趣，不然知道有人已解決了問題，自己可能就不會再動腦筋了。

一直以來驅動我整理劉毓崧集的動力就是這部集子迄今沒有整理本。在提交出版社審稿的《內容提要》中我寫道：「這是首次對劉毓崧文集進行點校。」現在看來，這句話已經需要修正。有趣的是，《儀徵劉氏集》在我書稿殺青之後刊行，或者說我是在拙稿完成之後才知道有人在整理劉毓崧文集，這是一

件奇妙的事情。如果這件事，我事先知道，或是中途知道，那麼，還會不會
有興趣來做這個工作呢？想想甚覺有趣。

　　眼下只是看到了書訊，估計面市還需要一陣時日。不知何時可以購置一
套，以便研習。

2018 年 12 月 17 日夜

【又補】

　　3 月 3 日通過電郵提交了書稿，5 月 9 日就收到了一校清樣，昨天又收到
了二校清樣，高效的工作、精緻的排版、大氣的設計、專業的編輯、細緻的
審校，令人肅然起敬！

　　這本書完成後，不覺半年的時光又在「匆匆」中溜走了，空想的《劉毓
崧研究》當然沒有接著做，而之前已經著手在做的《〈經義考〉著錄「易」類
典籍辯證》、《錢穆佚文輯補與研究》、《沈欽韓詩文集校箋》、《秦瀛詩文集箋
證》等書也只是偶一爲之，並無多少進展。倒是因爲小海豚的來臨，去年寒
假沒有回老家，長這麼大，還是生平第一次在家外過年。可能是少了很多應
酬的緣故，反而爲我騰出了時間和氛圍，養伢之餘，陋室兀坐，於是又盯上
了鹽城本土文人陳玉澍，開始了《陳玉澍詩文集箋證》的撰寫。3 月份在整理
《經義考》時，又莫名其妙地「看中」了張次仲的《周易玩辭困學記》，並著
手進行了整理。5 月份誦《莊》之暇，又開始點沈一貫《莊子通》。因而日記
中又頻頻出現「整陳集」、「整玩辭」、「點《莊子》」等字眼。其間，還疏證過
《蠡勺編》。眼下，《陳玉澍詩文集》的文本已基本點完，《周易玩辭困學記校
證》一書大體寫成，《莊子通》也快結束，《蠡勺編》僅完成一卷。日子就這
樣，顯得忙碌而充實，當然也有無聊、茫然、困乏的時候，那些時光，或許
是專門留給手機的，——畢竟，消消樂、紅中賴子杠、摜蛋、升級也是人生
不可或缺的一部分。

　　李維楨嘗云：「校書猶掃落葉，隨掃隨有。」經過二校，又發現拙著中的
一些訛誤。然而限於學識，錯誤還在所難免，有待日後進一步完善。遺憾的
是，心心念念的《儀徵劉氏集》一書，各大網店迄今未見銷售，不知何故，
以致未能取以參考。

2019 年 6 月 28 日午後